중동 이슬람
문화여행

편견과 오해를 넘어

일러두기

1. 아랍어의 한국어 표기는 외래어 표기법을 따랐고, 현대 표준 아랍어의 음운
   을 참고한 예외적 표기도 있다. 아랍어의 로마자 표기는 외래어 표기 용례와
   ALA-LC를 참고했다.

2. 이 책의 내용 중 일부는 지은이의 책과 논문을 발췌해 재구성하고 자료를 업
   데이트한 것이다. 출처는 각 장 말미에 있다.

중동 이슬람 문화여행

편견과 오해를 넘어

엄익란 지음

Journey to
Middle Eastern and
Islamic Cultures

Beyond Prejudice and
Misunderstanding

한울
아카데미

차례

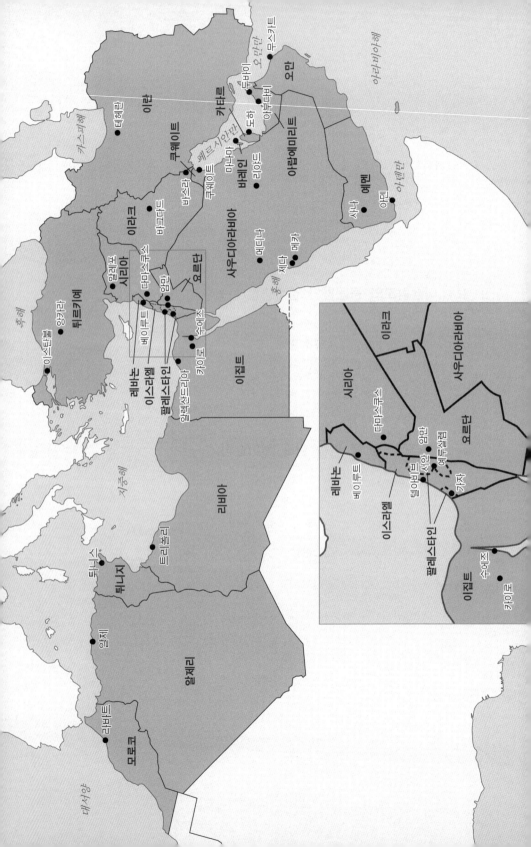

프롤로그

2004년, 영국에서 학위를 마치고 강단에 선 지 어느덧 20년이 넘었다. 그때부터 지금까지 한 학기도 빠지지 않고 교양 과목으로 중동과 이슬람에 대해 가르쳐왔다. 처음 강단에 섰던 당시를 회상하면 열정이 앞서 전공과목 수강생도 아닌 교양 과목 수강생에게 전문적인 내용을 많이 가르쳤다. 그럴 수밖에 없던 것이 중동은 전쟁, 테러, 인권 등 수많은 이슈들로 덮여있고, 수많은 행위자들 간 이해관계가 복잡하게 얽혀 있어 설명거리가 많았기 때문이다. 강의는 어려웠고, 학생들의 반응도 별로였다. 그렇다고 20년이 지난 지금이라고 상황이 나아진 것은 아니다. 그때나 지금이나 중동은 여전히, 전공자에게조차, 이해하기 어려운 지역이기 때문이다.

그래서 나에게 교양으로 가르치는 중동과 이슬람 과목은 항상 도전 과제였다. '쉽게 가자' 하는 마음으로 강의를 구성하면 중동에 대한 매력이 사라졌고, 이론과 사례를 넣고 강의를 짜면 내용이 무거워졌다. 교양 과목으로서 중동과 이슬람은 내용도 있으면서 쉽고 흥미로워야 했고, 동시에 적당히 생각할 거리도 안겨줘야 했다. 매 학기 강의 평가에서 이 과목에 조금이라도 관심 갖는 학생들이 남긴 소중한 코멘트를 열심히 청취하며 강의 내용을 수정하고 또 수정했다.

적당한 교재를 찾는 것도 쉽지 않았다. 현재 시중에 나와 있는 책들은 주로 정치나 경제, 또는 역사나 문화 등 특정 분야를 전문적으로 다루거나 한가지 주제를 심도 있게 다룬 것이 대부분이어서 교양으로 배우는 중동 이슬람 지역 과목에 딱 들어맞지 않았다. 교양으로서 중동과 이슬람 지역을 서술한 책이 필요했다. 그래서 지금까지 출간한 여섯 권의 책들과 연구들을 중심으로 중동과 이슬람 지역을 이해하고, 소통과 교류에 필요한 내용을 정리 및 업데이트해 직접 저술을 하게 되었다.

이 책은 중동과 이슬람 지역에 관심 있는 일반 대중과 학생들을 위한 교양서이자 학술서이다. 중동 이슬람 지역에 좀 더 부담 없이 접근했으면 하는 바람으로 책 제목도 '중동 이슬람 문화여행'으로 정했다. 여행이라는 것이 그러하듯 때로는 즐겁지만 때로는 힘들고, 때로는 도전적이다. 이 책의 내용도 그렇다. 게다가 중동 이슬람 지역은 우리에게 생소하다. 따라서 이책의 내용은 때로는 호기심을 자극하며 쉽게 읽힐 수 있지만, 때로는 전문적인 내용을 다루고 있어 다소 어렵게 느껴질 수도 있다. 만일 그렇다면 굳이 이해하려 애쓰지 말고 넘어갈 것을 권한다. 우리가 여행을 할 때 모든일이 계획한 대로 일어나지 않는 것처럼, 그리고 우리가 이해할 수 있는 범주에 있지 않는 것처럼 말이다. 이 책을 집어 든 것만으로도 우리의 관심 밖에 존재하는 중동과 이슬람 지역에 대한 호기심이 발동했다는 신호이다. 이 책에서는 요즘 핫이슈가 되어버린 이스라엘과 하마스의 전쟁 부분은 크게 다루지 않았다. 현재 벌어지고 있는 전쟁 외에도 시공간을 초월해 우리가 발견해야 할 중동과 이슬람 지역의 이슈들이 많기 때문이다.

이 책의 저술 목적은 지금까지 길들여졌던 '서구'라는 렌즈를 벗어버리고, 우리의 관점에서 중동과 이슬람 세계를 다시 보는 것이다. 이슬람 문명은 지난 1000년 이상 인류사에 지대한 영향을 끼쳤음에도 불구하고 생략되거나 축소되었다. 역사는 승자에 의해 쓰이기 때문이다. 그래서 이슬람 문명이 현재 우리의 삶에 어떤 영향을 끼쳤는지 잘 알지 못한다. 미흡하지만이 책을 통해 이슬람이 발원한 아랍과 중동 지역뿐만 아니라 이슬람이 영향을 미친 세계 역사, 정치, 경제, 문화를 탐구해 지금까지 서구 중심 세계관에 매몰된 인식을 바로잡고, 글로벌 시대 세계 시민으로서 균형 잡힌 세계관이 필요함을 인식했으면 하는 바람이다. 종교로서 이슬람이 아닌 문화와 생활 양식으로서 이슬람을 이해했을 때 동시대를 살아가는 세계 시민으로서 이슬람에 대한 오해를 해소하고, 편견을 바로잡을 수 있다. 이슬람을 싸고 있는 포장지를 걷어낼 때 비로소 그 안에 있는 사람이 보인다. 이 책을 통해 서구가 만들어놓은 껍질 안에 존재하는 알맹이를 살펴보았으면 하는 바람이다.

이 책은 모두 4부로 구성되었다. 제1부에서는 이슬람에 대한 우리의 편견을 자각하기 위해 그 근원인 오리엔탈리즘과 이슬람포비아를 설명했고, 그 사례로 이슬람에 대한 편견에 가장 많은 영향을 끼치는 무슬림 여성과 히잡 문제, 그리고 테러와 극단주의의 뿌리가 되는 이슬람주의에 대해 다루었다. 제2부에서는 이슬람교의 탄생 배경을 설명하면서, 수니와 시아 이슬람의 분리 과정, 이슬람의 교리가 예술과 문명에 끼친 영향, 이슬람과 관련한 상품이 인류사에 미친 영향 등을 중세와 근대를 중심으로 다루었다. 제3부에서는 동시대를 살아가는 무슬림의 일상생활 문화를 다루면서 중동인의 문화 코드와 관습에 대해 이야기했다. 제4부에서는 편견과 오해를 극복하고, 우리가 어떻게 이슬람 세계와 관계를 맺을 수 있는지를 종교의 관점이 아닌 문화 교류와 시장의 관점에서 제시했다.

이슬람 지역은 매우 넓다. 이슬람이 태동한 아랍 지역뿐만 아니라 중세 정복 사업과 상업 활동을 통해 지중해, 중동, 아프리카, 남아시아 지역까지 그 세력이 확장되었다. 그리고 오늘날은 글로벌화로 인한 사람들의 이동으로 유럽과 북미 지역에도 무슬림 인구수가 늘고 있다. 따라서 이슬람을 어떻게 실천하는지는 지역 문화에 따라 조금씩 다르다. 이것이 이슬람을 대문자 Islam이 아닌 소문자 islam에 다양성을 의미하는 s를 덧붙여 islams로 봐야 하는 이유이다. 이슬람의 다양한 색채를 염두에 두고 이 책에서는 이슬람교를 태동시킨 주인공인 중동의 아랍인을 중심으로 이슬람 문화를 탐구했다. 이슬람이라는 종교 안에는 아랍인의 관습과 문화가 곳곳에 녹아 있기 때문이다.

마지막으로 소외 학문 분야인 중동과 이슬람 지역 관련 원고를 거절하지 않고 기꺼이 출판하는 한울엠플러스(주)와 부족한 원고를 읽어준 편집자 선생님, 그리고 같은 분야 전공자로서 중동과 이슬람 연구를 하는 데 외롭지 않도록 곁에서 동행해 주는 남편에게도 감사의 마음을 전하고 싶다.

이제 준비가 되었다면 중동 이슬람 문화로의 여행을 시작해 보자!

이 책을 읽기 전 유용한 지역 개념 정리

헷갈리는 지역 개념: 이슬람, 중동, 아랍

'이슬람', '중동', 그리고 '아랍'의 지역 개념은 종종 혼용되어 사용된다. 각각의 지역에 속한 국가들 간 교집합이 존재하기 때문이다. 이 책에서도 맥락에 따라 각 용어들은 교차적으로 사용되었다. 그러나 엄밀히 말하면 이들의 지역 개념은 서로 다르다. 간단히 구분하면 이슬람은 종교적 특징에서, 중동은 정치적 의미에서, 그리고 아랍은 민족적 차원에서 정의된 개념이다. 이 책에서는 중동 지역에서 이슬람교를 탄생시킨 아랍인을 주인공으로 다루었다. 이 세 가지 지역 개념이 어떻게 다른지, 그리고 어떤 부분에서 공통점이 있는지 살펴보도록 하자.

종교적 특징을 나타내는 용어, 이슬람 지역

이슬람 지역이라는 용어는 무슬림이 많이 분포된 지역의 종교적 특징을 나타내기 위해 사용된다. 보통 OICOrganisation of Islamic Cooperation로 일컬어지는 이슬람협력협의회 가입국 57개국이 여기에 해당한다. OIC 국가에는 이슬람이 태동한 중동 국가를 중심으로 아프리카 지역의 국가들과 동남아시아 국가들이 다수 포함되어 있다.

이슬람은 넓은 지역에 분포해 있으며, 7세기 이슬람 태동 이후 1400년간 다양한 민족의 종교였다. 따라서 지역에 따라 이슬람교는 그 지역의 전통 문화와 용해되어 각기 다른 방식으로 실천되고 있다. 그에 따라 종교적 특징도 다르게 나타난다. 그런데도 이러한 다양성을 고려하지 않고 이슬람교와 이슬람 문화를 단순화하고 일반화해 바라보곤 한다. 비유하자면 우리는 기독교라는 종교의 틀에서 유럽 지역의 기독교 문화와 북미 지역의 기독교 문화, 혹은 아시아나 아프리카 지역의 기독교 문화를 하나의 문화로 동일하게 보지 않는다. 마찬가지로 이슬람 문화도 하나가 아니기 때문에 획일화된 하나의 틀에서 이슬람 문화를 이해하고 일반화하는 태도를 경계해야 할 것이다.

다양한 무슬림 문화와 일반화의 함정

이슬람교는 1400년 역사 동안 세계 곳곳에 전파되었고, 현지 문화와 조우해 다양한 모습으로 발전해 왔다. 그러나 특정 지역에서 전통적으로 행해져 온 그 지역의 관습과 전통을 무슬림이 행했다는 이유로 전체로 확대해 일반화하기도 한다.

그러한 사례로는 아프리카와 아라비아반도의 일부 무슬림 여성들 사이에 행해지는 할례 의식을 들 수 있다. 할례란 여성의 성기 일부를 절단하는 의례이다. 할례는 여성의 순결을 지키기 위한 목적으로 주로 행해졌다. 그러나 이 과정에서 많은 여성들이 감염이나 과다 출혈로 고통받고 있으며, 심각한 경우에는 목숨까지 잃고 있다. 일부 이슬람 지역에서 전통이라는 이름으로 행해졌던 할례 문화는 1994년 토고의 한 소녀가 미국으로 망명 신청을 내면서 국제 사회의 주목을 받기 시작했다. 그리고 1990년대 후반에는 유명한 모델 출신 인권 운동가 와리스 디리Waris Dirie가 어린 시절 겪었던 비인간적인 할례 관습을 폭로하면서 국제 사회의 관심이 증폭되었다. 할례가 무슬림 여성들 사이에서 주로 행해졌기 때문에 국제 사회에서는 이슬람교를 비판적인 시각에서 바라보았고 부정적으로 평가했다. 그러나 실제로 이슬람교의 경전인 코란Quran에서는 여성의 할례에 대한 어떠한 언급도 없다. 할례는 코란과 하디스Hadith를 토대로 형성된 '이슬람 문화Islamic culture'라고 보기보다 이슬람 도래 이전부터 존재했던 특정 지역의 토속 문화인 것이다. 그런데 이슬람이 이 지역에 전파된 이후에도 전통의 이름으로 관습적으로 행해져 왔기 때문에 이슬람 문화로 간주되고 있는 것이다. 그러나 할례 문화는 시공간을 초월해 전 세계 무슬림에게 적용할 수 있는 — 가령 라마단Ramadan 달 금식이나 성지 순례처럼 이슬람 5대 의무 사항과 같이 — '이슬람 문화'라기보다 특정 지역의 문화로 간주해야 한다. 이는 곧 이슬람 지역의 문화를 바라보는 시각은 대표성과 일반성을 띠는 대문자 '이슬람Islam'이 아니라 소문자 'i' 이슬람에 다양성을 뜻하는 's'를 추가해 '이슬람스islams'의 측면에서 접근해야 함을 의미한다. 이러한 인식이 이슬람을 바라보는 우리의 시선을 바꾸는 출발점이 될 것이다.

서구의 제국주의와 전략적 필요에 의해 만들어진 용어, 중동

이슬람 지역이 종교적 관점에서 정의된 개념이라면 중동이라는 지역적 개념은 서구의 제국주의 관점에서 군사 작전을 위해 편의상 만들어진 개념이다. 중동이라는 지역적 개념이 탄생한 시기는 영국이 세계 질서의 패권을 장악하던 19세기와 20세기 초반이다. 제국주의 정책을 펼치던 영국은 아시아 지역을 전략적으로 '근동near east', '중동middle east', '극동far east' 세 지역으로 구분했다. 영국을 중심으로 가까운 동양을 지칭하는 근동은 발칸과 지중해 지역을 지배했던 오스만 제국을 가리킨다. 그리고 근동보다 조금 먼 동양이자 중간에 낀 동양을 의미하는 중동은 걸프Gulf 지역을 포함해 이란, 아프가니스탄, 중앙아시아 지역을 포함했으며, 영국으로부터 아주 먼 동양에 있는 극동은 한국을 비롯해 중국, 홍콩, 일본 등을 포함했다. 당시 걸프 지역은 영국과 러시아, 그리고 독일이 경합을 벌이던 지역으로, 러시아는 카스피해에서 힘을 강화하며 서진 정책을, 독일은 베를린과 바그다드Baghdad를 연결하는 철도 공사를 진행하며 남진 정책을 펼쳤다. 그러나 이 지역은 영국 입장에서 식민지인 인도까지 가장 최단 거리로 연결되는 중요한 길목이었다. 따라서 영국은 이 지역에서 우위를 선점하기 위해 러시아와 독일을 견제해야 했다. 특히 석탄을 대신해 새로운 에너지원으로 등장한 석유를 확보하기 위해 영국은 이 지역에 많은 공을 들였고, 해안 국가들과 보호 조약을 체결했다. 현재 사우디아라비아를 비롯해 쿠웨이트, 바레인, 카타르, 아랍에미리트, 오만 등 걸프 국가 대부분의 통치 세력은 당시 영국과 우호 관계를 맺고 협조했던 부족 출신이다. 반면 영국에 대항했던 부족이나 세력은 통치 구도 밖으로 밀려났다.

한편 중동이라는 용어가 대중적으로 사용된 계기는 1902년 미 해군 전략가인 앨프리드 세이어 머핸Alfred Thayer Mahan이 「페르시아 걸프와 국제관계The Persian Gulf and International Relations」라는 글을 ≪내셔널 리뷰The National Review≫에 게재하면서이다. 이후 그 내용이 ≪런던 타임스The Times of London≫에 실리면서 중동이라는 용어는 이 지역을 지칭하는 말로 고착되었다. 이후 제1차 세계대전 당시 독일 편에 선 오스만 제국이 패망하고, 1918년 제국이 해체되면서 근동이라는 용어는 사라졌고, 중동이 이 지역을 모두 어우르는 용어로 쓰이게 되었다.

중동이라는 용어가 처음으로 만들어진 역사적 배경이 시사하는 바는 이 단어가 중동 지역 사람들이 자신을 스스로 정의하며 만든 용어가 아니라는 점이다. 이 용어는 당시 식민 정책을 펼치던 영국이 다른 제국주의 국가와 경쟁하면서 중동을 군사 전략적 차원에서 효율적으로 지배하기 위해 고안해 낸 단어이다. 즉, 중동이라는 용어의 의미 뒤에는 중동을 타자화한 유럽 중심적인 식민주의 사고관이 내재되어 있다는 점을 알 수 있다.

여전히 애매한 중동 지역의 범주

용어의 태생 배경이 제국주의라는 정치적 목적에서 출발했기 때문에 중동이라는 지역 개념은 시대적 상황에 따라, 학자에 따라, 그리고 각 국가의 외교 정책에 따라 다르게 규정된다. 그래서 포털 검색 사이트에서 '중동 지도a map of Middle East'라는 검색어를 넣으면 한 종류의 지도가 아니라 여러 종류의 지도가 나타난다. 이는 곧 중동 지역에 대한 보편적이고 일반화된 개념이 없다는 점을 의미한다.

이 중 가장 많이 나오는 지도의 유형 중 하나는 동쪽으로는 이란, 서쪽으로는 모로코, 남쪽으로는 아라비아반도의 예멘, 북쪽으로는 튀르키예까지 포함하는 지도이다. 구체적으로 여기에는 아랍 연맹 22개국과 이스라엘, 이란, 튀르키예를 포함한 비아랍 국가 3개국이 포함된다. 그러나 어떤 지도에서는 튀르키예를 유럽 지역으로 분류해 중동 지역에서 제외시키기도 한다. 또 다른 지도는 이집트, 수단, 리비아, 튀니지, 알제리, 모로코 등 북아프리카 국가군을 중동 지역과 구분해 중동을 MENAMiddle East and North Africa로 표기하기도 한다. 또는 중동의 지역적 개념을 좀 더 확장시켜 파키스탄과 아프가니스탄까지 포함해 '확대 중동the greater Middle East'으로 표기한 지도도 있다. 확대 중동은 9·11 이후 만들어진 개념이다. 9·11 대참사를 겪은 부시George W. Bush 행정부는 알카에다alQaeda의 수장이던 오사마 빈 라덴Osama bin Laden이 아프가니스탄에 숨어들어 가자 그를 찾기 위해 2001년 10월 7일 '항구적 자유Operation Enduring Freedom'라는 작전명으로 영국과 연합군을 형성해 아프가니스탄 전쟁을 벌였다. 이 과정에서 미국은 전략적 필요에 의해 전쟁 대상국인 아프가니스탄과 미국에 협력했던 옆 나라 파키스탄을 중동 지역 범주에 넣어 '확대 중동'이라는 개념을 만들었다.

한편 중동 국가 중에서 이란은 독특한 정체성을 지니고 있다. 이란은 페르시아 민족으로 페르시아어를 사용한다. 이슬람교를 믿지만 종파적으로는 이슬람교의 소수 종파인 시아Shii'ah파에 속한다. 이란이 처음부터 시아파 추종국은 아니었다. 16세기 사파비Safavi 왕조를 세운 이스마일Ismail 1세는 당시 중동 지역 패권을 장악했던 오스만 제국과 대적하는 데 다른 정체성이 필요했다. 그래서 수니Sunni파를 추종하던 오스만 제국과 구별되는 시아파로 자신들을 정의했으며, 무력까지 동원해서 사람들을 강제로 개종시켰다. 그 이후부터 지금까지 이란은 종파적으로 중동의 다른 패권국과 구별되는 정체성을 구축하며 세력을 과시해 왔다. 과거 이란의 주요 경쟁국이 오스만 제국이었다면, 오스만 제국 멸망 이후 현재는 수니 이슬람의 종주국인 사우디아라비아와 종파적·이념적·정치적·문화적으로 대치한 결과 중동의 불안정성이 커지고 있다.

오스만 제국의 후예인 튀르키예도 다른 중동 국가와는 구별되는 정체성을 지니고 있다. 종교적으로는 수니 이슬람을 믿고 있지만 언어적으로는 터키어를 쓰고 있으며, 지리적으로는 과거 비잔틴 제국의 수도였던 이스탄불Istanbul을 중심으로 유럽 대륙과 아시아 대륙에 걸쳐 있어 튀르키예가 유럽 국가인지 중동 국가인지 의견이 분분하다. 정치적으로도 튀르키예는 세속주의 정책을 펼치면서 종교와 정치를 분리하고 있다.

이스라엘만큼 중동 주변국과 구별되는 정체성을 지닌 국가도 없다. 이스라엘은 1948년 5월 14일 탄생한 국가로, 국민들은 히브리어를 쓰고, 유대교를 믿는다. 아래에서 자세히 설명하겠지만 이스라엘은 주변국과의 갈등과 충돌 속에서 탄생했으며, 현재까지도 이스라엘 문제는 중동 지역을 불안정하게 만드는 주요 원인 중 하나이다. 이처럼 중동의 지리적 경계선은 고정적이라기보다는 정치적 상황에 따라 유동적임을 알 수 있다.

중동 국가는 왜 항상 정치적으로 불안정한가

현대 중동 국가는 20세기 초반 세계대전에서 패망한 오스만 제국이 해체되고, 서구의 지배로부터 독립을 얻은 후에 등장했다. 그러나 100년이 지난 오늘날까지도 중동 지역은 전쟁, 테러, 내전 등으로 정치적으로 매우 불안정하다. 가장 큰 이유는 현대 중동 국가가 자의가 아닌 서구의 이해관계에 의해 탄생되었기 때문이다. 중동 지역 내 국가 간 국경선은 역사적·문화적·언어적·민족적 특징에 따라 자연스럽게 만들어진 것이 아니라 서구 열강의 이권 속에서 인위적으로 만들어졌다. 각기 다른 종교, 종파, 민족 정체성이 인위적으로 만들어진 국경선 안에서 충돌하는 데다 석유라는 에너지 자원은 중동 문제를 더욱 복잡하게 만들고 있다.

대표적인 사례로는 이스라엘과 팔레스타인 분쟁을 들 수 있다. 영국은 1915년부터 1916년까지 사우디아라비아 히자즈Hijaz 지역의 통치자인 후세인Husayin과 10여 차례 이상 서한을 교환하며 전쟁 후 아랍 국가 설립에 대한 협상을 했다. 서한의 내용은 아랍이 오스만 제국에 대항해 영국 편에 서서 싸울 경우 후세인의 지도하에 아랍 칼리프 국가 건설 지원을 약속하는 것이었다. 이를 후세인·맥마흔Husayin-McMahon 서한이라 부른다. 동시에 영국은 1916년 프랑스와 밀실 거래를 통해 비밀 협정을 맺었다. 사이크스·피코Sykes-Picot 협정으로 불리는 이 비밀 협정의 내용은 러시아의 묵인하에 영국과 프랑스가 중동을 다섯 개 지역으로 분할해 각각 통치하는 것이었다.

이후 전쟁 자금이 필요했던 영국은 유대인과 또 다른 거래를 했다. 1917년 밸푸어Balfour 선언을 통해 당시 영국이 관할하던 팔레스타인 지역 내 유대 국가 건설에 호의적이라고 표명했던 것이다. 한편 유럽에서는 당시 민족주의 운동이 부흥했었고, 그 여파로 유럽 내 유대인들에 대한 반감이 심해졌다. 따라서 유대인들은 세계 각지로 디아스포라를 할 수밖에 없었다. 이 과정에서 일부는 유대 민족의 영원한 고향으로 여겨지는 팔레스타인으로 이주를 희망했다. 전 세계에 걸쳐 조직된 유대인 네트워크가 작동했으며, 이들의 자금이 팔레스타인 정착에 활용되었다. 팔레스타인으로 이주한 유대인들을 위해 팔레스타인 아랍 토착민이 소유한 땅도 사들였다. 이주 유대인들은 집단 농장 키부츠를 지어 공동 생산과 공동 분배를 했으며, 효율적인 농작물 관리로 소득도 이웃 팔레스타인 토착민보다 높았다. 이 과정에서 이주 유대인에 대한 토착민의 불만이 높아졌으며, 이들 간 싸움도 빈번히 발생했다. 그러다 아랍인과 유대인 간 배타적인 혐오 감정과 적개심이 폭발하면서 충돌은 심각한 유혈 사태로 번졌다. 당시 이 지역을 관할하던 영국은 아랍인과 유대인의 갈등이 격화되고 이를 더 이상 통제할 수 없게 되자 두 민족의 갈등 문제를 유엔UN에 이관해 버렸다. 영국은 두 차례에 걸친 세계대전으로 이미 국력을 많이 상실한 상태였다. 이후 1948년 5월 아랍 땅에 이스라엘이라는 국가가 건국되었으며, 아랍 민족주의와 유대 민족주의가 서로 충돌하면서 전쟁이 네 차례나 벌어졌다. 그러나 오늘날까지 팔레스타인과 이스라엘 문제는 해결의 기미는 보이지 않고 영토 문제, 민족 문제, 종교 문제, 난민 문제 등과 얽히면서 더 깊은 수렁 속으로 빠지고 있다.

또 다른 사례는 중동의 유랑민이라 알려진 쿠르드Kurd족이 있다. 쿠르드족은 인구가 4500만 명에 달하는 대민족으로, 이들은 하나의 언어(쿠르드어)를 사용하고 있다. 중동 지역을 통치했던 영국은 오스만 제국 패망 이후 쿠르드족 독립 국가 설립을 약속했다. 그러나 영국은 그 약속을 지키지 않았다. 쿠르드 거주 지역에서 석유가 나왔기 때문이다. 석유에 눈이 먼 영국은 쿠르드족 거주 지역을 당시 영국이 통치권을 행사했던 이라크에 편입시켰고, 그 결과 오늘날 쿠르드 민족은 튀르키예, 이라크, 시리아, 이란에 나뉘게 되었다. 영국에 배신당한 쿠르드 민족은 각 국가에서 지속적으로 반정부 운동을 하며 독립 국가 설립을 위해 고군분투해 왔으나 그 꿈은 좌절되었고, 그 여파로 각 국가의 중앙 정부로부터 탄압과 차별을 받고 있다.

그 밖에도 석유를 둘러싼 서구 열강의 이권 다툼, 서구 자유주의와 구소련 사회주의의 충돌, 수니와 시아의 종파 갈등, 그리고 불안정한 정치 환경을 타개하기 위해 외부 세력에 의존하는 중동 국가 통치 세력의 습성도 이 지역 불안정성을 키우는 원인이 되고 있다.

아랍어를 중심으로 한 상상 속의 문화 공동체, 아랍 지역

마지막으로 아랍 지역은 그 지역에 거주하는 사람들의 민족적 그리고 문화적인 특징을 표현하는 용어이다. 아랍은 셈Sem족이라는 인종학적 정의에 공통의 언어적·문화적·역사적 경험과 기억이 함축된 개념이다. 중동 지역에 있는 국가 가운데 페르시아 민족을 주축으로 하는 이란과 터키 민족을 주축으로 하는 튀르키예는 아랍 국가와는 인종적으로나 문화적으로 다르다. 또한, 같은 셈족에 속하지만, 이스라엘의 유대 민족 또한 아랍 민족과는 종교적·정치적으로 구별된다. 원래 유대인과 아랍인의 관계는 오늘날처럼 상극 관계는 아니었다. 유대인들은 아랍 지역 곳곳에 분포했으며, 아랍인과 이웃하며 지냈다. 그러나 이스라엘 건국과 팔레스타인 땅 점령이라는 정치적인 이유로 유대인과 아랍인은 하루아침에 이웃 친구에서 앙숙 관계가 되었다.

아랍인의 정의가 셈족을 주류로 하는 인종학적 개념에 기초하지만 모든 아랍인이 하나의 핏줄을 공유한 단일 민족은 아니다. 말 그대로 '순수한' 아랍인의 혈통은 존재하지 않는다. 역사적으로 아랍은 타 문화권을 지배하기도 했으며, 또한 외부로부터의 지속적인 침략도 받아왔다. 그 과정에서 아랍은 그리스·로마 제국, 비잔틴 제국과 사산 제국, 오스만 제국, 몽골 제국, 그리고 근대에 들어서는 영국과 프랑스를 포함한 서유럽 국가와 접촉했으며, 자연스럽게 그들과 섞이게 되었다. 게다가 아랍은 이슬람 문명의 부흥기에 동양과 서양의 연결 통로인 실크로드 무역로를 통해 다양한 사람들과 관계를 맺었다. 결국, 아랍인들이 믿고 있는 아랍인의 정체성은 혈연에 의

한 것이라기보다 자신들이 아랍인이라는 믿음에 기초한 것이다. 즉, 아랍이란 '상상 속의 문화 공동체'라 할 수 있다.

우리는 흔히 모든 아랍인은 무슬림이라고 오해하곤 한다. 이슬람이라는 종교가 아랍인에 의해 탄생했기 때문이다. 아랍인 대다수가 무슬림이긴 하지만 아랍인 중에는 기독교도도 있으며 유대교도도 있다. 아랍인 기독교도는 주로 이집트(이집트 기독교인은 '콥트Copt'라 불린다)와 레바논에 있으며, 아랍 유대교도는 모로코에 공동체를 형성하고 있다.

아랍 연맹 22개국, 어느 나라가 포함되는가

아랍 국가에는 1945년 창설된 아랍 연맹 회원국 22개 국가가 있다. 아랍 연맹에 소속된 회원국에는 아라비아반도의 사우디아라비아, 바레인, 쿠웨이트, 오만, 카타르, 아랍에미리트, 예멘이 있다. 비옥한 초승달 지역이라고 불리는 레반트Levant 지역에는 이라크, 요르단, 레바논, 시리아, 팔레스타인이, 해가 지는 서쪽을 의미하는 마그레브Maghreb 지역에는 알제리, 모로코, 튀니지가, 북아프리카 지역에는 이집트, 수단, 리비아가, 사하라 이남 지역에는 코모로, 지부티, 모리타니, 소말리아가 있다. 이 중 시리아는 2011년 '아랍의 봄' 민주화 운동으로 내전이 발발하자 자국민을 무차별하게 살상했으며, 회원국 자격이 정지되었으나 2023년 다시 복원되었다. 이들 아랍 연맹에 속한 국가들은 아랍어를 모국어 또는 공식 공용어로 쓰고 있다. 그러나 개별 국가들의 문화나 정치 체제, 그리고 경제 수준은 각기 다르다.

아랍인으로서의 정체성을 더욱 공고히 하는 것은 바로 아랍어이다. 아랍어는 약 3억 아랍인의 모국어로 22개국의 공식 언어이다. 이 때문에 아랍어는 영어, 프랑스어, 스페인어, 러시아어, 중국어와 함께 유엔 6대 공용어로 지정되어 사용되고 있다. 아랍어에는 표준어와 방언이 있어 배우기가 까다로운 편이다. 그리고 아랍어는 신의 계시어로 신성한 언어로 간주된다. 신의 언어를 기록한 코란은 변형을 막기 위해 타 언어로 번역될 경우 원어가 병기되어 쓰인다. 한국에서도 아랍어의 중요성을 인식하고 2005년부터 대학 수학 능력 시험의 선택 과목으로 지정했으며, 몇몇 고등학교에서 아랍어를 제2외국어로 가르치고 있다.

출처

엄익란. 2009. 「(제1장) 아랍 이슬람 문화에 대한 몇 가지 물음에 대한 답」. 『무슬림 마음속에는 무엇이 있을까?: 일상생활 속에 숨겨진 아랍·무슬림의 문화코드 읽기』. 한울.

제1부

이슬람에 대한 오해와 진실

1 이슬람에 대한 우리의 인식, 오리엔탈리즘과 이슬람포비아

전 세계적으로 이슬람에 대한 인식은 매우 부정적이다. 우리도 마찬가지이다. 이 장에서는 이슬람에 대한 부정적인 인식이 어디에서 기원한 것인지, 그리고 어떻게 작동하는지 살펴보고자 한다.

왜 예멘인 난민은 안 되고, 아프가니스탄인 난민은 되는가

최근 두 부류의 난민이 한국 사회에서 화두가 된 적이 있었다. 한 그룹은 2015년 예멘에서 전쟁이 나자 삶의 터전을 잃고 난민이 된 사람들이다. 이들은 말레이시아를 거쳐 제주도에 들어오게 되는데, 이 무리에는 어린아이와 여성도 다수 포함되었다. 2018년 여름에 일어난 일이다. 이들에 대한 우리의 입장은 매우 부정적이었다. 반이슬람 캐치프레이즈하에 시민 단체, 여성 단체, 종교 단체가 연대했고, 이들을 중심으로 무슬림 난민 수용을 거부하는 운동이 거칠게 전개되어 한동안 한국 사회를 시끄럽게 만들었다.

이후 3년이 지난 2021년 여름, 또 다른 그룹의 무슬림 난민이 한국으로 들어왔다. 이번에는 '특별 기여자'라는 이름으로 입국했는데, 이들은 탈레반Taliban이 아프가니스탄 정부를 전복하고 정권을 잡으면서 난민 신세가 된 사람들이다. 예멘인 난민과 달리 이들에 대해 한국 사회는 비교적 포용적이었다. 공항에서 이들을 맞이했던 한국인 중에는 아이들을 위해 인형을 선물로 준비하기도 했다.

왜 같은 무슬림 난민인데 그들에 대한 우리의 입장은 이렇게 달랐나? 불과 몇 년 사이에 무슬림에 대한 우리의 인식이 개선된 것인가? 그렇지 않다. 이는 난민에 작동하는 프레임이 달랐기 때문이다. 전자인 예멘인 난민은 사우디아라비아가 예멘을 공격하고 후티Houthi 반군이 저항하면서 '어쩔 수 없이' 고국을 떠나게 된 사람들이다. 그러나 이들 난민 사례는 무슬림과 이슬람이라는 종교적 관점에서 접근되었다. 따라서 이들이 한국 사회로 들어오면 한국은 테러 위험국이 될 것이고, 한국 여성들은 무슬림 남성의 폭력과 강간으로 위험에 처할 것이라는 인식이 작동했다. 당연히 예멘인 난민들은 경계의 대상이 되었다.

반면 2021년 입국한 아프가니스탄 난민은 가혹하고 잔인한 탈레반의 억압을 피해 '어쩔 수 없이' 고국을 탈출한 사람들이다. 그러나 이들이 입국하기 전부터 우리 정부는 한국으로 들어오는 난민들이 주아프가니스탄 한국대사관이나 한국 기업에 종사했던 사람들이라는 점을 내세워 한국과의 연결 고리를 강조했다. 그리고 이들의 종교 정체성보다는 '특별 기여자'라는 신분이 강조되었다. 이들은 사악한 이슬람 무리인 탈레반의 억압 정치를 피해 탈출한 선의의 피해자라는 프레임에서 접근되었던 것이다. 이 두 사례는 자국의 정치 환경이 불안정해 '어쩔 수 없이' 난민 신세가 되어 유랑해야 하는 무슬림 난민에 대해 프레임이 다르게 작동할 경우 그 결과도 다르게 나타난다는 점을 보여주고 있다.

이슬람과 프레임

프레임, 단도직입적으로 정의하면 '생각의 틀'이다. 『프레임』(2022)이라는 베스트셀러 책을 쓴 최인철 교수는 프레임을 '세상을 바라보는 마음의 창'으로 정의하고 있다. 원래 이 단어는 창문이나 액자의 틀, 혹은 안경테를 의미하는데, 모두 '보는 것'과 관련된다. 더 나아가 프레임은 세상을 바라보는 특별한 기준틀을 의미한다는 점에서 마인드세트나 고정 관념으로 정의되기도 한다.

그렇다면 이슬람을 바라보는 우리의 프레임은 무엇인가? 매 학기 학생들에게 하는 설문이 있다. '이슬람과 연관 지어 떠오르는 이미지'는 무엇인가라는 질문을 던지면 학생들의 대답은 대체적으로 지난 20년간 거의 변하지 않고, '테러', '전쟁', '히잡과 여성 차별', '종교적 광신도', '석유', '사막과 낙타' 등으로 귀결된다. 이러한 답변으로 미루어봤을 때 이슬람과 관련된 단어는 대부분 부정적이거나 그렇지 않으면 낭만적이거나 신비함과 연결된다는 점을 알 수 있다. 그리고 강의를 선택하게 된 동기와 관련한 설문에서는 '이슬람에 대해 잘 몰라', 그리고 '새로운 것을 배우고 싶어' 신청하게 되었다는 답변이 가장 많다. 이슬람에 대해 잘 모르는데 어떻게 우리는 이처럼 부정적인 단어들만 떠올릴까? 이러한 정보는 어디에서 얻게 되었을까? 제기된 궁금증을 해결하기 위해 이 장에서는 우리가 이슬람을 바라보는 프레임이 어떻게 구성되었는지, 그리고 그 배경은 무엇인지 추적해 보고자 한다. 그에 앞서 이슬람에 대해 느끼는 두려움이나 혐오감을 포괄하는 단어인 이슬람포비아 용어 정의부터 살펴보도록 하자.

이슬람포비아란 어떤 의미인가

이슬람포비아라는 단어는 '이슬람'과 혐오, 증오, 공포, 두려움 등을 의미하는 '포비아'가 합성된 용어이다. '이슬람포비아'라는 단어가 공식 문건에 처음으로 등장한 것은 영국의 인종 평등 싱크 탱크인 러니미드 트러스트 Runnymede Trust가 1997년 발행한 「이슬람 공포증: 우리 모두를 위한 도전Islamo-phobia: A Challenge for Us All」이라는 보고서이다. 이 보고서에서는 이슬람포비아를 이슬람에 대한 편견, 차별, 배제, 폭력 네 가지 측면에서 정의했다. 그리고 2001년 9·11 테러가 발발하면서 이슬람포비아라는 용어는 서구 학자들의 주요 연구 주제가 되었으며, 대중적으로 쓰이게 되었다. 이후 이슬람포비아는 이슬람과 무슬림에 대한 무관용, 차별, 근거 없는 두려움, 인종 차별

등을 포함해 인종주의, 외국인 혐오증, 다문화주의 담론 속에서 논의되었다. 그리고 이슬람포비아는 이슬람교와 무슬림에 대해 포괄적으로 작동하는 적개심, 두려움, 증오에서 비롯된 행동이나 감정을 모두 뭉뚱그리는 용어가 되었다.

오늘날 서구에서는 9·11을 계기로 이슬람에 대한 반감이 더욱 커지고 있다. 그 결과 이슬람 혐오 관련 범죄도 급증하고 있다. 2009년 스위스 사원 건축 반대 운동, 2014년 '서구 이슬람화에 반대한 애국 유럽Patriotic Europeans Against the Islamization of the Occident'의 독일 사원 방화 사건 등은 서구의 이슬람포비아 현상을 노골적으로 보여준다. 그리고 비슷한 사건은 한국에서도 발생했는데, 2021년 이후 대구 대현동 모스크 건축을 둘러싼 지역 주민들과 무슬림 사이의 갈등이 있다.

증가하는 유럽의 이슬람포비아 범죄, 그 희생양은 히잡 쓴 무슬림 여성

최근 유럽에서 나타나는 이슬람포비아의 행태를 보면 무슬림 여성에 대한 혐오 범죄가 증가하고 있다. 차크라보티Neil Chakraborti와 젬피Irene Zempi는 히잡hijab을 착용한 무슬림 여성이 유럽의 거리에서 조롱당하고, 히잡이 잡아 당겨지고 벗겨지며, 심지어 폭행까지 당하는 범죄가 늘어난다는 점을 주목했다(Chakraborti and Zempi, 2014).

연구 결과 무슬림 여성에 대한 이슬람 혐오 범죄가 늘어나는 이유는 히잡 때문이었다. 무슬림 남성에게는 표면적으로 드러나는 종교적 표식이 없다. 따라서 외모만으로는 종교 정체성을 알 수 없다. 그러나 무슬림 여성은 히잡을 착용하기 때문에 공적 공간에서 종교적 정체성이 명백하게 드러난다. 동시에 여성은 신체적으로 남성에 비해 약하기 때문에 공격하기 쉬운 대상이다. 여기에 히잡에는 무슬림 여성의 복종성, 수동성, 무력함의 이미지가 각인되어 있다. 결국, 서구에서 이슬람포비아 범죄가 여성에게 더 많이 발생하는 이유는 히잡을 착용한 무슬림 여성이 시각적으로 서구에 위협적인 대상을 상징하는 가운데, 가해자들은 이를 처벌한다는 명분으로 가장 약한 여성을 목표 삼아 무차별적인 공격을 감행하기 때문이다.

왜 서구는 이슬람에 불안을 느끼는가

서구인들이 이슬람에 대한 반감과 공포감을 느끼는 이유는 다층적으로 작동하고 있다. 표면적으로 이슬람 국가의 비민주성, 반인권성에 대한 거부감과 반감, 그리고 이슬람이라는 이름으로 자행되는 수많은 테러에 대한 두려움 등이 있다. 그리고 좀 더 안으로 들어가보면 생존을 위한 치열한 경쟁 논리도 자리하고 있다.

두 차례 세계대전을 겪은 유럽에서는 종전 후 재건 사업이 활발히 진행되었고, 노동력은 턱없이 부족했다. 이러한 상황에서 유럽이 식민지로 삼았던 북아프리카 출신 남성 노동력은 유럽 사회에 매우 필요한 인력이었다. 그리고 이들의 노동력은 매우 저렴했다. 당시 북아프리카에서 유럽으로 이주한 무슬림 남성들은 대부분 비숙련 노동자로 계층 피라미드의 가장 하부에 위치하며 유럽인이 선호하지 않는 더럽고, 어렵고, 위험한 3D 업종에 종사하면서 유럽의 경제 회복에 기여했다. 경제 상황이 나아지면서 고향에 있는 가족들의 연쇄 이주가 일어났으며, 유럽 사회에 정착한 무슬림 이주 노동자들의 자녀 세대들은 서구의 공교육 시스템하에서 교육을 받고 일부는 엘리트로 성장했다. 그 결과 이제 이주민 출신 무슬림은 자신들과 취업 자리와 복지 혜택을 놓고 경쟁하는 상대가 되었다. 그런데 문제는 무슬림 이민자들이 서구 사회에 동화되기보다 자신의 종교적·문화적 정체성을 강하게 유지한다는 것이며, 이는 유럽 사회를 불안하게 만들고 있다.

이슬람에 대한 유럽 사회의 불안감은 2000년대 초반 등장했던 '유라비아'라는 단어에서도 드러난다. 유럽에 유입되는 무슬림 수는 점차 증가해 유럽의 신생아 네 명 중 한 명은 무슬림이라고 한다. 유럽인들의 마음속에는 종국에는 유럽이 아라비아가 될 것이고, 노트르담Notre Dame 성당은 이슬람 사원으로 바뀔 것이라는 공포심이 있다. 2015년 프랑스 작가 미셸 우엘베크Michel Houellebecq가 가톨릭 국가인 프랑스가 이슬람 국가가 된다는 가정을 그린 『복종』이라는 소설도 유럽의 이슬람포비아를 반영하고 있다.

집단 감정으로서 이슬람에 대한 혐오의 작동 원리

혐오는 개인적 차원의 심리적 반응이기도 하지만 특정 대상에 대한 집단적 감정이라는 점에서 사회적인 성격을 갖는다. 독일의 저널리스트이자 『혐오사회』(2016)의 저자 카롤린 엠케Carolin Emcke는 혐오는 갑작스럽게 등장하는 것이 아니라 한 사회의 특정한 맥락 속에서 미리 만들어진 양식이며, 특정한 방향으로 유도되어 분출된다고 보았다. 그리고 구체적인 혐오 사건들은 혐오 감정을 지속시키는 자양분이 되는데, 이것이 반복되면 결국 표준이 된다고 언급했다. 보통 사람들은 혐오를 자발적이거나 혹은 개인적인 것으로 해석하면서 자기도 모르게 그 감정들이 지속적으로 양성되는 데 동참한다. 따라서 혐오를 없애기 위해 엠케는 혐오가 어떤 역사적·지역적·문화적 맥락에서 발생하고 작동하는지 알아보면서 혐오를 이루는 성분들을 하나하나 천천히 해체해야 한다고 강조했다.

같은 맥락에서 미국의 법률학자인 에이미 추아Amy Chua는 특정 그룹의 타 집단에 대한 감정은 정치적으로 만들어진다고 보았다(추아, 2020). 그리고 이를 '정치적 부족주의'로 정의했다. 여기에서 말하는 부족이란 혈연으로 생성된 집단이 아니라 공동의 감정과 목적을 공유하는 집단을 의미한다. 추아는 부족 본능을 인간의 보편적인 소속 본능이자 타 집단에 대한 배제 본능으로 보았다. 집단(혹은 정치적 부족)에 속한 개인은 내집단에 애착과 충성심을 보이고, 자신이 속한 부족이 모든 방면에서 우월하다는 것을 증명하고 싶어 해 내부적으로는 뭉치지만 외부인에 대해서는 폐쇄적·방어적·징벌적이다. 추아는 이러한 부족 본능은 '자본주의'나 '공산주의' 혹은 '민주주의'와 같은 추상적 이데올로기보다 더욱 강력하게 작동하며, 현대에 들어 더욱 고도화되었다고 주장한다. 사람들이 정치적 부족주의로 나뉘게 되면 추상적으로만 작동했던 타자에 대한 경계심(가령 이슬람에 대한 막연한 두려움)이 구체적 사례나 경험(무슬림이 저지른 범죄)을 통해 현실이 되어 '나'와 '그들' 간 경계선이 더욱 확고해진다.

언론도 이러한 집단 감정을 부추긴다. 가령 미국이나 유럽에서 일어난 범죄에 대해 범죄를 저지른 사람이 무슬림이라는 종교적 정체성을 전면에 부각시켜 이슬람포비아를 조장한다. 그리고 이러한 감정들은 정치인이나 종교인에 의해 또다시 이용된다. 집단적으로 작동하는 혐오 감정을 이용해 영향력을 확대시킬 수 있기 때문이다.

온라인 시대 이슬람포비아를 부채질하는 '인포데믹'

인포데믹infordemic은 '정보information'와 '전염병epidemic'의 합성어로, 미디어나 인터넷을 통해 허위 정보disinformation나 잘못된 정보misinformation가 전염병 같이 급속도로 퍼지는 '정보 감염증' 현상을 의미한다. 코로나19는 인포데믹의 위험성을 보여준 대표적인 사례였다. 사회적 거리 두기로 사람들 간 실질적인 대면 교류가 감소하고, 대신 비대면 온라인 교류가 급증하면서 인포데믹이 더욱 확산되었기 때문이다.

'초연결 사회'가 되어버린 현대 사회에서 팬데믹이 인포데믹과 만나면서 타인 또는 타 집단에 대한 '혐오', '배제', 그리고 '차별'을 더욱 부추겼다는 점은 우리도 잘 기억하고 있다. 가령 코로나19 감염병으로 촉발된 근거 없는 공포가 인포데믹에 편승해 바이러스가 창궐한 지역 출신 거주민(가령 한국의 경우 대구), 특정 종교인(신천지 교인), 또는 국민(중국인)에 대한 비난이 노골적으로 표출되면서 수면 아래 잠재하던 타 집단에 대한 혐오와 배제가 정당화되었기 때문이다. 그리고 특정 인종, 종교 집단, 소수자에 대한 사회 편견과 혐오를 담은 인포데믹은 온라인 공간에서 내 집단 간 교류를 통해 재생산되고 강화되었다.

인포데믹이 더욱 무서운 이유는 '현실'과 '환상'이 중첩되어 '사실'과 '허구'에 대한 구분을 불명확하게 만든다는 데 있다(엠케, 2016). 특정 집단에 대한 혐오 담론이 형성되면 '팩트'는 그렇게 중요한 문제가 아니다. 그리고 인포데믹은 온라인을 타고 객관적이고 합리적인 사실보다 감정에 호소하며 증폭된다. 수용자가 자신의 신념과 일치하는 정보만을 취하고 상반되는 정보는 무시하는 확증 편향과 '믿고 싶은 것만 믿는' 잘못된 자기 신념을 강화하기 때문이다. 유튜브YouTube, 페이스북Facebook, 넷플릭스Netflix 등이 알고리즘을 통해 자신이 봤던 영상과 비슷한 것을 지속적으로 소개해 확증 편향을 강화하는 현상도 같은 맥락이다.

한국 사회에 이슬람에 대한 인포데믹도 동일한 방식으로 작동하고 있다. 2009년 이슬람 금융 도입을 위해 이슬람 채권 수쿠크법을 국회에서 논의했을 때, 2015년 할랄 시장에 진출하기 위해 정부가 익산에 이슬람식 도축장을 지으려고 했을 때, 2018년 예멘인 난민이 제주도에 들어왔을 때, 그리고 최근에는 대구 이슬람 사원 건립 문제로 불거진 지역 주민과의 갈등 등은 모두 구체적인 사실이 허구와 혼재해 사람들의 공포와 불안감을 조장하고 이슬람이 위험하다는 잠재된 편견과 함께 뒤섞이면서 온라인과 오프라인상에서 이슬람포비아를 표출시키는 사례가 되고 있다.

한국에 섭섭한 이슬람

그런데 무슬림은 한국 사회에서 발동하고 있는 이슬람포비아에 서운함을 느낀다. 그리고 일부는 억울함을 호소하기도 한다. 서로 감정적으로 얽힌 빚이 없음에도 불구하고 이슬람교와 무슬림은 괜히 미움을 받기 때문이다. 도미니크 모이시Dominique Moïsi는 『감정의 지리학』(2008)에서 세계의 각 지역을 '희망의 아시아', '절망의 중동', '두려움의 서구'로 묘사하면서, 이제는 '문명의 충돌'이 아닌 '감정의 충돌clash of emotion'로 지역 간 갈등이 불거질 것이라고 언급한 바 있다.

'감정의 지리학' 관점에서 볼 때 서구와 이슬람은 서로 불편한 감정으로 얽혀 있다. 11세기부터 13세기까지 예루살렘Jerusalem의 성지가 있는 레반트 지역 지배권을 놓고 십자군 원정대와 이슬람 군대가 충돌했으며, 1453년 오스만 제국은 동로마 제국의 수도인 콘스탄티노플Constantinople(오늘날 이스탄불)을 함락해 이슬람화했다. 그러다 1798년 나폴레옹이 군대를 이끌고 이집트를 침략하면서 서구 제국주의가 시작되었고, 이슬람 지역은 서구의 지배에 들어가게 되었다. 근대에는 서구가 팔레스타인 땅에 유대인 국가 설립에 침묵하고 도와주면서 반서구 감정이 들불처럼 일어났다. 이처럼 서구와 이슬람 문명 간 반목의 역사는 매우 길다. 때문에 서로 감정의 골도 매우 깊다. 새뮤얼 헌팅턴Samuel Huntington 교수는 냉전 종식 이후 달라진 세계 정치 질서를 규명하는 과정에서 '문명 충돌론'을 제기해 큰 주목을 받은 바 있다. 그에 따르면 향후 문명과 문명이 만나는 단층선상에서 전쟁이 가장 빈번하게 일어날 것이며, 서구 세계에 위협이 되는 대상으로 이슬람 문명과 중국을 중심으로 한 유교 문명을 지목했다. 안타깝게도 헌팅턴이 예고했던 서구와 이슬람 문명 간 충돌은 2001년 9·11과 함께 구체적 현실이 되었고, 그와 함께 이슬람은 서구를 위협하는 주요 세력으로 각인되어 버렸다. 동시에 서구의 적은 소련의 공산주의 세력에서 이슬람 세력으로 전환되어 버렸다.

서구와 달리 한국은 이슬람 문명과 역사적으로 얽힌 감정의 빚이 없다. 그런데도 우리는 이슬람을 불편하게 보고 있다. 그 결과 한국과 이슬람을

주요 종교로 하는 중동 국가 간 심리적 거리도 여전히 멀다. 최근 IS_{Islam}
State와 같은 테러 조직의 활동으로 이슬람에 대한 혐오감과 반감 지수는 더
욱 상승하고 있다. 아직 한국에서는 서구처럼 이슬람포비아와 관련된 범죄
행위가 표면화되지 않고 있다. 그렇다고 이슬람포비아가 없다는 이야기는
아니다. 국민권익위원회에 따르면 2010년 고용 허가제 송출 국가에서 이슬
람 국가를 제외해 달라는 민원이 다수 접수되었다. 또한, 이슬람 국가 출신
의 유학생을 받지 말 것과 이슬람 사원 첨탑 건설 승인을 하지 말라는 등
반이슬람 관련 민원이 꾸준히 증가하고 있다. 그 밖에도 정부의 할랄 도축
장 건설에 대한 반감 및 무슬림 관광객 유치를 위한 이슬람 관련 종교 인프
라 구축에 대한 거부감, 그리고 앞서 몇 차례 반복적으로 언급했던 대구 대
현동 사원 건립 반대 등 한국 사회에서도 이슬람포비아의 사례를 찾는 일
은 그리 어렵지 않다.

그렇다면 한국 사회는 이슬람과 공존이 불가능한가? 한국인의 눈에 이
슬람은 어떻게 비치고 있는 것인가? 한국의 이슬람포비아 뿌리를 밝혀보도
록 하자.

이슬람을 바라보는 부당한 시각의 근원, 오리엔탈리즘

한국은 이슬람을 매우 부정적으로 보고 있다. 서구에서 무슬림을 대상으
로 벌어지는 폭력의 형태까지는 아니지만 그들을 바라보는 눈빛을 통해 그
들을 밀어내고 때로는 징벌한다. 서구가 이슬람을 바라보는 프레임을 그대
로 가져왔기 때문이다. 서구는 이슬람을 오리엔탈리즘이라는 프레임에서
바라본다. 오리엔탈리즘이라는 용어를 간단히 정의하면 '오리엔트_{Orient}'와
'이즘_{ism}'의 합성어로, 글이나 그림으로 동양을 표현했던 예술가 또는 동양
을 연구했던 오리엔탈리스트들의 작품뿐만 아니라 서구인이 동양 또는 동
양인에 대해 가지는 인식, 태도, 이미지, 동양의 성격 또는 스타일 등 모두

를 포함한다.

오리엔탈리즘이라는 용어를 학문적으로 발전시킨 사람이 바로 저명한 팔레스타인 출신 학자 에드워드 사이드Edward Said, 1935~2003이다. 그는 서구의 동양 특히 이슬람에 대한 인식이 왜 부정적인지 그 뿌리를 파헤치기 위해 서구 오리엔탈리스트들이 묘사해 왔던 동양에 관한 이미지를 문학 작품을 중심으로 분석했다. 그에 따르면 동양은 주로 19세기 서구 여행자, 선교사, 그리고 제국주의 침략자 들의 관점에서 묘사되어 왔으며, 동양에 대한 이미지는 사실보다 허구에 의해 만들어졌다고 결론지었다. 그리고 서구의 관점에서 묘사된 동양은 언제나 타자였으며, 따라서 동양은 서구에 의해 관찰되고, 탐구되고, 수동적으로 정의되는 대상이 되었다. 서구는 타자의 이미지를 열등하게 설정함으로써 스스로 자아의 이미지를 우월하게 정의할 수 있었다. 동양의 이미지는 감성적·야만적·여성적으로 묘사된 반면, 그 반대편에 있는 서구는 이성적·문명적·남성적으로 묘사되었다. 그러나 오리엔탈리즘은 서구 제국주의라는 정치적 목적과 결탁해 서구는 우월하고 동양은 열등하다는 이데올로기로 담론화되었으며, 그 결과 서구는 제국주의를 침략이라기보다는 무지로부터의 해방과 계몽으로 포장했다. 특히 기독교 문화권인 서구는 이슬람 문화권인 중동 지역에 대해서 비판적이었으며, 모든 열등성을 이슬람 탓으로 돌리면서 이슬람으로부터의 해방을 강조했다. 이와 같은 동양에 대한 부정적인 오리엔탈리즘은 주로 서구 유럽에서 생산되었으나 제2차 세계대전 이후 글로벌 패권이 미국으로 넘어가면서 미국이 동양에 대한 오리엔탈리즘을 생산하는 주체가 되었다.

오리엔탈리즘의 양산처 할리우드, 그리고 그 영향을 받은 한국의 이슬람에 대한 프레임

미국의 오리엔탈리즘은 할리우드의 영화와 만화 산업을 통해 전 지구적

으로 확산되었다. 할리우드는 유대인이 설립한 제국과 같다. 대부분의 영화
사들(NBC유니버설NBC Universal, 파라마운트픽처스Paramount Pictures, MGM, 20세기폭
스20th Century Fox, 워너브라더스픽처스Warner Bros. Pictures, 컬럼비아픽처스Columbia
Pictures)이 모두 유대인이 설립한 것이다. 이들 유대인은 유럽에서 민족주의
가 확산하고, 반유대 정서가 심해지자 미국의 동부로 이주해 정착했다. 그
러나 미 동부 지역의 영화 산업은 '와스프WASP: White Anglo-Saxon Protestant'로 불
리는 백인 앵글로·색슨 개신교도가 꽉 잡고 있었다. 이와 같은 환경에서 성
장에 한계를 느낀 칼 램리Carl Laemmle와 윌리엄 폭스William Fox와 같은 몇몇 유
대인들은 와스프의 영향력에서 벗어나 자유롭게 영화를 만들고자 서부로
이동했고, 각각 유니버설픽처스와 20세기폭스를 설립했다(박재선, 2009).

　제1차 세계대전 이후 영화는 전쟁을 겪은 사람들의 마음을 위로했으며,
할리우드도 전성기를 맞이했다. 유대인이 지배하는 할리우드의 영화는 유
대인에 대해서는 긍정적으로 묘사했다. 반면 이스라엘과 팔레스타인 문제
가 불거지면서 아랍인, 중동인, 그리고
무슬림은 할리우드 영화에서 무자비하
고 난폭한 악당, 테러리스트, 무지하고
멍청한 사람들, 억압받는 사람들, 또는
비이성적이고 미개한 사람들로 묘사되
었다. 〈알라딘〉, 〈트루라이즈〉, 〈비상
계엄〉, 〈아메리칸 스나이퍼〉 등을 포
함한 할리우드 영화, 그리고 각종 방송
매체를 통해 우리도 자연스럽게 무슬
림과 이슬람에 대해 부정적으로 인식
하게 되었다.

**그림 1-1 에드워드 사이드 생전 그와
대화를 나누고 있는 필자**

자료: 2001년 4월 19일 촬영.

종족 민족주의와 유교의 서열 문화에서 본 한국의 이슬람포비아

오리엔탈리즘 외에도 이슬람에 대한 혐오감은 민족주의 관점에서도 분석이 가능하다. 한국인이 이슬람을 부정적으로 받아들이는 이유는 '종족 민족주의ethno-nationalism'에서 설명할 수 있다(Jamass, 2014). 일본으로부터 독립후 한국은 교육을 통해 순수한 하나의 혈통에 기반한 균질화된 한민족성을 강조해 왔다. 종족 민족주의는 국가 통합과 발전이라는 면에서는 긍정적인 역할을 했으며, 그 덕에 대한민국은 한국전의 폐허를 딛고 단기간에 눈부신 성장을 이룩할 수 있었다. 그러나 종족 민족주의의 부작용도 있었다. '다름'에 대한 인내와 포용이 부족했으며, '나'와 다른 '남', 특히 외국인을 받아들이고 수용하는 데에는 부정적이었다.

그와 함께 나이, 계층, 성별에 따른 위계질서를 사회 질서 확립에 가장 중요한 가치로 여기는 유교 문화도 이슬람포비아 형성에 한몫했다. 근대 서구가 글로벌 패러다임을 쥐고 있는 상황에서 19세기부터 선교사들이 한국 사회로 들어왔고, 1950년 한국 전쟁 이후 미군이 주둔하면서 백인은 우월하고, 유색 인종은 열등하다는 인식이 형성되었다. 그리고 이는 사회의 위계질서를 중요시하는 유교와 만나 자연스럽게 백인들의 문화인 서구와 기독교 문화는 우월하다고 인식되는 반면 유색 인종과 그들 종교인 이슬람과 힌두교 등은 폄하되었다. 서구인들이 동양을 바라보는 오리엔탈리즘은 우리 안에 들어와 우리도 모르는 사이에 다시 재생산되었던 것이다.

이러한 현상을 이옥순(2002)은 '복제' 오리엔탈리즘이라고 지칭하기도 했다. 한국인들에게 근대화는 서구 국가를 따라잡는 것뿐만 아니라 서구의 방식을 흉내 내고 서구와 동질화되는 것을 의미했다. 특히 근대화에 성공한 한국은 스스로를 서구와 동일시하면서 동양의 다른 국가와는 다르다는 점을 강조하며 구별 지었다. 이는 곧 우리가 중동인이나 인도인을 바라보는 시선이 서구가 그들을 바라보는 시선과 동일하게 됨을 의미한다. 이러한 맥락에서 한국은 중동, 아랍, 이슬람을 바라볼 때 또 다른 '서구'가 되었으며, 같은 동양에 속하더라도 중동과 아랍, 그리고 이슬람은 타자화되어 거부되었으며, 한국과 비교해 열등한 대상이 된 것이다.

그렇다면 동아시아 다른 국가들의 이슬람에 대한 반응은 어떻게 다를까? 국가에 따라 이슬람과 조우한 역사적 그리고 정치적 맥락이 달라 이 또한 다르게 나타나지만 대체적으로 정치적, 그리고 경제적 이유로 이슬람 국가와 협력 관계를 유지하려 노력하고 있다. 동아시아에서 우리의 주변국인 중국, 일본, 대만의 사례를 차례로 살펴보도록 하자.

동아시아 국가의 이슬람에 대한 반응: 중국 사례

중국 내 무슬림 인구수는 중국 전체 인구의 2%에 해당하는 2600만이다. 그리고 그 수는 2030년 2.2%까지 증가할 것으로 예상된다(Pew Research Center, 2015). 중국 내 무슬림 인구수는 무슬림 인구수 분포 면에서 전 세계 15위를 차지하고 있다. 중국 내 무슬림은 대부분 저개발 지역인 북서부 신장新疆, 칭하이青海, 간쑤甘肅, 닝샤寧夏에 분포되어 있다. 중국의 이슬람 역사는 960년경 신장 지역에서 시작되었다. 사만Saman 왕조(875~999)의 한 왕자가 신장의 카슈가르Kashgar로 망명한 것이 계기가 되었으며, 그의 설교에 영향을 받은 유목민이 이슬람으로 개종했다고 알려져 있다(황병하, 2009). 신장은 1884년 공식적으로 중국 청나라 영토에 편입되었다.

현대 중국의 이슬람은 중국 공산당 정책의 틀에서 이해해야 한다. 1949년 10월 중화 인민 공화국이 탄생하기 전까지 중국은 소수 민족의 정체성을 유지하는 정책을 추진했기 때문에 소수 민족은 언어와 의상, 그리고 종교의 자유를 누릴 수 있었다. 그러나 1950년대 중국 공산당이 정권을 완전히 장악하면서 종교의 영향력을 차단하는 종교 개혁 운동을 추진했다. 이 정책으로 이슬람 사원은 폐쇄되었고, 성직자는 강제 노역에 동원되거나 탈종교를 강요받았다. 이후 이슬람에 대한 종교 박해는 문화 혁명(1966~1976) 기간 더욱 심화되었고, 이슬람 국가 출신 외교관을 위한 기도 장소인 사원은 베이징北京과 일부 지역 몇 곳만 제외하고 전부 폐쇄되었다. 예배, 할랄 식食 섭취, 또는 이슬람식 장례 문화는 철저히 금지되었고, 코란을 포함한 종교 서적은 소각되었다. 심지어 일부 무슬림에게는 돼지 사육도 강요되었다.

중국 정부는 이슬람을 탄압했으나 닝샤 지역에 거주하는 한족 출신 무슬림 후이족回族에게는 호의적이었다. 위구르Uighur족이 주를 이루는 신장 지역 무슬림과 달리 한족인 후이족은 공무원으로 고용되기도 했고, 이슬람 축제일에 공식적으로 유급 휴가도 누릴 수 있었으며, 할랄 식도 먹을 수 있었다. 다른 지역 무슬림과 달리 중국 정부가 후이 무슬림에 대해 선린 정책을 펼친 이유는 자국과 국경을 맞대고 있는 이슬람 세계와 협력이 필요했기 때문이다(Wang, 2016). 1955년 인도네시아 반둥Bandung에서 열린 제1회 아시아·아프리카 회의에서는 이슬람 국가와 협력과 연대의 필요성을 강조했다. 자국 내 소수 민족인 무슬림에 대한 대우는 이슬람 세계와 외교 관계 형성에 매우 중요한 과제였다. 중국 정부는 친이슬람 정책 추진을 위해 인종과 언어적으로 이질적이며, 중국 정부에 반감을 보이는 신장의 위구르족 출신 무슬림보다는 한족 출신으로 중국 사회에 동화된 닝샤 후이족을 선택했다. 그 이유는 사회 통합 면에서 유리하다고 보았기 때문이다. 이후 1980년대 덩샤오핑鄧小平의 실용 정책으로 중국 내 이슬람은 종교적 자유를 누리면서 부활하기 시작했다. 사원이 다시 개방되었고, 이슬람식 교육 기관인 '마드라사madrasah'가 설립되어 종교 교육이 이뤄지기 시작했다.

중국의 친이슬람 정책은 2013년 시진핑習近平 주석이 해외 순방 연설에서 '실크로드 경제 벨트 및 21세기 해상 실크로드', 일명 '일대일로One Belt One Road Initiative' 건설을 제안한 이래 더욱 강화되고 있다. 일대일로 정책의 목표는 아시아·유럽·아프리카로 이어지는 육·해상 교역로를 개발해 중국의 새로운 경제 성장 동력으로 활용하는 것이다. 그리고 일대일로에 포함된 국가 중 27개국이 이슬람 국가이며, 전 세계 무슬림 인구수의 약 65%가 뉴실크로드 경제 벨트에 분포되어 있다. 이러한 이유에서 중국은 일대일로 중심에 있는 아랍에미리트와 사우디아라비아 등 걸프 지역 국가에 정성을 쏟고 있다. 또한, 중국 경제가 급속히 성장하면서 필요한 석유를 안정적으로 공급받기 위해서라도 이들 국가와의 협력은 매우 중요했다. 현재 중국은 중동에서 한발 빼고 있는 미국을 대신해 중동 지역에 영향력을 강화하고 있다. 중동 산유국에 적극적인 투자를 하고 있으며, 2023년 초에는 외교 관계를 단절했던 수니파 종주국인 사우디아라비아와 시아파 종주국인 이란을 중재하며 외교 관계를 복원시키기도 했다.

동아시아 국가의 이슬람에 대한 반응: 일본 사례

일본 내 무슬림 인구수는 전체 인구수의 약 1% 정도 미만(약 18만 명)으로 추정된다(Pew Research Center, 2015). 일본 내 무슬림 인구수는 1980년대 일본 경제 활황기에 본격적으로 증가하면서 6.1%의 높은 성장률을 보이기도 했다(김영남, 2009). 일본 내 거주 무슬림은 대부분 동남아시아 무슬림으로, 출신국은 인도네시아, 파키스탄, 방글라데시, 인도, 스리랑카, 이란, 아프가니스탄, 튀르키예 등이다. 이들은 대부분 일자리를 찾아 일본으로 입국한 무슬림이며, 현지인과 결혼해 일본 사회에 정착했다.

근대 일본에 이슬람이 소개된 것은 1853년 일본 사회가 개방되고, 서구 무역상들이 일본에 드나들면서이다. 당시 영국이나 네덜란드 상인에게 바닷길을 안내하던 말레이시아 출신 항해사가 일본에 이슬람을 소개한 것으로 추정된다(Fathil and Fathil, 2011). 1877년 코마추미야 왕자 부부가 메이지明治 천황의 친서와 선물을 가지고 술탄 압둘하미드Abdu al-Hamid를 알현하면서 일본과 이슬람 세계는 공식적인 교류를 시작했다. 일본은 중동 지역의 거대 세력이던 오스만 제국과 정치와 문화적인 협력 관계를 기대했다(김영남, 2009). 일본의 이슬람 세계에 대한 관심은 종교적 목적보다는 변화하는 세계 질서 속에서 우방을 만들기 위한 전략에서 비롯된 것이었다. 따라서 이슬람에 대한 일본의 입장은 긍정적이었다.

이후 1890년 터키 무슬림 609명을 태운 '알투그룰'호가 요코하마橫濱항에 도착해 일본을 답방했고, 3개월 후 고향으로 귀국하던 중 난파하는 사건이 벌어졌다. 이에 대해 일본 정부가 생존자와 시신을 본국에 보내고, 이들을 위한 추모비를 세우면서 양국 관계는 더욱 우호적으로 발전했다. 그리고 1905년 일본이 러일 전쟁에서 승리하자 오스만 제국은 서구 세력에 대항해 승리한 일본을 아시아의 자랑으로 여겼다.

근대 일본에서 이슬람 부흥기는 크게 두 시기에 걸쳐 일어났다. 1차 부흥기는 제2차 세계대전 당시 또 다른 전선을 구축하던 일본이 1945년 패망하기 전까지 제국주의 팽창을 목적으로 이슬람에 대해 연구를 활발히 진행하던 시기이다. 일본은 이슬람권인 남아시아를 효과적으로 지배하기 위해 이슬람 서적을 번역했고, 연구 센터도 건립했다(Fathil and Fathil, 2011). 패전 후 이슬람에 대한 관심이 시들해졌으나 이후 1973년 석유 파동과 함께 일본 사회의 이슬람에 대한 관심이 재점화되었다. 경제 위기에서 탈출하기 위해 중동 지역과 관계를 강화했으며, 교류도 활발해졌다. 종교로서 이슬람을 받아들여 입교하는 일본인도 있었으며, 성지 순례 장면이 처음으로 TV에서 방영되기도 했다(Anis, 1998).

한편 일본인들은 주로 서구 매체를 통해 이슬람을 접했기 때문에 이슬람에 대한 인식은 부정적이었다(Fathil and Fathil, 2011; 김영남, 2009). 그러나 일본의 외교 정책은 실리 추구가 우선이었으며, 이슬람 세계를 정치·경제 부문의 협력 대상으로 여겼다. 이러한 맥락에서 2000년대 들어서는 재생 전략 정책을 성공시키기 위해 이슬람 세계와 협력을 적극적으로 추진했다.

재생 전략은 일본 정부가 기존에 추진하던 신성장 전략 정책을 2011년 후쿠시마福島 원전 사고 후 수정하고 보완한 것으로, 2012년 7월 발표된 계획안이다. 일본 역시 중국과 마찬가지로 자국의 경제 발전 차원에서 이슬람 국가와의 협력적 관계를 적극적으로 도모하고 있다는 점을 알 수 있다.

동아시아 국가의 이슬람에 대한 반응: 대만 사례

대만의 이슬람 역사는 그리 오래되지 않았다. 대만 이슬람 역사의 시작은 1949년 국민 정부가 국공 내전에서 공산당에 밀려 중국 대륙에서 쫓겨나 타이베이臺北로 이전하는 과정에서 약 2만 명의 한족 무슬림인 후이족 군인들이 이 지역으로 이주한 것이 계기가 되었다. 그러나 대만 내 이슬람 전통은 세대를 거치면서 점차 사라져버렸다. 후이 무슬림 후손들이 대만 문화에 동화되었기 때문이다. 특히 신세대 젊은이들은 이슬람 종교 교육을 받을 기회가 거의 없어 코란 암송과 기도처럼 기본적인 종교 의례 수행에도 서툴렀다. 이를 두고 대만 이슬람의 종교 전통이 소멸되었다고 보는 시각도 있다(Zafar, 2016). 이러한 배경에서 대만 이슬람 종교 문화의 중심에는 현지인 무슬림보다 외국인 이주민이 있었다. 1980년대부터 인도네시아, 파키스탄, 말레이시아, 태국과 미얀마 출신 무슬림 이주 노동자들이 대만으로 유입되었기 때문이다. 당시 무슬림 인구수는 소폭 증가했으나 대만의 무슬림 인구수는 전체 인구수 2300만 명의 0.2% 수준으로 여전히 적은 편이다(Pew Research Center, 2015).

대만은 종교 다양성 지수Religious Diversity Index에서 2위를 차지할 정도로(1위 싱가포르) 타 종교에 관용적이다. 이슬람에 대해서도 우호적인데, 수출 중심국인 대만의 경우 이슬람 세계와 무역 및 비즈니스 관계를 증대시키는 것이 전략적으로 매우 중요하기 때문이다. 대만은 2016년 9월 소위 NSPNew Southbound Policy로 불리는 '신남방 정책'을 선포했다. 신남방 정책은 '하나의 중국'에 반대하는 대만 정부의 정치적 입장과 그로 인한 중국 정부와의 갈등에서 비롯되었다. 양국 관계가 냉랭해지자 당시 대만의 차이잉원蔡英文 총통은 국제 사회에서 정치적·경제적으로 고립되지 않기 위한 돌파구로 NSP 정책을 선포했고, 이 정책을 통해 탈중국과 경제 다변화를 추구했다. NSP 정책에 포함된 국가는 총 18개국으로, 동남아시아 국가 연합ASEAN 회원국 10개국, 남아시아 6개국, 그리고 호주와 뉴질랜드가 있다. NSP 정책으로 대만의 이슬람 국가와의 협력은 더욱 중요해졌다. 대만 남진 정책의 중심에는 이슬람 국가가 있기 때문이다.

이처럼 우리 주변국의 이슬람 국가와의 관계를 보면 국민들 사이에 이슬람에 대한 부정적 인식은 있으나 국가의 미래 정책과 경제 성장을 위해 이들 국가와 협력을 강화하고 있다는 점을 알 수 있다. 주변 국가들의 이러한 외교 전략은 우리에게도 시사하는 바가 크다.

이슬람포비아를 벗어나기 위한 이슬람 국가의 이미지 쇄신 정책,
선두 주자인 아랍에미리트의 '온건 이슬람'과 소프트파워 정책

그렇다면 이슬람 국가는 전 지구적으로 작동되는 이슬람포비아를 벗어나기 위해 어떤 노력을 하는가? 이슬람 국가에서는 자국의 종교 정체성은 유지하면서 동시에 국제 사회에서 자국의 매력도를 높이기 위해 소프트파워를 강화하는 전략을 택하고 있다.

조지프 나이Joseph Nye는 '문화의 시대'라 일컬어지는 21세기 외교 전략에서 소프트파워의 중요성을 강조했다. 그는 소프트파워를 '유인이나 보상, 또는 매력을 발휘해 강압보다는 상대의 마음을 사로잡아 원하는 것을 얻어내는 영향력'으로 정의했다. 나이에 따르면 소프트파워는 타 국가 국민과 직접적인 소통을 통해 한 국가의 역사, 전통, 문화, 예술, 가치, 정책, 비전 등에 대한 공감대를 확산시키고 신뢰를 확보함으로써 외교 관계를 증진하고, 국가 이미지와 국가 브랜드의 가치를 높여 국제 사회에서 그 나라의 영향력을 높이는 역할을 한다(Nye, 2008). 소프트파워를 통해 구축된 한 국가의 긍정적 이미지는 타 국가 및 국민과의 관계에서도 '매력적인 힘attractive power'으로 작동한다(Nye and Kim, 2019). 이슬람 국가에서는 9·11 테러 이후 확산된 전 세계인의 이슬람에 대한 반감을 줄이고, 서방 국가와 경제 및 안보 파트너십을 강화하며, 해외 자본을 유치하기 위해 이슬람의 관용성과 유연성을 강조하는 외교 전략을 구사하고 있다. 즉, 국제 사회에서 자국의 매력이 이슬람에 가려지지 않도록 '온건 이슬람moderate Islam' 정책을 추진하고 있는 것이다. 이러한 정책을 가장 잘 구현하는 국가 중 하나가 바로 아랍에미리트이다.

아랍에미리트는 1980년대부터 두바이Dubai를 필두로 이슬람의 종교 정체성은 유지하면서 국제 사회에서 자국의 평판과 신뢰성을 높이기 위해 소프트파워 구축 전략을 추진해 왔으며, 2017년 9월에는 소프트파워 위원회도 출범시켰다. 소프트파워 위원회는 아랍에미리트를 아랍 문화와 글로벌 문화가 만나는 장으로 구축하고, 전 세계인의 문화, 예술 및 관광의 수도로 만드는 문화 정책을 주요 골자로 하고 있다. 동시에 아랍에미리트는 이슬람의 관용과 포용 정신, 그리고 유연성을 강조하는 온건 이슬람 정책을 추진하고 있다. 이는 아랍에미리트의 다문화적 특징을 반영한 정책이기도 하다. 연방 정부는 이주민이 자국민 인구수의 85% 이상을 차지하는 상황에서 모자이크처럼 분절된 사회를 통합하고 문화적 다양성을 포용하기 위해 2016년 관용부를 설립하고, 2018년 최

그림 1-2 2019년 아랍에미리트 '관용의 해' 캠페인 로고

YEAR OF TOLERANCE

자료: 아랍에미리트 정부 홈페이지.

고 관용 위원회를 구성했으며, 2019년을 '관용의 해'로 선포하는 등 제도화된 관용 정책을 추진하고 있다. 이러한 아랍에미리트의 정책은 성공적이어서 아랍에미리트를 테러의 온상지로 여기는 사람은 좀처럼 찾아보기 어렵다. 오히려 아랍에미리트는 한번쯤 가보고 싶은 국가의 '위시리스트'에 더 많이 있을 것이다.

소프트파워를 강화하기 위해 글로벌 관용 국가 정책을 홍보하는 아랍에미리트는 자국의 전통문화도 관용의 틀에서 재해석하고 있다. 이를 위해 아랍에미리트는 '관용의 해' 캠페인 로고로 국목인 가프 나무al-Ghaf를 선정했다. 가프 나무는 사막 기후와 가뭄에 가장 잘 견디며 사막의 유목민 베두인Bedouin과 야생 동물에게 그늘과 먹이를 제공하는 식물로, 사막에서의 적응력과 굳건함, 그리고 공존을 상징한다. 아랍에미리트를 창건한 국부 셰이크 자이드Shaykh Zayed는 가프 나무 아래에서 여러 부족민을 만나 소통하고 분쟁을 해결했다고 전해진다. 가프 나무가 아랍에미리트의 관용과 소통, 그리고 관용의 문화적 가치를 상징한다는 점을 알 수 있다. 가프 나무 외에도 아랍에미리트는 관용의 정신을 베두인과 환대 문화 전통, 텐트와 카펫 등을 통해 홍보하고 있다. 텐트는 간소하지만 정성을 다해 손님을 환대하며 맞이하는 관용의 공간을 상징하며, 카펫은 손님이 신발을 벗고 들어와 자기 집처럼 머물 수 있는 안락함과 편안함을 상징한다. 이를 통해 아랍에미리트는 자국의 관용 정신이 전통문화 속에 녹아 있으며, 그 역사가 유구함을 강조하고 있다.

출처

엄익란. 2018. 「동아시아 국가 미래비전과 할랄정책 비교연구: 중국, 일본, 대만을 중심으로」. ≪한국이슬람학회논총≫, 28(2), 123~151쪽.

____. 2020. 「걸프국가 소프트파워 구축전략과 한계 연구: 사우디아라비아, 아랍에미리트, 카타르 문화산업을 중심으로」. ≪한국중동학회논총≫, 41(1), 67~93쪽.

____. 2021. 「걸프지역 COVID-19 사례로 본 수니 무슬림의 반시아 종파주의 담론 분석」. ≪한국중동학회논총≫, 41(3), 131~160쪽.

Eum, I. 2017. "Korea's response to Islam and Islamophobia: Focusing on veiled Muslim women's experiences." *Korea Observer*, 48(4), pp. 825~849.

참고 글

김영남. 2009. 「일본의 이슬람」. ≪Muslim-Christian Encounter≫, 2(2), 77~98쪽.

모이시, 도미니크(Dominique Moïsi). 2010. 『감정의 지정학: 공포의 서양·굴욕의 이슬람·희망의 아시아』. 유경희 옮김. 랜덤하우스 코리아

박재선. 2009. 「[집중탐구] 미국 문화예술계의 유대인 파워 문단·영화계·대중연예계·음악계에서 수없는 스타들 배출하며 영향력 행사」. ≪월간조선≫, 2009(6). http://monthly.chosun.com/client/news/viw.asp?nNewsNumb=200906100067.

엠케, 카롤린(Carolin Emcke). 2016. 『혐오사회: 증오는 어떻게 전염되고 확산되는가』. 정지인 옮김. 다산북스.

이옥순. 2002. 『우리 안의 오리엔탈리즘』. 푸른역사.

최인철. 2022. 『프레임』. 21세기 북스.

추아, 에이미(Amy Chua). 2020. 『정치적 부족주의: 집단 본능은 어떻게 국가의 운명을 좌우하는가』. 김승진 옮김. 부키.

황병하. 2009. 「신장의 이슬람역사와 중국의 대 이슬람 정책」. ≪한국중동학회학술지≫, 30(1), 107~140쪽.

Anis, Bushra. 1998. "The Emergence of Islam and the Status of Muslim Minority in Japan." *Journal of Muslim Minority Affairs*, 18(2), pp. 329~345.

Chakraborti, Neil and Irene Zempi. 2014. *Islamophobia, Victimisation and the Veil*. New York: Palgrave Macmillan.

Fathil, Fauziah and Fathil Fathiah. 2011. "Islam in Minority Muslim Countries: A Case Study on Japan and Korea." *World Journal of Islamic History and Civilization*, 1(2), pp. 130~141.

Jamass, Maria M. 2014. "Images and Perceptions of Muslims and Arabs in Korean Popular

Culture and Society." *Master's Thesis*. Miami: Florida International University.

Nye, Joseph. 2008.3. "Public Diplomacy and Soft Power." *The ANNALS of the American Academy*, 616, pp. 94~109.

Nye, Joseph and Youna Kim. 2019. "Soft Power and the Korean Wave." Youna Kim(ed.). *South Korean Popular Culture and North Korea*. Routledge.

Pew Research Center. 2015. "China", "Japan", "Taiwan". Global Religious Futures Project.

Wang, Jianping. 2016. "Islam and State Policy in Contemporary China." *Studies in Religion*, 45(4), pp. 556~580.

Zafar, Abu. 2016.8.12. "Muslims In Taiwan: A Small Thriving Community." http://www.worldbulletin.net.

2

이슬람교와 무슬림 여성, 그리고 억압의 상징이 된 베일

  이슬람에 대한 오해와 편견이 가장 강력하게 작동하는 부분은 바로 무슬림 여성에 관한 것이다. 이슬람은 일반적으로 '여성을 억압하는 종교' 또는 '여성을 차별하는 종교'라고 인식되고 있다. 그리고 무슬림 여성의 베일은 여성 억압의 상징이 되었다. 이 장에서는 이슬람이 정말 여성을 차별하는 종교인지 알아보고, 이러한 인식은 어디에서 왔는지 파헤쳐본다. 그리고 무슬림 여성에 대한 억압의 상징인 베일에 대해 다양한 관점에서 분석해 보았다.

이슬람교의 여성 차별은 코란에서 기원한 것인가

  세계 경제 포럼World Economic Forum에서는 매해 국가별 남녀 간 성 격차Gender Gap Index를 조사해 발표한다. 조사 분야는 정치적 권한, 경제 참여와 기회, 교육 성취, 보건 등 네 분야에 대한 남녀 간 격차이다. 이 조사에 따르면 2023년 기준 71위인 아랍에미리트를 제외하고(이스라엘 83위) 대부분의 중동과 아프리카 국가, 즉 이슬람 지역의 성 격차는 항상 하위권에 머문다. 물론 한국도 100위권대(2023년 기준 105위)여서 그렇게 높지는 않다. 이 지점에서 이슬람교의 남성과 여성에 대한 인식이 어떠한지 궁금해질 것이다.

  무슬림 페미니스트인 아스마 바를라스Asma Barlas는 『이슬람에서 '믿는 여성들': 코란의 가부장적 해석』"Believing Women" in Islam: Understanding Patriarchal Interpretations of the Quran(2002)에서 이에 대한 명쾌한 해답을 제시하고 있다. 대부분의 사람들은 이슬람교가 여성을 억압하는 종교이며, 남녀 간 차별을 가르친다고 생각한다. 그런데 바를라스는 이슬람 문화권에서 여성에 대한 차별의 원인은 코란, 즉 이슬람교에 있지 않다고 주장하고 있다. 그에 따르면 이슬람교에서는 여성이 아담Adam의 갈비뼈(남성)에서 나온 하와Hawwāh(여성)와 같은 존재가 아니라 남성과 '한 몸a single self'에서 나왔다고 가르치기 때문이다. 코란 76장 2절에서는 "실로 하나님은 혼합된 한 방울의 정액으로써 인간을 창조하사", 코란 4장 1절에서는 "한 몸에서 너희를 창조하사"라고 언급하고 있다. 이는 곧 남녀가 본질적으로 다르게 창조된 것이 아니라 모두 하나의 개체(영혼 혹은 몸)에서 나왔음을 의미한다(Barlas, 2002). 즉, 이슬람교에서는 남성과 여성은 평등한 존재이다. 그렇다면 이슬람 문화권의 여성의 사회적 지위가 열악한 이유는 무엇인가? 바를라스는 그 원인을 가부장 중심의 관습과 전통에서 찾고 있다(이는 다음 절에서 자세히 설명하도록 한다). 이슬람교를 설파한 사도 무함마드Muhammad의 젠더관도 결코 남성 편향적이지 않다. 사도는 이슬람교의 '믿는 자들'에는 남성과 여성이 같이 포함된다고 언급했다고 한다(Bouhdiba, 2004). 이는 곧 이슬람교는 남성과 여성의 동등성을 강조하고 있다는 점을 보여준다.

이슬람교가 남녀 차별을 부추기고 여성을 억압하는 종교라는 우리의 인식과 달리 이슬람 탄생 초기 여성의 역할은 상당히 중요했다. 대표적인 예로는 사도의 아내 중 한 명인 아이샤Ayshah를 들 수 있다. 아이샤는 나이 여섯에 사도와 결혼했으며, 부인들 중 가장 총애받는 아내였다. 사도는 어린 그녀와 인형 놀이를 하는 등 많은 시간을 함께 보냈다. 그리고 그가 아이샤의 무릎에서 사망할 때까지 아이샤는 항상 사도를 옆에서 보필하며 그의 말을 경청하고 조언도 서슴지 않았다. 그래서 아이샤는 사도의 언행을 가장 잘 기억하고, 이를 후세에 전해준 중요한 인물이다. 아이샤의 사례는 이슬람 역사에서 여성의 존재가 컸다는 점을 알 수 있다.

여성의 시각에서 뒤집어 본 이슬람교

이슬람교의 창시자 사도 무함마드가 알라로부터 계시받은 내용인 코란은 편찬된 이후 오늘날까지 한 번도 바뀌지 않고 전해지고 있다. 그런데 오늘날 우리가 알고 있는 코란의 가장 큰 약점은 사도 무함마드가 계시를 받은 시점에 바로 기록되지 않았다는 것이다. 코란은 무함마드가 사망한 이후 20여 년이 지난 약 650년경 3대 칼리프인 오스만Osman 시대에 만들어졌다. 오스만은 파피루스나 돌, 사람의 몸에 새긴 문신, 그리고 사도 무함마드에게 내려진 계시를 암기한 사람들을 통해 코란의 구절을 수집했으며, 엄격한 검증을 통해 코란을 편찬했다. 그런데 코란은 산문체의 시 형태로 기록되어 그 내용은 때론 암시적이고, 때론 명시적이다. 게다가 1400년 전에 사용했던 고전 아랍어이기 때문에 오늘날 일반인들이 코란을 읽는 것은 쉽지 않다. 그래서 코란을 이해하기 위해서는 코란 해설서가 필요하다. 이는 곧 코란의 구절은 시대를 초월해 한결같지만 이를 해석하는 것은 시대적 상황에 따라 끊임없이 변화할 수 있음을 의미한다.

여기에서 중요한 점은 그렇다면 누가 코란을 해석했는가이다. 우리가 간과한 것은 어느 시대나 코란의 해석은 주로 남성에 의해 행해졌다는 점이다. 이 과정에서 무슬림 여성들의 목소리는 지워졌으며, 여성은 이슬람의 역사에서 소외되었다. 이러한 배경에서 바를라스는 무슬림 여성의 지위와 역할은 가부장 제도와 당시의 정치·경제 상황에 의해 결정되는 것이지 이슬람의 종교관에 의해 결정되는 것이 아니라고 강조하고 있다. 오히려 바를라스는 남성 중심 가부장 사회의 질서와 이데올로기를 유지하는 데 이슬람이 이용되어 왔다고 주장하고 있다(Barlas, 2002).

좀 더 구체적으로 설명하면, 바를라스는 '타프시르Tafsir'라 불리는 코란 주석과 무함마드 생전 그의 언행을 기록한 하디스에서 이슬람의 여성 차별에 대한 원인을 찾고 있다. 그녀는 이슬람 제국의 기틀을 잡았던 우마이야

Umayya 시대와 이슬람 제국의 황금기였던 아바스Abbas 시대 남성 주석가들이 코란과 하디스를 정치적 필요와 이해관계에 따라 자의적으로 해석했다고 보았다. 하디스는 사도가 사망하고 1세기 후부터 수집되기 시작해 편찬 작업은 300년 이상 계속되었다. 하디스는 얼마나 믿을 만한가에 따라 세 종류로 나뉜다. 첫째는 사도 무함마드의 언행을 전해 준 전승자에 대한 신뢰도나 내용의 역사성 때문에 믿을 만한 '사히흐Sahiyh', 둘째는 전승자의 기억 때문에 사히흐보다는 덜 믿을 만하지만 신뢰도가 있는 '하산Hasan', 그리고 마지막으로 내용 면에서 사히흐와 하산에 비해 신뢰가 약한 '다이프Dha'iyf'가 있다. 하디스의 내용은 사도 무함마드의 언행을 직접적으로 기록한 것과 사도 무함마드 주변인들이 전하는 이야기, 그리고 사도 무함마드가 무언으로 동의한 것을 기록한 것 등이 있다. 그런데 바를라스는 하디스의 수집과 해석의 주체가 남성이었다는 점에 주목하고 있다. 이와 함께 그녀는 당시의 시대적 상황이 여성에 호의적이지 않았으며, 그러한 역사적 배경이 코란 해석과 하디스의 선별적 선택 과정에 영향을 미쳤음을 주장하고 있다. 그리고 이슬람이 태동했던 당시 유대교, 기독교, 그리고 비잔틴 문명, 페르시아 문명, 아랍의 일부 부족에서는 여성 혐오 문화가 만연했다는 점을 근거로 들고 있다. 이러한 시대적 상황을 고려할 때 이슬람교의 여성 차별의 원인은 이슬람교 교리 자체보다는 남성과 여성에 대한 사회·문화적 맥락 속에서 작동했음을 알 수 있다.

중동 지역의 여성 운동

한편 중동 이슬람 지역이 서구의 영향권하에 들어가면서 여성의 사회적 지위 향상을 목적으로 한 여성 운동이 촉발되었다. 중동 지역에서 여성 운동은 이집트 지식인 남성들의 각성에서 시작되었다. 이집트는 1798년 나폴레옹의 침략으로 서구에 의해 강제적으로 문호가 개방된 첫 중동 국가이다. 이후 프랑스 세력을 물리치고 영국이 이 지역을 식민 지배했으며, 이집 트의 지식인들은 서구로부터 독립하기 위해서는 개혁이 필요하다는 것을 절감했다. 서구 유학파를 중심으로 이슬람 계몽 운동과 민족주의 운동이 수도 카이로Cairo에서 일어났고 그 중심에는 여성 문제가 있었다. 대표적인 인물은 여성 교육의 필요성을 강조한 카심 아민Qasim Amin이 있다. 그는 여성 문제를 본격적으로 다룬 저서인『여성 해방』Tehrir al-Mara'a(1900)과『신여성』Al-Mara'a El-Gadid(1911)을 출간했으며, 여성 교육이 올바른 가정을 유지하고 국가 의 밝은 미래를 보장한다는 주장을 피력했다. 동시대의 개혁가인 무함마드 압두Muhammad Abduh도 무슬림 여성의 열악한 사회적 지위, 일부다처제, 남성 에게만 주어진 이혼의 권리 등에 대한 비판을 서슴지 않았다. 그러나 이들 의 개혁 정신은 보수적인 종교인과 사상가 들로부터 공격받기도 했다. 여 성 운동의 출발은 남성 지식인이었으나 이후 지식인 여성들의 참여로 더욱 확대되었다.

중동 지역 여성 운동이 독립을 목적으로 서구에 대항한 민족주의의 틀에 서 이루어졌기 때문에 부작용도 있었다. 독립 후 여성 문제는 국가 건설과 발전이 먼저라는 이유에서 뒤로 밀려났기 때문이다. 게다가 중동의 민족주 의 담론이 서구의 지배에 대한 대항 담론으로 출발했기 때문에 전통과 관 습을 미화시키는 경향이 있었으며, 과거 지향적이라는 한계도 있었다. 그 리고 여성을 민족의 어머니로 상징화한 결과 여성을 전통에 가두어버렸다. 그에 따라 여성, 특히 어머니의 존재는 전통문화를 현세대에 전달하고 교 육시키는 문화의 담지자이자 다른 민족으로부터 내집단을 구별 짓게 만드 는 민족적 경계를 재생산하는 기표가 되었다. 이 과정에서 여성의 순결이 강조되었다. 여성의 이미지가 전통에 부합할수록, 그리고 종교적일수록 그 존재는 더 숭고해졌다. 이것이 민족을 지키기 위한 방법으로 인식되었기 때 문이다(오은경, 2007). 그리고 그 중심에는 무슬림 여성의 상징인 베일이 항상 논쟁거리가 되었다. 베일에 관한 논쟁은 뒤에서 다시 소개하기로 한다.

이슬람의 보호자법, 보호의 이중성

보호자법은 이슬람 국가 전반에 존재하는 관습법이다. '보호자' 또는 '관리자'를 뜻하는 '왈리wali'는 남성만이 될 수 있으며, 피보호자인 어머니, 아내, 여동생, 딸 등에 대해 후견권을 갖는 사람이다. 이슬람 문화권에서 보호자와 피보호자 관계는 남녀 관계에만 작동되는 것은 아니다. 통치자와 국민, 고용주와 피고용인, 부모와 자녀 등 모든 인간관계에 포괄적으로 적용된다. 보호자와 피보호자의 관계는 아래 인용된 하디스(사도 무함마드의 언행록)의 구절처럼 서로에 대한 보호와 책임이라는 연대 관계로 얽혀 있다.

너희 모두는 보호자이며 너희 밑의 모든 피보호자와 사물에 대한 책임이 있다. 이맘(혹은 통치자)은 시민들의 보호자이며 그들에 대한 책임이 있고, 남성은 그의 가족에 대한 보호자이며 그들에 대한 책임이 있다. 여성은 남편의 집에 대한 보호자이며 그에 대한 책임이 있다. 하인은 주인이 소유한 것에 대한 보호자이며 그들에 대한 책임이 있다. 남성은 그의 아버지 재산에 대한 보호자이며 그에 대한 책임이 있다. 너희 모두가 피보호자에 대한 보호자이며 그에 대한 책임이 있다(Alharbi, 2015).

그러나 중동 지역의 가부장제 특성상 보호자법은 남성의 지배와 여성의 복종이라는 종속 관계로 구현되어 왔다. 이슬람 법학자들은 아래 코란 4장 34절의 구절을 인용해 남성이 여성보다 '신체적으로나 감정적으로 우위에 있으므로' 남성을 보호자로, 여성을 피보호자로 규정하고 있으며, 남녀 종속 관계에 정당성을 부여하고 이를 강화해 왔다.

남성은 여성의 보호자라. 이는 하나님께서 여성들보다 강한 힘을 주셨기 때문이라 남성은 여성을 그들의 모든 수단으로써 부양하나니 건전한 여성은 헌신적으로 남성을 따를 것이며 남성의 부재 시 남편의 명예와 자신의 순결을 보호할 것이라……(최영길, 1996).

원래 보호자법은 아버지가 딸을 결혼시킬 때 주로 적용되었으나(딸의 결혼 승낙이나 반대 시) 이슬람을 엄격하게 해석하는 국가에서는 여성에 대한 이동의 자유 제한, 거주의 선택권 제한, 취업과 교육 문제까지 여성들의 삶 전반으로 확대되어 적용되고 있다. 오직 남성만이 보호자가 될 수 있기 때문에 여성에 대한 권리는 결혼 전에는 아버지에게 귀속되며, 아버지 부재 시 남자 형제나 삼촌이 행사한다. 그리고 여성이 결혼을 하면 여성에 대한 권리는 남편으로 이전되고, 남편 부재 시 아들에게로 승계되었다. 즉, 여성은 출생 시부터 사망 시까지 평생 동안 남성의 피보호자가 되는 것이며, 중동의 가부장 중심 사회에서 여성의 존재란 일평생 독립적인 주체가 아닌 의존적인 존재임을 의미한다. 따라서 이에 부당함을 느끼는 여성들은 보호자법이 피보호자에 대한 '보호'라는 원래의 취지에서 벗어나 여성을 '소유'하고 '감시'하는 악법이 되었다고 주장하며 보호자법 철폐를 외치고 있다.

대표적인 사례는 사우디아라비아 출신 인권 운동가 할라 알도사리Hala al-Dosari가 2016년 결성했던 '#내가 나의 보호자#IAmMyOwnGuardian' 해시태그 운동이 있다. 이 운동은 다양한 연령대와 다양한 출신 배경을 지닌 여성들의 참여와 지지를 받았으며, 온라인상에서 여성들에게 보호자법 폐지를 위한 토론과 참여의 장을 제공했다. 그러나 반대로 보호자법 옹호론자들도 있다. 보호자법 폐지 지지자들과 마찬가지로 이들도 온라인상에서 '#보호자는 여성을 위한 것#TheGuardianshipIsForHerNotAgainstHer'이라는 제목의 해시태그로 보호자법 폐지 반대 운동을 벌이기도 했다. 당시 보호자법 옹호론자들은 보호자법 폐지 지지자들이 사회를 서구화하고 이슬람의 가치를 훼손한다고 맹렬히 비난했다. 현재 사우디아라비아 정부는 2016년 '사우디비전 2030'을 선포한 이래 전격적으로 개방 개혁 정책을 실시하고 있으며, 보호자법도 완화해 여성이 이전보다 더 많은 권리를 누리고 있다.

무슬림 여성의 상징, 베일은 어떻게 이슬람 문화 속에 정착되었나

무슬림 여성의 베일은 이슬람의 아주 오래된 전통으로 알려져 있다. 그러나 베일은 이슬람 창시 이전부터 있었고, 함무라비 법전에서는 이를 셈족 전통으로 규정하고 있다. 당시에는 일반 여성이 노예나 매춘부로부터 자신의 신분을 구별하기 위해 베일을 썼으며, 노예나 매춘부가 드레스 코드를 지키지 않았을 경우에는 태형에 처해졌다고 한다.

이와 같은 베일 착용의 전통은 아랍 셈계의 후손들에게서 전해졌다. 7세기 이슬람이 태동한 이후 여성의 베일 착용 문화는 이슬람의 전통으로 계승되어 오늘날까지 내려오고 있다. 이슬람 역사에서 종교적 의미가 부여된 베일을 처음 쓴 여성은 사도 무함마드의 부인인 아이샤로 알려져 있다(Ahmed, 1992). 이슬람교를 탄생시킨 사도 무함마드는 종교 지도자로서 점차 지위가 확고해져 갔다. 수많은 방문객들은 그를 찾아왔고, 방문객들의 목적도 다양했다. 신흥 종교를 설파하는 그를 추종하는 사람들도 있었으며, 그를 시험하는 사람들도 있었다. 방문객이 사도와 함께 대화를 나눌 때 사도의 부인들도 종종 동석했다. 위선자들은 때때로 사도의 부인을 모욕했고, 노예로 착각했다고 변명을 했다. 이런 일이 발생하자 사도를 따르는 무리는 사도에게 부인들을 분리시켜야 한다고 촉구했다. 이 일화는 베일이 어떻게 이슬람 종교 문화 속에서 정착되었는지 보여준다.

일화를 바탕으로 베일의 의미를 분석하면 첫째, 여성들은 불신자들의 모욕과 희롱을 피하기 위해 베일을 착용하기 시작했다는 점을 알 수 있다. 이

그림 2-1 다양한 스타일의 베일

| 히잡 | 차도르 | 니캅 | 부르카 |

는 베일이 여성을 억압하는 수단이 아니라 여성을 보호하기 위한 장치였음을 의미한다. 둘째, 사도의 부인인 아이샤가 이슬람 역사에서 처음으로 베일을 썼기 때문에 베일에는 존경, 정숙, 겸손의 의미가 배어 있다. 그러나 이것은 모두 남성의 관점이다. 베일 착용 출발점이 여성들의 자발적 의도가 아니라 남성이었기 때문에 베일 착용과 여성의 자유에 대한 논란은 여전히 지속되고 있다.

오늘날 무슬림 여성이 두르는 베일은 지역에 따라, 관습에 따라, 계층과 세대에 따라 스타일이 다양하다. 가장 대중적인 스타일은 머리카락과 귀를 가린 '히잡'이 있다. 히잡은 아랍어의 '덮다' 또는 '가리다'를 의미하는 '하자바hajaba'에서 유래한 단어로 오늘날 무슬림 여성들이 머리카락을 가리는 베일을 지칭하는 보통 명사가 되었다. 지역마다 히잡을 두르는 스타일도 다양하다. 걸프 지역에서는 검은색 가운 형태인 '아바야abaya'와 함께 머리카락을 가리는 스카프 형태인 '쉴라sheila'를 두른다. 보수적인 여성은 여기에 종종 입을 가리는 마스크 형태의 '니캅niqab'도 함께 착용한다. 그리고 이란에서는 '차도르chador'를 착용한다. 아프가니스탄 여성들은 눈까지 망사로 가리는 '부르카burqa'를 착용하고, 동남아시아 여성들은 허리까지 내려오는 '키마르khimar'를 두른다.

베일 때문에 이슬람 혐오 범죄의 표적이 되어버린 무슬림 여성

그 형태가 무엇이든 무슬림 여성의 베일을 바라보는 시선은 그리 좋지 않다. 이는 9·11 이후 알카에다, 보코 하람Boko Haram, 그리고 최근에는 IS 등 이슬람과 관련된 테러가 증가하면서 전 세계적으로 이슬람에 대한 반감이 확산되었기 때문이다. 특히 베일을 쓴 무슬림 여성이 반이슬람 정서의 표적이 되고 있다. 2014년 영국 티사이드 대학Teesside University 연구에 따르면 유럽에서는 무슬림 여성들이 베일 때문에 무슬림 남성보다 더 자주 이슬람 혐오 범죄에 노출된다고 한다. 이 연구에 따르면 이슬람 혐오 관련 범죄 피해자의 54%는 여성이며, 가해자의 80%는 10대부터 30대 사이의 남성이라고 한다.

이슬람 혐오 범죄의 특징 중 하나는 남성이 여성을 공격한다는 점이다. 유럽 사회에서 반이슬람 정서가 확산되고 깊어지는 상황에서 공공장소에서 이슬람의 상징물인 베일이 응징의 표적이 되었기 때문이다. 그 결과 힘 없는 이주민 여성이 반이슬람 정서의 피해를 가장 많이 입고 있다. 낯선 이 국땅에서 무슬림 여성은 여성으로서, 이주민으로서, 그리고 무슬림으로서 이슬람 혐오 범죄의 표적이 되어 불안한 삶을 살고 있다.

그럼에도 불구하고 무슬림 여성이 베일을 쓰는 이유

신변에 위협을 느끼면서까지 무슬림 여성들은 왜 베일을 쓰는 것일까? 그 이유는 다양하다. 가장 큰 이유는 자신의 종교적 정체성과 종교성을 드러내기 위해서이다. 무슬림 여성은 베일을 쓰므로써 종교에서 위안을 얻고, 종교 안에서 하나 되는 동질감과 소속감을 느낀다. 또한 성적으로 개방적인 서구 문화와 반대되는 이슬람 혹은 동양의 정숙함을 표현하기 위해 베일을 쓰기도 한다. 전통적으로 베일을 쓴 여성은 순결한 여성이라는 상징적 코드가 담겨 있기 때문이다. 일부 무슬림 여성들은 거리나 직장 등 공공장소에서 빈번히 발생하는 성희롱으로부터 자신을 보호할 목적으로 베일을 쓰기도 한다. 베일을 쓴 여성은 도덕적인 여성으로 인식되는 사회 분위기 속에서 베일을 씀으로써 길거리 성희롱을 피할 수 있기 때문이다. 베일에 담긴 이와 같은 종교적·문화적 상징성 때문에 베일을 쓴 여성은 베일을 쓰지 않은 여성에 비해 남성들의 시선을 덜 의식하며, 공공장소에서 비교적 더 자유롭게 활동할 수 있다. 아이러니하게도 베일에 부여된 정숙이라는 문화 코드로 여성들은 행동의 자유를 얻을 수 있다. 결혼 적령기에 이른 여성들도 ─ 그 이전에는 베일을 쓰지 않았다 하더라도 ─ 남성에게 자신이 정숙한 여성임을 보여주기 위해 베일을 쓰기도 한다.

종교적·문화적·실용적인 의미 이외에도 베일에는 저항이라는 정치적 의미도 내포되어 있다. 그 예로는 알제리 독립 전쟁 기간(1954~1962) 프랑스 식민 지배에서 벗어나기 위해 베일을 착용하고 독립 운동에 가담한 알제리 여성이 있었으며, 1990년 이라크가 쿠웨이트를 침공했을 당시 베일을 착용하고 독립 운동을 펼쳤던 쿠웨이트 여성이 있다. 전자는 서구에 대한 저항의 상징으로, 후자는 이라크 점령에 대한 저항의 상징으로 베일을 착용했다. 전쟁 기간 베일을 쓴 여성들은 검문의 대상이 되었던 남성을 대신해 무기, 돈, 중요 문서, 의약품, 음식물 등을 옷 속에 감추어 나르면서 독립 운동에 참여했다.

그 밖에도 오늘날 여성들은 미적 표현의 한 수단으로 베일을 착용하기도 한다. 베일은 21세기 새로운 패션 아이템으로 등장했으며, 다양해진 베일의 매듭 스타일이나 문양, 그리고 옷감은 이를 말해준다. 신앙과 패션 감각을 융합한 이 여성들은 자신을 '힙스터 히자비Hipster Hijabis'로 지칭한다. '힙스터'는 인터넷상 은어로 패션을 선도하는 중산층 젊은이들을 의미한다. 힙스터 히자비는 보수적인 베일의 드레스 코드를 재해석해 새로운 패션 트렌드로 창출하고 있다. 명품 의류 디자이너들도 이러한 트렌드에 동참하고 있다. 가령 DKNY는 라마단 기간 동안 걸프 지역 단독 컬렉션을 선보이기도 했으며, 독일 출신 패션 디자이너인 칼 라거펠트Karl Lagerfeld는 두바이에 새로운 샤넬Chanel 컬렉션을 선보이기도 했다.

전통에 대한 재해석과 도전은 무슬림 세계 내부에서도 발견된다. 젊은 여성들은 다채로운 스타일의 베일을 개성에 따라 연출함으로써 전통과 현대, 이슬람과 서구화가 서로 어떻게 조우하는지 보여주고 있다. 그 밖에도 히잡이 놀이 문화에 이용되기도 한다. 동남아시아 지역에서는 만화나 애니메이션, 게임에 나오는 캐릭터 연출에 히잡을 활용하는 히잡 코스프레가 인기를 얻고 있다.

아프가니스탄 여성을 통해 본 서구의 베일에 대한 프레임과 정치적 도구로 이용당하는 무슬림 여성

대부분의 사람들은 베일 착용은 여성 억압, 탈베일은 여성 해방이라는 인식을 갖고 있다. 이와 같은 프레임은 어떻게 만들어진 것인가?

20세기 초반 중동을 침략한 서구의 중동 지배 담론은 오리엔탈리즘이었다. 앞 장에서 설명했던 오리엔탈리즘을 간략히 다시 한 번 요약하면, 오리엔탈리즘은 서구의 동양에 대한 관념, 이미지, 태도 등을 포괄하는 개념이다. 서구 제국주의가 팽창하던 시대 서구는 중동을 비문명적이고, 미개하다고 보았다. 그리고 중동의 저발전 원인은 이슬람에 있다고 강조했으며, 이슬람에 비판적이었다. 그도 그럴 것이 당시 중동에 진출했던 서구인들의 목적은 중동을 정치적·경제적으로 지배하려 했거나 기독교를 전파하는 것이었기 때문이다. 중동 지배에 대한 논리를 세우기 위해 서구는 '미개한' 중동이 서구처럼 발전하기 위해서는 서구식 모델을 따라야 한다고 주장했다. 그리고 서구의 침략을 지배가 아닌 계몽과 발전으로 포장했다. 여기에서 무슬림 여성의 베일은 서구의 오리엔탈리즘 담론에 상징적인 도구로 이용되었다. 서구는 무슬림 여성의 열악한 사회적 지위와 폐쇄성을 베일과 등치시켰고, 탈베일이 무슬림 여성의 여권 신장과 자유 획득을 위한 길이라고 강조했다. 억압받는 무슬림 여성을 해방한다는 명목하에 베일이 서구의 중동 침략을 정당화하는 도구로 활용되었던 것이다.

베일에 대한 20세기 서구의 프레임은 21세기에도 같은 패턴으로 재현되었다. 이번에는 아프가니스탄이었다. 2001년 9·11 테러가 발발하고, 그 주범인 알카에다 수장 오사마 빈 라덴은 아프가니스탄에 숨어 들어갔다. 미국은 그를 찾아내어 응징해야 했다. 전쟁을 해야 한다는 사실은 명백했으나 목표는 국가가 아니라 특정 테러 집단이었다. 당시 국제법에서는 비국가 행위자에 대해 선전 포고가 정당한 것인지 아닌지 여부가 모호했다. 따라서 미국은 전쟁의 명분을 찾아야 했다. 미국은 탈레반 치하에서 억압받는 아프가니스탄 여성들과 그들이 쓰고 있는 부르카에 주목했다. 탈레반의 야만적이며 반인권적인 폭력 정치에서 고통받는 아프가니스탄 여성은 미국의 구출 대상이 되었다. 오사마 빈 라덴을 잡기 위해 테러와의 전쟁이 선포되었고, 그를 보호하던 탈레반 정부는 미국의 괴멸 대상이 되었다(Rich, 2014). 이 전쟁이 의미하는 바는 냉전 이후 미국의 주적이 소련 공산주의 세력에서 이슬람 원리주의 세력으로 전환되었음을 알리는 것이었다.

전쟁의 정당성과 명분이 마련되었으니, 미디어에서는 원리주의 이슬람 세력이 얼마나 위험한지 앞다퉈 다루면서 이를 전략적으로 홍보하기 시작했다. 탈레반 치하 인권을 유린당한 아프가니스탄 여성의 이미지가 방송 매체에 지속적으로 노출되었으며, 영부인 로라 부시Laura Bush는 주간 라디오 대통령 연설에 출연해 탈레반으로부터 인권을 탄압받는 아프가니스탄 여성의 권리 문제를 언급했다. 이어 탈레반을 악마화했으며, 미국의 아프가니스탄에 대한 전쟁이 정당하다는 점을 강조했다(Abu-Lughod, 2002). 부르카는 탈레반 정부 치하에서 억압받는 아프가니스탄 여성으로 상징화되었으며, 미국의 임무는 부르카 밑에 감춰진 아프가니스탄 여성을 구출하는 것이었다. 미국과 함께 아프가니스탄 전쟁에 참전한 영국도 같은 전략으로 동참했다. 수상 토니 블레어Tony Blair의 부인인 체리 블레어Cherie Blair 여사가 내각의 다른 여성 의원들과 함께 전면에 나서 아프가니스탄 여성의 인권 문제를 거론하며 전쟁의 정당성 확보에 가세했다. 탈레반은 미국과 국제 사회의 안보를 위협하는 최대의 악으로 규정되었으며, 미국은 아프가니스탄 시민의 인권을 보호해 인간 존엄의 새 시대를 연다는 전쟁의 명분을 확보했다. 그와 함께 미국의 아프가니스탄 전쟁이 인도주의와 인권 문제로 포장되었다. 이러한 담론은 전쟁의 작전명인 '항구적 자유'에 응축되었으며, 서구 로비스트, 인권 단체와 운동가 들도 이에 동참했다(De Leede, 2014).

아프가니스탄 전쟁과 관련해 재닌 리치Janine Rich는 이슬람 근본주의에 대해 이미 뿌리 깊이 박힌 두려움은 아프가니스탄 여성 문제를 단순한 흑백 논리에서 설명하기 쉽게 만들었고, 페미니즘과 미국의 외교 정책이 맞물리면서 전쟁과 폭력에 정당성을 부여했다고 주장했다(Rich, 2014). 리치는 당시 미국의 아프가니스탄 침공은 19세기와 20세기 초반 유럽 식민주의자들이 베일을 쓴 무슬림 여성을 억압받는 대상으로 규정해 무슬림 여성을 해방시킨다는 명분으로 제국주의 침략을 정당화한 것과 같은 논리라고 설명하고 있다. 단지 이번에는 그 대상이 유럽과 중동에서, 미국과 아프가니스탄으로 전환되었을 뿐 전쟁과 폭력이 정의라는 이름으로 정당화되는 과정은 동일했다.

같은 맥락에서 라일라 아부루그드Lila Abu-Lughod는 인권을 앞세워 아프가니스탄 여성을 구출시킨다는 명분으로 전쟁을 일으킨 미국과 서구의 오만함을 비판하며, 우리에게는 아프가니스탄 여성에 대한 종교적·문화적인 프레임에 주목하기보다 왜 아프가니스탄이 이러한 상황에 놓이게 되었는지 질문하는 것이 더 중요하다고 지적했다(Abu-Lughod, 2002). 그리고 탈레반은 갑작스럽게 등장한 악당이 아니라 미국이 냉전 기간 소련 대항마로 키웠던 세력이라는 점을 상기시켰다.

2001년 '항구적 자유' 작전으로 미·영 연합군이 주도했던 전쟁에서 탈레반 정권은 무너졌다. 그러나 탈레반 붕괴 후 미국이 진행했던 평화 협상 과정에서 아프가니스탄 여성은 배제되었으며, 자신의 목소리도 낼 수 없었다. 이후 20년이 지나고 미국이 아프가니스탄에서 철수하자 탈레반 세력은 다시 부활했고, 현재 아프가니스탄을 통치하고 있다.

한편 무슬림 여성의 베일이 여성 억압의 상징으로 여겨지는 원인에는 서구의 프레임만 작동하기 때문은 아니다. 이란과 같은 이슬람 국가에서는 알라의 이름으로 국가가 직접 여성에게 베일 착용을 법으로 강제하고, 이를 따르지 않을 경우 공권력을 행사하기 때문이다. 즉, 베일에 대한 부정적인 인식은 서구 탓만은 아니라는 것이다. 이슬람 국가에도 책임이 있다. 이는 다음에서 자세히 살펴보도록 하자. 참고로 이란에서는 베일의 다양한 스타일 중에서 머리카락을 가리는 히잡을 가장 많이 착용하고 있으며, 법규정에서도 히잡이라는 명칭을 사용하기 때문에 베일과 관련해 이란의 사례를 다룰 때에는 히잡이라는 단어를 사용했다.

세계를 떠들썩하게 만들었던 2022년 이란의 반히잡 시위

히잡만큼 다양한 차원에서 논의된 의상은 많지 않다. 히잡은 제국주의 시대 오리엔탈리즘 담론 속에서 서구에 의해 반문명의 상징으로 이용되었고, 중동 국가들이 서구로부터 독립 운동을 할 당시에는 민족주의 저항 담론과 반서구 담론으로 활용되었다. 그에 따라 히잡은 때로는 여성 억압의 상징으로, 때로는 문화적 주체성과 도덕성의 상징으로 해석되었으며, 21세기 소비주의 시대에는 가치 소비와 패션의 도구로 표현되기도 했다. 그러나 이란의 히잡 문제는 또 다른 차원에서 이해해야 한다. 지극히 개인적인 종교성과 신앙심을 표현하는 히잡 착용을 국가가 법으로 의무화해 이를 일상생활에서 감시하고, 규정을 따르지 않을 경우 공권력을 동원해 강제적이며 폭력적인 방식으로 여성들을 통제하기 때문이다.

대표적인 사례는 2022년 9월 중순부터 수개월간 이어졌던 이란의 반히잡 시위를 들 수 있다. 시위의 시작은 마흐사 아미니Mahsa Amini라는 22세의 쿠르드족 출신 여성이 테헤란 친척 집을 방문했다가 히잡을 제대로 쓰지 않았다는 이유로 종교 경찰에 잡혀간 뒤 의문사한 데서 비롯되었다. 소문에 따르면 마흐사는 경찰로부터 머리를 구타당한 후 사망했다고 알려져 있다. 아미니의 장례식에 참석한 여성들은 히잡을 찢고 머리카락을 잘라 종교 경찰의 부당한 공권력 행사에 불만을 표출했고, 이후 이러한 여성들의 행위는 1979년 이란 이슬람 공화국 설립과 함께 종교의 이름으로 억눌려왔던 자유를 갈구하는 저항 운동으로 발전했다. 이란 여성들은 정부의 히잡 강제 착용법에 반대하며 '여성, 삶, 자유Women, Life, Freedom' 구호를 외쳤고, 이란 여성들의 반히잡 시위는 SNS를 타고 국경을 넘어 전 세계적으로 확산되었다. 이란 여성의 반정부 시위를 지지했던 사람들은 이란 여성이 했던 것처럼 자신의 머리카락을 잘랐으며, 이 장면을 영상에 담아 SNS에 올렸다. 이와 같은 온라인 운동에는 이란 여성뿐만 아니라 서구의 일반인 여성과 유명 여배우 들도 동참했다.

그렇다면 이란을 포함한 이슬람 문화권은 왜 여성의 머리카락에 그토록 민감한가라는 질문을 하지 않을 수 없다. 신체의 연장선인 머리카락은 다른 부위에서 자라나는 체모와 달리 겉으로 드러나는 부분이다. 머리카락은 지속적으로 자라기 때문에 관리가 필요하다. 머리카락은 잘리기도 하고, 염색되기도 하고, 꾸며지기도 한다. 따라서 고대부터 현대까지 머리카락은 사회적, 그리고 종교적 의미에 따라 다양하게 표현되어 왔고, 변화되어 왔고, 억제되기도 했으며, 또 상징화되기도 했다. 머리카락이 지니는 의미는 문화와 지역마다 다르고 또 시대적 맥락에 따라 다르다. 이란 사회에서는 여성의 머리카락을 어떻게 받아들이고, 히잡의 역할은 무엇인가? 이를 파악하기 위해서는 머리카락에 담긴 함의를 우선적으로 분석할 필요가 있다.

여성의 머리카락에 담긴 함의와 히잡

머리카락이 지니는 사회적 의미와 히잡의 상관관계는 다음 몇 가지 이론에서 설명이 가능하다. 첫째, 여성의 머리카락은 여성성을 상징한다. 플루거-쉰들벡Ingrid Pfluger-Schindlbeck은 여성의 머리카락에 대한 인류학적 논쟁을 촉발시킨 에드먼드 리치Edmund Leach의 저서 『마법의 머리카락』Magical Hair(1958)을 인용하며 머리카락은 생식기와 동일하게 인식되어 왔으며, 따라서 체모나 머리카락을 자르는 행위는 거세를 상징한다고 해석했다(Pfluger-Schindllbeck, 2006). 이러한 해석에 따르면 자르지 않은 긴 머리는 절제되지 않은 성성 sexuality을, 자르거나 묶은 머리카락은 제한된 성성을, 그리고 머리카락을 완전히 자르는 것은 성성과 무관한 존재를 의미한다. 이러한 맥락에서 해석하면 여성의 머리카락을 가리는 히잡은 여성성을 가리고 지우는 도구이다. 그렇다면 왜 사회는 여성성을 지워야 했는가? 이슬람 문화권에서 여성의 머리카락은 위험하다고 인식되었기 때문이다. 여성의 머리카락은 남성을 유혹하는 수단이 되어 사회 질서를 흐트러뜨린다는 것이다. 따라서 여성의 머리카락은 통제되어야 하며, 통제되지 않는 머리카락은 사회의 도덕적 질서를 위협한다. 이러한 맥락에서 이슬람 사회에서 히잡은 사회적 위협 요소를 가리는 도구로 활용되어 왔으며, 히잡은 곧 여성에 대한 사회적 감금을 의미한다(Pfluger-Schindllbeck, 2006).

둘째, 머리카락은 통제의 기제가 된다. 홀파이크C. R. Hallpike에 따르면 머리카락의 모양은 내부인과 외부인을 가르는 표지標識가 될 뿐만 아니라 사회의 규칙과 규율에 대한 복종을 의미한다(Sijpesteijn, 2018에서 재인용). 머리카락을 특정 스타일로 자르거나 길러 공동체의 일원으로서 동질감을 표현하거나 사회 구성원의 표지로 활용하기도 했으며, 미혼이나 기혼, 또는 계층적 소속 등 사회적 신분의 상징으로 활용하기도 했다. 은둔자, 마녀, 신비주의자 들은 머리카락을 자르지 않고 길렀는데, 이들에게는 사회의 통제에서 벗어난 아웃사이더라는 공통점이 있다. 반대로 승려, 군인, 죄수 들처럼 머리카락이나 체모를 잘라 질서와 규칙에 대한 순종을 표현하거나 또는 징벌에 대한 복종을 표현하기도 한다. 한편 일부는 사회의 규율과 통제, 그리고 사회를 지배하는 담론에 저항하고 반항심을 표출하기 위해 머리카락을 기르기도 했다. 장발이 유행했던 1960년대와 1970년대 당시 젊은이들은 체제와 이념에 대한 저항의 상징으로 머리카락을 길렀다. 머리카락으로 사회를 통제했던 사례는 전체주의 정부에서도 찾아볼 수 있다. 나치 독일에서는 수용소에서 강제로 유대인의 수염과 머리카락을 잘라 모욕감을 줬을 뿐만 아니라 개인의 정체성을 삭제해 그들을 통제했다. 이러한 관점에서 여성의 머리카락을 통제한다는 것은 곧 사회를 통제하는 권력을 의미한다.

마지막으로 머리카락은 구분의 표지로 활용된다. 구조주의 관점에서 머리카락은 이분법에 입각해 해석되는데, 남성은 짧은 머리카락으로, 여성은 긴 머리카락으로, 성에 따라 머리카락 길이와 모양을 서로 반대로 해 성성을 구분했다. 같은 맥락에서 머리에 난 털(머리카락)과 몸에 난 털(체모)도 다르게 인식된다. 머리카락은 남성과 여성을 가르는 '문화적 생식기cultural genitalia'인 셈이다(Johnson and Barber, 2020). 이러한 배경에서 일부 페미니스트들은 여성의 털을 혐오하는 사회적 인식에 저항하기 위해 겨드랑이, 다리, 그리고 얼굴의 털을 면도하지 않고 내버려두었다. 반대 이론은 이슬람 문화권에서도 동일하게 작동되는데 남성의 체모는 남성성과 권위, 그리고 생식 능력을 상징해 놔두는 반면 여성의 체모는 오염되었다고 인식되어 이를 정화하기 위해 제거한다. 따라서 일상생활에서 남성은 머리카락이나 체모를 드러내지만 여성은 도덕성과 미덕의 의미로 이를 히잡으로 가린다.

히잡 강제법에 희생양이 된 이란 여성

1979년 이란에서는 이슬람 혁명이 성공하자 탈히잡을 근대화의 상징으로 여겼던 레자 샤 팔레비Reza Shah Pahlevi의 정책을 뒤집고 공공장소에서 히잡 착용을 강제했다. 이란 레자 샤 팔레비 시절 여성의 머리카락은 근대화의 상징으로 여겨져 탈히잡을 법으로 규정했다면, 이란 이슬람 공화국이 들어서면서 여성의 머리카락은 전통 수호와 반서구 담론으로 상징화되었고, 다시 히잡 속으로 가려져버렸다. 이러한 상황을 두고 자헤디Ashraf Zahedi 는 이란 정부가 여성의 머리카락을 감추고 노출시키는 것에 정치적 상징성을 부여했으며, 히잡의 착탈을 통해 지배 세력의 정치적 이데올로기를 투영해 왔다고 비판했다(Zahedi, 2007). 중요한 점은 여성의 목소리는 그 어디에도 존재하지 않았다는 것이다. 레자 샤 팔레비가 탈히잡 정책을 펼쳤을 때나 이란 이슬람 공화국이 히잡을 강제했을 때나, 정작 히잡 착탈의 대상이 되었던 여성의 목소리에는 그 누구도 귀를 기울이지 않았다.

이란 혁명 정부가 히잡법을 강제하자 1979년 3월 8일 수천 명의 이란 여성은 거리로 나와 이 법에 반대하는 시위를 했다. 여성들은 '옷 선택의 자유'라는 슬로건으로 정부의 히잡 정책에 반대를 표명했다. 그러나 1980년 정부는 공무원을 시작으로 9세 이상의 여성에게 히잡 착용을 강제했으며, 히잡 쓴 여성들만 공공장소에 접근하도록 허용했다. 그리고 1983년에는 외국 여성을 포함해 모든 여성은 종교와 상관없이 이슬람의 가르침에 따라 이란 내 공공장소에서 히잡을 착용해야 한다는 법을 공표했다. 이로써 국가는 지극히 사적인 영역인 여성의 몸에 종교의 이름으로 공권력을 행사하기 시작했다. 그와 함께 히잡은 개인의 신앙심 문제가 아니라 이제 국가의 통치 권력의 문제가 되었으며, 신성한 종교의 영역이 아닌 세속적인 정치 영역이 되어버렸다.

이란의 혁명 정부는 히잡 강제법을 정당화하기 위해 히잡을 도덕성과 종교성으로 연관 지어 대중 매체를 이용해 홍보했다. 그리고 "베일을 잘못 쓴 여성에게 죽음을" 또는 "베일을 잘못 쓴 여성은 이란 이슬람 공화국의 오점이며 제거의 대상"이라는 슬로건으로 여성의 머리카락과 히잡을 정치화했다. 복장에 대한 법 규정이 적용되면서 이란에서는 전통 의상인 차도르와 함께 여성의 몸매를 가리는 느슨한 코트인 루푸시rupoosh와 머리 스카프 루사리russari가 국민 유니폼이 되었다.

이후 이란 형법에 히잡 의무 조항이 포함되었으며, 위반한 여성들은 벌금과 함께 74대의 태형을 선고받았다. 종교 경찰은 느슨하거나 부적절하게 히잡을 쓴 여성이나 옷차림새가 눈에 띄는 여성을 사회 질서를 어지럽히는 '바드 헤자비bad hejabi'로 규정해 단속했다. 이란에서는 히잡을 쓰지 않거나, 메이크업을 눈에 띄게 하거나, 팔과 다리를 가리지 않거나, 속이 보이는 투명한 천으로 된 히잡을 쓰거나, 몸매를 지나치게 드러내거나, 외국어나 그림이 크게 그려진 옷을 입거나, 너무 튀는 밝은색 옷을 입거나, 부적절한 언행을 하는 여성들을 모두 바드 헤자비로 규정하고 있다. 그리고 종교 경찰에게는 바드 헤자비들을 처벌할 수 있는 권한도 주어졌다. 그래서 바드 헤자비라는 이유로 경찰에 체포되거나 구타당하기도 한다. 그리고 10대들은 사적인 파티에서 히잡을 쓰지 않았다는 이유로 종교 경찰에 체포되기도 했다.

히잡 단속 수위는 정권의 성향에 따라 달랐다. 온건 개혁주의 성향을 지닌 하타미Mohammad Khatami 대통령과 로하니Hasan Rowhani 대통령은 히잡 논쟁이 정치 문제로 발전하는 것을 피했지만 강경파인 아마디네자드Mahmoud Ahmadinejad 대통령과 라이시Ebrahim Raisi 대통령은 자유와 평등을 주장하면서도 직장 및 공공장소에서 히잡에 대한 규제를 강화했다.

무엇을 입느냐는 지극히 사적인 문제이다. 정부에 의해 사적 영역의 자유까지 침해당한 이란 여성들은 지속적으로 정부에 대항해 저항 운동을 펼치고 있다. 1994년 2월 미국 캘리포니아에서 귀국한 내과 의사 호마 다라비Homa Darabi는 개인의 자유를 철저히 억압하는 이슬람 정부에 저항의 목소리를 내기 위해 '자유 만세long live freedom'를 외치며 분신했다. 2013년 히잡 단속 수위를 강화했던 하산 로하니 대통령 시절 여성들은 반히잡 시위를 벌였고, 2014년에는 히잡 벗은 모습을 페이스북 계정에 올리면서 '나의 은밀한 자유my stealthy freedom'라는 운동도 벌였다. 그리고 2018년에는 비다 모바헤드Vida Movahed라는 여성은 1979년 이슬람 혁명 세력이 가득 메웠던 엥겔럽Engelab 거리에서 전기 시설을 덮어놓은 상자 위에 올라가 나뭇가지에 하얀 히잡을 매달고 강제적인 히잡 착용법에 반대하는 시위를 벌이기도 했다.

이란 여성의 히잡, 종교 문제가 아닌 정치권력과 안보 문제

2022년에 있었던 이란 여성의 반히잡 시위는 여성의 머리카락 문제에서 촉발되었으나 경제난에 따른 다른 사회적 불만과 연동되어 이란 사회를 더욱 요동치게 만들었다. 이란 정부가 히잡을 정권의 정체성과 동일시해 폭력적인 방식으로 강제하면서 이란의 히잡은 이제 신앙심과 종교성의 차원을 넘어 정권 안보의 문제로까지 확장되었다. 여성이 공공장소에서 어떻게 보여야 하는지 국가가 지시하고, 이를 통제해 국민에 정권의 힘을 전달하기 때문이다(Al-Marashi, 2022). 즉, 히잡은 이란에서 종교적인 문제처럼 보이지만 실제로는 정치권력의 통치권과 관련된 것이다. 이란 정부는 종교라는 명분을 내세워 이슬람 국가의 바람직한 여성상을 만들고, 이에 복종하지 않는 여성들을 반국가적이며 반종교적으로 낙인찍어 여성들, 더 나아가서는 그들의 보호자인 아버지와 남자 형제들까지 정권에 복종시켰다. 이란 정부는 종교의 성스러움을 이용해 국가 차원에서 공적 가부장제를 강화하고 궁극적으로는 통치 권력을 공고히 해온 것이다. 이슬람을 앞세운 정치 담론에 복종하지 않으면 국가 가부장제의 폭력이 무차별하게 가해졌다. 그 결과 이란 여성들은 일상생활에서 무엇을 입을지, 그리고 어떤 머리 스타일로 자신의 취향을 연출할지 등과 관련된 지극히 사적인 자유마저 국가의 통제 속에서 감시당하며 빼앗겼다.

히잡 착용은 무슬림의 5대 의무 사항이 아니다. 종교학자마다 해석이 달라 히잡이 의무 사항인지 아닌지, 또는 어디까지 가려야 하는지에 대한 논쟁은 항상 있어왔다. 그러나 아무도 히잡을 이슬람교의 5대 의무 사항으로 보지 않는다. 따라서 이란 정부도 여성이 히잡을 느슨하게 쓰거나 혹은 자동차와 같은 사적인 공간에서까지 히잡을 착용하지 않은 것에 대해 마치 이슬람의 5대 의무 사항을 저버린 것처럼 취급해서는 안 될 것이다.

이슬람 세계의 '미투' 운동

지난 2017년 여성에 대한 성폭력을 고발하는 '미투#MeToo' 운동이 할리우드 연예계에서 시작되어 전 세계로 확산되었다. 그 영향으로 2018년 3월 이슬람 사회에서도 모스크미투#MosqueMeToo 운동이 촉발되었다. 운동을 촉발시킨 인물은 이집트 출신 미국인 언론가이자 저명한 여성 운동가인 모나 엘타하위Mona Eltahawy로, 성지 순례 기간 성추행을 당한 파키스탄 무슬림 소녀의 SNS 글을 읽은 것이 계기가 되었다. 그녀 역시 열다섯 살 때 부모를 따라 성지 순례 의식을 행하던 중 밀집 공간에서 성추행을 당했기 때문이다. 가장 성스러운 곳에서 일어난 가장 추악한 사실을 지난 30년간 그 누구에게도 말하지 못해 혼자만의 비밀로 간직했으나 미투 운동을 계기로 용감하게 자신의 과거를 밝혔다.

엘타하위의 비밀 폭로에서 시작된 미투 운동을 둘러싸고 어떤 이들은 그녀가 서구로부터 사주를 받아 이슬람을 음해한다고 비난했다. 그리고 또다른 이들은 안 그래도 가뜩이나 이슬람 혐오증이 전 세계적으로 만연한 상황에서 군이 이 일을 밝혀 이슬람에 대한 부정적인 인식을 가중시키는 의도가 무엇이냐고 물으며 질타했다.

그러나 무슬림 여성들은 반문한다. 왜 사회는 가해자의 사과와 반성보다 피해자인 여성에게 희생을 요구하는가? 왜 사회는 자정 능력을 발휘해 건전한 무슬림 공동체를 유지하기보다 여성에게 침묵을 강요하는가? 무슬림 여성은 이제 충분하다고 생각하고 있다. 비록 소수의 여성만이 모스크미투 운동에 참여했지만 중동 각국에서 여성들이 이 운동을 지지했다.

사실 성폭력에 대한 여성들의 폭로와 저항은 이미 2011년 아랍의 봄 때도 있었다. 길거리에서 매일같이, 그리고 하루에도 몇 번씩 발생하는 성추행과 성희롱에 지쳐버린 이집트 여성들은 아랍의 봄 당시 "나는 너의 여동생과 같다", "거리와 광장은 남성과 여성의 것이다"라는 피켓을 들고 남성들의 공간으로 인식되어 온 공적 공간을 여성도 평등하게 사용할 수 있는 권리가 있음을 주장했다. 2013년 유엔 보고서에 따르면 아랍의 봄이라는 시민들의 민주화 운동이 있었음에도 불구하고 99.3%의 이집트 여성은 길거리에서 성희롱을 당했다고 조사되었다. 이집트 정치권력까지 뒤집혔던 거대한 시민운동이 있었으나 인권에 대한 각성은커녕 현실은 여전히 개선되지 않았음을 보여준다. 2017년 톰슨 로이터Thomson Reuters에 따르면 카이로는 여전히 전 세계에서 여성에게 가장 위험한 도시로 조사되었다는 점은 이를 방증한다.

한 지역의 사람들이 공유하는 문화적 인식은 세대를 거쳐 형성되어 내재된다. 지구 내부의 핵이 좀처럼 변화하지 않는 것처럼 내재된 문화적 인식도 쉽게 바뀌지 않는다. 그러나 에너지가 쌓여 지진이 일어나고 지층이 변화하는 것처럼 기층에 깔린 인식도 변화할 수 있다. 모스크미투 운동은 가장 힘없는 여성에 의해 발현되는 풀뿌리 운동으로 바로 내부의 핵이 변화를 위해 꿈틀거리는 과정이라 볼 수 있다. 비록 그 시작은 미미했지만 모스크미투 운동처럼 여성들이 자신의 상황을 변화시키기 위해 행하는 몸짓이 반복되고 쌓인다면 기층에 단단하게 깔려 있던 여성에 대한 인식에도 균열이 생길 것이며, 이는 곧 사회 변화를 추동하는 힘이 될 것이다. 변화의 힘은 온라인에서 활동하는 여성 인플루언서를 통해서도 전달되고 있다.

새로운 권력자로 부상한 무슬림 여성 인플루언서

소셜 미디어는 여성에게 자기표현의 또 다른 공간이 되고 있다. 보수적인 사회의 환경 탓에 공적 공간에서 활동에 제약받는 걸프 지역 여성들도 소셜 미디어를 적극적으로 활용해 자신을 드러내고 있다. 이 지역에도 소위 오늘날 문화 권력자로 간주되는 '인플루언서'가 등장하기 시작했으며, 온라인과 오프라인에서 자신의 영향력을 행사하고 있다. 그 결과 여성은 사적 공간에만 머물러야 한다는 사회적 금기도 깨지고 있다.

2000년대 초반까지만 하더라도 걸프 지역에서는 온라인상에서 자신을 드러내는 일은 사회적이나 문화적으로 수용되기 어려웠으며, 사회적 논쟁거리가 되었다. 그러나 사회가 점차 개방되면서 걸프 지역 여성 인플루언서의 활동이 증가하고 있으며, 이들은 다양한 분야에서 활동하고 있다. 새로운 패션을 소개하기도 하고, 히잡과 잘 어울리는 메이크업을 연출하며, 유명 여행지나 명품을 소개하는가 하면 자신의 일상생활을 대중에 공개하며 관심을 끌기도 한다. 이들 여성 인플루언서는 타 문화권 여성 인플루언서들처럼 소셜 미디어 활동을 통해 정보를 공유하고 팔로어와 소통하며 자신을 브랜드화하고 영향력을 확대하고 있다. 전문성, 신뢰성, 대중성을 기반으로 자신만의 브랜드를 형성한 인플루언서의 콘텐츠가 기업들의 주요 마케팅 수단으로 활용되면서 그 영향력도 더욱 커지고 있다. 걸프 지역 파워 인플루언서 몇 명을 소개하겠다.

인스타그램Instagram에서 가장 많은 팔로어 수를 확보한 여성 인플루언서로는 사우디아라비아 출신 아프난 알바텔Afnan al-Batel이 있다. 알바텔은 보수적인 사우디아라비아 사회의 문화와 관습 때문에 인스타그램에 자신의 모습을 직접 드러내지 않지만 왕성한 활동으로 팔로어 수 860만 명(2021년 7월 14일 기준)을 보유한 메가 인플루언서이다. 알바텔의 인스타그램에는 명품, 고급 음식과 디저트, 화장품과 패션, 어린이 용품, 자동차에 이르기까지 각종 상품과 유명 장소 등이 소개되어 있다.

인스타그램에 자신의 모습을 직접 노출시켜 자신을 브랜드화하는 인플루언서도 있다. 팔로어 수 580만 명(2021년 7월 14일 기준)을 확보한 팔레스타인 출신 쿠웨이트 패셔니스타 라완 빈 후사인Rawan bin Hussain과 팔로어 수 330만 명(2021년 7월 14일 기준)을 확보한 쿠웨이트 출신 모델 푸자 알파하드Fouz al-Fahad는 화장품과 패션 스타일을 소개하면서 큰 인기를 얻고 있다. 무슬림 여성을 상징하는 히잡을 활용해 자신의 종교 정체성을 표현하며 영향력을 확대하는 인플루언서도 있다. 다양한 히잡 패션을 소개하고 히잡과 잘 어울리는 메이크업 팁을 소개하는 달랄 알둡Dalal al-Doub은 팔로어 수 290만 명(2021년 7월 14일 기준)을 확보하고 있다. 히잡보다 더 보수적인 무슬림 여성의 전통 의상인 니캅을 패션화해 주목받는 여성 인플루언서도 있다. 사우디아라비아 출신 유명 인플루언서로 에이미 로코Amy Roko라는 활동명을 사용하는 이 여성은 니캅을 글로벌 패션 트렌드와 어울리도록 다양하게 연출해 소개하고 있다. 에이미 로코는 니캅을 착용하고 운동하는 모습 등을 온라인에 게시해 적극적이며 활달한 니캅 착용 여성의 이미지를 보여주고 있다. 이를 통해 편견에 맞서면서 동시에 니캅 착용 여성도 현대화와 국제화에 조우할 수 있다는 점을 보여주고 있다.

여성들이 온라인 활동을 왕성하게 하면서 사회 문화적 금기도 완화되고 있다. 여성 인플루언서들이 성형 수술, 미용 트렌드, 새로운 패션 스타일 등과 같이 과거에는 공개적으로 이야기하지 않던 사적인 내용을 인스타그램에 공개적으로 게시하면서 사적·공적 영역 간 경계를 허물고 있다. 그 결과 과거 공적 공간에서 금기시되던 대화들이 이제는 공론화되어 대중이 수용할 수 있는 내용이 되었다. 팔로어 수 230만 명의 쿠웨이트 출신 유명 패셔니스타 비비 알압둘모흐센Bibi al-Abdulmohsen은 메신저 앱 스냅챗Snapchat을 이용해 남성 팔로어와 공개 채팅을 하면서 유명세를 타기 시작했다. 그녀는 온라인 공간에서 일상생활을 공개하고, 심지어 자신의 침실까지 대중에 공개하는 등 온라인 공간에서 프라이버시에 대한 사회적 금기를 깨고 있다. 소셜 미디어가 기존의 사회적 금기를 느슨하게 할 뿐만 아니라 사회적 장벽을 허물고 있다는 점을 알 수 있다.

온라인상에서 정치적인 목소리를 내며 사회 변화를 추진하는 운동가들도 있다. 쿠웨이트 출신 알아누드 앗샤리크al-Anoud al-Sharekh는 2014년부터 쿠웨이트 여성에 대한 명예 살인(부적절한 처신으로 더럽혀진 가족이나 부족의 명예를 지킨다는 명분으로 자행된다)과 가정 폭력을 종식시키는 것을 목적으로 인스타그램에서 온라인 캠페인 #abolish153을 발족했다. 이 캠페인은 쿠웨이트 형법 제153조를 철폐하기 위한 운동이다. 이 법에 따르면 간통 행위로 아내(또는 딸, 자매, 어머니)를 살해한 남성에게는 최고 3년의 징역 및 최대 225쿠웨이트 디나르KD(약 730달러)의 벌금이 부과된다. 이는 반인륜적 범죄임에도 너무나 가벼운 형량이다. 3년간 전개된 온라인 운동으로 2017년 5월 다섯 명의 쿠웨이트 하원 의원이 명예 살인법을 폐지하는 법안에 서명했다. 이후 앗샤리크는 2019년 BBC의 100대 영향력 있는 인물로 선정되기도 했다. 이상의 사례에서 여성들도 소셜 미디어를 통해 자신의 목소리를 내고 있으며, 이전과는 다른 방식으로 영향력을 확대하면서 사회적 금기를 깨고 전통을 새롭게 쓰고 있다는 점을 알 수 있다.

출처

엄익란. 2015a. 「(5장) 무슬림 여성의 사회적 지위, 오로지 이슬람 탓인가」. 『금기, 무슬림 여성을 엿보다』. 한울.

____. 2015b. 「(9장) 무슬림 사회, 왜 베일에 집착하는가」. 『금기, 무슬림 여성을 엿보다』. 한울.

____. 2019. 「사우디아라비아 보호자법 완화정책과 폐지논쟁에 관한 연구」. ≪한국이슬람학회 논총≫, 29(3), 53~78쪽.

____. 2021a. 「미군 철수 후 탈레반의 아프가니스탄 점령과 아프간 여성의 미래 전망」. ≪중동연구≫, 40(2), 85~116쪽.

____. 2021b. 「아랍 걸프지역 여성 인플루언서의 소셜미디어 활동사례로 본 온라인 참여문화와 사회문화적 함의 연구」. ≪한국중동학회논총≫, 42(2), 49~82쪽.

____. 2023. 「이란의 종교 민족주의 관점에서 본 여성의 머리카락과 히잡 연구: 2022년 반히잡 시위 사례를 중심으로」. ≪한국이슬람학회논총≫, 33(1), 31~60쪽.

참고 글

오은경. 2007. 「이슬람 여성의 몸과 섹슈얼리티: 민족주의와의 연관성을 중심으로」. ≪국제지역연구≫, 11(1), 123~142쪽.

최영길. 1996. 『성코란: 의미의 한국어 번역』. 파하드 국왕 꾸란 출판청.

Abu-Lughod, Lila. 2002. "Do Muslim Women Really Need Saving? Anthropological Reflections on Cultural Relativism and Its Others." *American Anthropologist*, 104(3), pp. 783~790.

Ahmed, Leila. 1992. *Women and Gender in Islam: Historical Roots of a Modern Debate*. New Haven: Yale University Press.

Alharbi, Rakan. 2015. "Guardianship Law in Saudi Arabia and Its Effects on Women's Rights." Working Paper.

Al-Marashi, Ibrahim. 2022. "Patriarchy, Power, and Protests in Iran." IE Insights. https://www.ie.edu/insights/articles/patriarchy-power-and-protests-in-iran/.

Barlas, Asma. 2002. *"Believing Women" in Islam: Unreading Patriarchal Interpretations of the Qur'an*. University of Texas Press.

Bouhdiba, Abdelwahab. 2004. *Sexuality in Islam*. Translated by Alan Sheridan. London: Routledge and Kegan Paul.

De Leede, Seran. 2014. "Afghan Women and the Taliban: An Exploratory Assessment." International Centre for Counter-Terrorism Policy Brief.

El-Saadawi, Nawal. 1980. *The Hidden Face of Eve: Women in the Arab World*. Zed Books Ltd.

Johnson, Chelsea and Kristen Barber. 2020. "Gender and Sexuality: The Gender and Sexual Politics of Hair." *A Cultural History of Hair in the Modern Age*. Geraldine Biddle-Perry(Ed.). Bloomsbury Publishing. pp. 111~128.

Pfluger-Schindlbeck, Ingrid. 2006. "On the Symbolism of Hair in Islamic Societies: An Analysis of Approaches." *Anthropology of the Middle East*, 1(2), pp. 72~88.

Rich, Janine. 2014. "'Saving' Muslim Women: Feminism, US Policy and the War on Terror." *International Affairs Review*, 2.

Sijpesteijn, Petra. 2018. "Shaving Hair and Beards in Early Islamic Egypt: An Arab Innovation?" *Al-Masāq*, 30(1), pp. 9~25.

Zahedi, Ashraf. 2007. "Contested Meaning of the Veil and Political Ideologies of Iranian Regimes." *Journal of Middle East Women's Studies*, 3(3), pp. 75~98.

3 이슬람이 극단적으로 비치는 이유, 이슬람주의와 정치이슬람

이슬람에 대한 우리의 편견과 오해를 부추기는 또 다른 요인에는 종교적 극단주의와 테러가 있다. '한 손에는 코란, 다른 손에는 칼'이라는 말은 이슬람의 호전적인 이미지를 상징하는 대표적인 문구이다. 중세 서구의 관점에서 묘사되었던 이와 같은 이슬람에 대한 이미지는 근현대 들어 알카에다, 보코 하람, IS와 같이 중동 지역에서 탄생한 종교적 극단주의 단체와 결합했으며, 이슬람은 세계인의 안전과 생명을 위협하는 종교로 인식되었다. 뿐만 아니라 중동인들은 종교적으로 심취한 종교적 광신도로 인식되고 있다. 이 장에서는 왜 우리는 무슬림을 종교적 광신도로 보게 되었는지, 종교가 문제인지, 정치가 문제인지 그 근본 원인을 이슬람주의 관점에서 파악해 보고자 한다. 한편 중동 시민들은 독재 정권에 억압되고 희생당하는 수동적인 존재로 인식되고 있다. 그러나 실상은 다르다. 이 장에서는 일반 시민의 정치 참여와 역동성을 시민 사회의 관점에서 살펴보도록 한다.

이슬람, 정치와 종교의 모호한 경계

오늘날 세계인에게 이슬람교는 종교적 극단주의를 조장하고 테러리스트를 양산하는 종교로, 그리고 무슬림은 종교적 광신도로 인식되고 있다. 이와 같이 여겨지는 근본 원인 중 하나는 이슬람주의 이데올로기에 있다. 이슬람주의는 사회를 이슬람화하는 것을 목표로 하는 운동으로, 중동에서는 1970년대와 1980년대에 본격적으로 부흥했다. 이슬람주의라는 용어는 '이슬람 근본주의', '이슬람 운동', '이슬람 행동주의', '이슬람 부흥 운동' 등의 용어로 사용되어 왔다. 그리고 9·11 이후 언론과 학계에서는 '정치이슬람'이라는 용어도 사용하기 시작했는데, 중동 지역에서 이슬람주의에 기반한 정치 세력과 극단주의 테러리스트들이 득세해 역내 정치적 불안정성이 커지는 현상을 설명하기 위함이다. 이슬람 극단주의를 분석하는 과정에서 이슬람주의와 정치이슬람이라는 두 용어가 종종 혼용되기도 하는데, 엄밀히 따지면 그 의미는 다르다. 이슬람주의가 경전 코란에 제시된 이슬람의 교리와 가치를 사회 전반에 실현하는 것을 지향하는 사회 운동의 성격을 띠는 반면, 정치이슬람은 특정 집단이 이슬람을 종교나 신학이 아닌 정치 이념으로 도구화해 이슬람 국가 설립이라는 정치적 목적을 추구한다(엄한진, 2011; Berman, 2003).

그러나 공통점도 있다. 이슬람주의자들과 정치이슬람 추종자들은 현재 이슬람 사회가 직면한 각종 정치·경제·사회 문제의 원인을 이슬람에 대한 실천 부족이라고 보고 있으며, '이슬람만이 길'이라고 믿고 있다. 그래서 이들은 추구하는 방식은 달라도 궁극적으로는 이슬람법 샤리아shari'ah에 기반해 사회를 이슬람화하는 것을 추구하고 있다. 이들은 현존하는 정치 시스템을 바꾸지 않고서는 이러한 목적을 달성할 수 없다고 보고 있다(Woltering, 2002). 즉, 이슬람주의자들은 서구의 영향으로 이슬람에서 멀어지고 타락한 중동 사회에 이슬람을 다시 강화시켜야 한다는 종교적 목적을 달성하기 위해 정치적 수단을 동원하며, 이슬람의 종교적 언어를 사용해 대중의 마음속을 파고든다. 바로 이 지점에서 이슬람 부흥 현상을 종교 운동으로 볼 것인지 정치 운동으로 볼 것인지 그 경계가 모호해진다. 결국 이들은 '이슬람만이 길'이라는 대전제는 공유하지만 정치적 목적과 종교적 목적은 서로 분리되지 않고 얽혀 있는 데 그 원인이 있다.

종교가 민족주의를 만날 때 벌어지는 일들, 종교민족주의

한편 민족주의가 특정한 종교적 신념이나 교리와 융합되어 종교가 정치화되거나 또는 정치 문제에 종교가 지배적인 영향력을 행사하기도 한다. 이를 '종교민족주의'라고 부른다. 종교민족주의 연구의 선구자인 마크 주어겐스메이어Mark Juergensmeyer는 종교민족주의의 등장 시기를 1990년대로 보고 있다. 이 당시 국제 질서는 소련이 해체되고, 세계화의 흐름 속에서 미국이 장악하던 경제적·문화적 영향력이 상대적으로 감소하는 시기였다. 세계 질서의 변환기에 각 국가는 소련이나 미국식 모델을 따르는 것에 회의적이었으며, 대신 자신들의 과거와 문화를 보기 시작했다. 냉전 시대가 해체되면서 도래한 이념적 공허기에 종교는 만병통치약이 되었으며, 민족주의와 결합되었다. 종교민족주의는 1990년대 특히 비서구 사회에서 더 큰 영향력을 발휘했는데, 제3세계에서는 독재, 정치권력의 부패, 경제적 불평등 문제의 원인을 서구에서 빌려온 세속적 민족주의의 실패로 보았기 때문이다. 절망감과 박탈감을 극복하는 데 전통으로의 복귀와 종교적 처방은 사람들을 위로했고, 안정감을 주었다(Juergensmeyer, 1995).

주어겐스메이어는 종교민족주의 유형을 두 가지로 구분 지었다. 첫 번째 유형은 영토와 사람을 중심 요소로 본 '인종적 종교민족주의ethnic religious nationalism'이다. 민족, 역사, 문화로 묶인 공동체의 구성원들은 자신들의 땅에서 자신들만의 독립적인 정치 체제를 구축하길 희망한다. 여기에서 종교는 민족을 통합시키는 구심점이 되었다. 그는 인종적 종교민족주의의 사례로 아일랜드를 꼽았다. 두 번째 유형은 사상이나 신념과 연계된 '이데올로기적 종교민족주의ideological religious nationalism'이다. 여기에서 이데올로기는 — 과거 종교가 그랬던 것처럼 — 사회 질서를 유지하는 기반 사상으로 작동한다. 이데올로기적 종교민족주의자들은 서구에서 기원한 세속적 민족주의는 실패했다고 보았으며, 종교와 정치를 분리하는 세속주의를 거부하고, 그에 비판적인 입장을 취했다. 이데올로기적 종교민족주의의 대표적인 사례로는 이란이 있다. 그는 인종적 종교민족주의가 정치적 목적을 달성하기 위해 종교 정체성을 이용해 '종교를 정치화politicization of religion'하는 반면 이데올로기적 종교민족주의는 정치 문제와 투쟁을 종교적 맥락에 놓고 '정치를 종교화religionization of politics'한다는 면에서 구별된다고 보았다.

민족주의가 종교와 결합할 때 강력한 상승 작용이 일어난다. 종교 정체성이 국가 정체성과 동일시되고, 민족주의는 국민들의 종교성을 강화한다. 따라서 공적 종교 행사는 정치적 행위가 되고, 애국심과 종교성의 경계가 모호해진다(Grzymala-Busse, 2019). 이란을 보면 종교 사상이 정치의 기반이 되며, 최고 지도자인 아야톨라Ayatollah가 정치권을 행사한다. 이러한 상황에서 국가의 포부와 목표는 복종과 구원이라는 종교적 목적과 동일시되고, 종교법은 세속법을 대체하고 공권력의 기둥이 된다. 그 결과 종교민족주의는 대중의 종교성과 태도를 뒷받침하는 강력한 힘이 되고, 종교 조직이 광범위한 영역에 걸쳐 정책에 영향을 미치고 권력을 행사하며 종교의 이름으로 국가 간 또는 국가 내 폭력은 정당화된다.

1990년대 강화된 종교민족주의와 그 위험성

종교민족주의는 1990년대 특히 비서구 사회에서 더 큰 영향력을 발휘했다. 중동에서는 세속적 민족주의자들이 주장했던 가치들인 정치적 자유, 경제적 번영 및 사회 정의 등이 독재 정권의 폭압과 권력 남용으로 허상이 되면서 세속적 민족주의는 실패했다는 의견이 대두되었으며, 이슬람주의자들은 그 실패 원인을 민족주의자들의 서구화와 세속성에서 찾았다. 그와 함께 이슬람 부흥 운동도 활성화되었다. 종교민족주의자들은 세속적 민족주의를 기독교와 서구의 생산물로 보았으며, 이들은 종교민족주의 담론을 반서구 대항 담론으로 활용했다(김정위, 1997). 종교민족주의자들은 이질적인 서구 이데올로기가 자신들이 처한 여러 가지 사회 문제를 해결할 수 없다고 보았다. 따라서 고유한 전통적 가치와 토착 문화를 바탕으로 탈식민적 민족 정체성을 구축하고자 했다. 이들은 이슬람 국가가 처한 정치적·사회적 어려움의 원인을 종교의 결핍에서 찾았기 때문에 그 해결책도 종교에서 찾았다. 이러한 해법은 반서구 운동으로 나타났다. 서구의 음악, 비디오, 영화 등에 대한 반감이 나타났으며, 서구 매체를 애호하는 것을 신앙의 결핍으로 보았다(Juergensmeyer, 1995). 이란의 호메이니Ayatollah Ruhollah Khomeini는 세속적 민족주의를 서구의 종교라고 규정했으며, '서양 중독West-toxification' 혹은 '서구에 대한 열광West-mania'으로부터 벗어나야 한다고 주장했다(황필호, 2000).

종교민족주의는 종교적 방식으로 정치를 인지하기 때문에 내부의 적(세속주의자들 또는 반정부 운동가들)이나 외부의 적(서구)에 대해서, 또는 사회 문제나 정치 문제의 근원을 종교적인 용어로 묘사한다. 가장 극단적인 사례는 적을 '사탄화satanization'하는 것이다. 이 레토릭은 1979년 이란 혁명 당시 이란의 샤Shah와 카터James Carter 대통령을 지칭하면서 처음으로 등장했는데, 당시 아야톨라 호메이니는 미국을 '세이타네 보조르그(큰 사탄)'라고 명명하며 "이란의 모든 문제는 미국의 작품이다"(Juergensmeyer, 1995)라고 언급한 바 있다. 그리고 이들은 종교민족주의 틀에서 민주주의는 제한될 수 있다고 보았다. 시민 사회나 개인의 자유도 공동체를 위해 종교법으로 제한될 수 있다고 보았으며, 폭력도 종종 순교로 상징화되었다.

이슬람주의의 다양한 스펙트럼과 모순

이슬람주의는 하나의 이데올로기가 아니다. 그 안에는 다양한 색깔을 가진 추종자들이 있다. 이슬람주의자들이 '이슬람이 길Islam is the way'이라는 공통된 답을 지향하고 있지만 이슬람을 실천하는 방식은 각자의 가치에 따라 다르기 때문이다. 이란 이슬람 공화국이나 아프가니스탄의 탈레반처럼 강경하고 억압적으로 사회를 이슬람화해야 한다고 믿는 부류도 있으며, 모로코나 아랍에미리트처럼 온건한 방식으로 사회의 이슬람화를 추구하는 국가도 있다. 또한 사우디아라비아처럼 강경한 이슬람주의에서 탈피해 온건 이슬람으로 전환하는 국가도 있다.

그리고 이슬람주의 내부에서도 서로 다른 집단 간 이해 충돌도 있다. '이슬람이 해결책(길)'이라는 보편적 목표는 추상적이고 통시대적이어서 서로 공통점이 없는 사회 집단을 유연하게 결집시키는 면에서는 유용했다. 그러나 '어떻게'라는 질문에 대한 답은 하나가 아니다. 이해 집단의 목적에 따라 다양한 의견이 나오기 때문이다. 이슬람주의를 대표하는 이집트의 '무슬림형제단The Muslim Brotherhood'은 1928년 조직이 결성되던 시점부터 현재까지 변함없이 '이슬람이 해결책이다'라는 구호를 중심에 놓고 행동해 왔다. 그리고 종교성을 강조해 주변 중동 국가로 세력을 확장했다. 그러나 조직의 기반이 다양해지고 세대를 거치면서 구성원은 계속적으로 변화했고, 이해관계가 충돌하는 집단들이 무슬림형제단이라는 하나의 우산 안에 묶이게 되었다. 그러면서 자연스럽게 내부에서는 충돌과 모순이 발생했다.

가령 비즈니스 엘리트 계층이 주장하는 이슬람주의 담론은 산업 노동자 계층의 입장과 충돌했으며, 전통주의자들이 주장하는 이슬람주의 담론은 여성 단체의 입장과 충돌할 수밖에 없었다. 이슬람주의 추종자들이 주창하는 이슬람은 불변의 진리가 아니라 이를 활용하는 세력의 필요에 따라 입장이 달라지기 때문이다. 즉, 이슬람주의자들이 주장하는 '이슬람이 답(길)'에서 '어떤 이슬람'인지에 대한 합의가 없다. 또한 내부적으로는 성향에 따라 지하드jihad 전사 행동주의자부터 개혁주의자까지 다양성이 존재하며, 세대에 따라 다양한 목소리가 공존하고 있다. 이집트의 사다트Anwar Sadat 대통령은 1981년 이슬람 급진주의 단체에 의해 암살당했는데, 이 단체는 1970

년대 초 무슬림형제단의 온건주의를 비판하며, 무슬림형제단에서 이탈한 조직이었다. 이처럼 이슬람주의라는 거대 우산 속에는 수많은 목소리와 색깔이 공존하고 있으며, 서로 다른 목적을 지닌 집단들의 목소리가 충돌하는 모순성을 띤다는 점을 알 수 있다.

1970년대 뿌려진 이슬람주의 씨앗, 대중은 왜 이슬람주의를 지지했는가

그렇다면 정치 세력이 아닌 평범한 대중은 왜 이슬람주의를 지지하는가? 바로 이슬람주의자들이 정부를 대신해 민생을 지원하기 때문이다. 대표적인 사례는 앞서 언급했던 무슬림형제단 사례를 들 수 있다. 1928년 이집트에서 탄생한 무슬림형제단은 1970년대부터 이집트 도시 빈곤층과 교육받은 젊은 층 사이에서 대중적 지지를 받으며 부흥했다.

1970년대 이집트는 인구 증가세에 있었으며, 도시화가 빠르게 진행되면서 젊은이들의 실업률이 높았다. 이들 젊은이들은 대부분 대학을 나온 엘리트였다. 1950년대 사회주의 이념을 추구하던 정부가 젊은이들에게 대학까지 무상 교육을 실시했기 때문이다. 그러나 정부에게는 자국의 사회 문제를 해결할 여력이 없었다. 이집트를 주축으로 한 아랍 연합국과 이스라엘 사이에 1948년을 시작으로 벌어졌던 네 차례의 중동전에서 연이어 참패를 했기 때문이다. 특히 1967년 전쟁에서 이집트는 이스라엘에 대패해 시나이Sinai반도까지 내어준 상황이었다. 이집트 젊은이들은 깊은 패배감과 절망감을 느꼈고, 종교에서 위로를 받았다. 이러한 상황에서 무슬림형제단은 걸프 지역 후원자(특히 사우디아라비아)의 원조를 받아 정부의 지원이 미치지 않는 소외 지역에서 이슬람의 이름으로 구호 활동을 벌였다. 가난한 이들에게 정부를 대신해 식료품과 주거를 지원했고, 의료 서비스도 제공했다. 또한 어린아이들을 교육하고, 성인들에게는 취업을 알선하면서 대중의 호감을 샀다. 이슬람주의자들은 구호 활동을 하면서 서민들에게 '이슬람이 길이다'라는 이슬람주의 가치를 주입했고, 그들의 마음속을 파고들었다.

이슬람주의는 대학 캠퍼스에도 깊이 스며들었다. 당시 이집트는 국가의 현대화 사업을 추진하는 데 대규모의 인력이 필요했기 때문에 무상으로 고등 교육을 실시했다. 그 결과 대학 등록률이 두 배로 증가해 학생 수가 급증했다. 그러나 대학 인프라나 서비스는 이를 따라가지 못했다. 이 틈을 타고 무슬림형제단은 도시 빈민층 학생들에게 강의 교재 복사본을 싼값이나 무료로 제공했으며, 지방에서 학업을 위해 도시로 이주한 가난한 학생들에게는 주거를 지원하면서 실질적인 도움을 주었다. 교통 인프라가 발달하지 않아 통학의 어려움을 겪는 여학생들에게는 미니버스를 제공했다. 그러나 이러한 서비스는 베일 쓴 여학생으로만 한정했고, 베일이 없는 여학생들에게는 베일을 무상으로 나눠 주면서 자연스럽게 여대생들 사이에서 베일 착용을 확산시킬 수 있었다. 이슬람주의자들의 물질적인 지원은 빈민층이나 도시로 이주해 가족과 멀리 떨어져 살고 있는 지방 학생들에게 심리적 위안이 되었으며, 이들 사이에서 이슬람의 공동체 의식을 강화하고 종교적 소속감도 만들어주었다.

이슬람주의자들 재원의 출처, 오일 달러

이슬람주의자들이 구민 활동을 할 수 있었던 재정적 동력은 걸프 산유국들의 오일 달러에서 나왔다. 특히 오일 달러로 부유해진 사우디아라비아는 '이슬람의 두 성지 수호 국가'라는 종교적 지위를 활용해 자국의 영향력을 확대할 수 있었다. 보수적이고 원리주의적인 자국의 와하비즘Wahhabism을 홍보하기 위해 수백억 달러를 지출해 해외 사원 건립을 후원했고, 외국인 학생들에게는 장학금을 지급하며 사우디아라비아 버전의 이슬람을 교육시켰다. 당시 인접 중동 국가나 남아시아 국가에서 사우디아라비아로 유학 왔던 학생들이 공부를 마치고 자국으로 돌아가 교육 기관에 정착했으며,

사우디아라비아 버전의 보수적인 이슬람을 자국에서 가르치면서 자연스럽게 이들 사회도 보수화되었다.

사우디 이슬람의 주요 교육 및 홍보 기관으로는 이슬람부, 이슬람협력협의회OIC, 무슬림월드리그MWL: Muslim World League, 무슬림청소년세계회의WAMY: World Assembly of Muslim Youth, 이슬람대학교, 그리고 정부 기관 또는 왕족 개인이 후원하는 각종 자선 단체 등이 있다. 당시 사우디아라비아는 대사관을 통해 중동 지역 학생들에게 교재를 무료로 배포하거나 사우디아라비아 유학을 위한 장학금을 지급하면서 이슬람주의를 확대시켰다. 사우디아라비아의 오일 달러는 중동 지역에만 머물지 않았다. 중앙아시아 및 동남아시아, 그리고 더 멀리는 일본이나 한국의 사원과 유학생 들의 후원에도 활용되었다.

그리고 사우디아라비아는 1979년 소련의 아프가니스탄 침공으로 발생한 난민들이 파키스탄 국경 주변에 몰려들자 난민 캠프에서 이슬람 학교 '마드라사'를 설립하고 이들에게 사우디식 종교 교육을 시켰다. 이렇게 해서 탄생한 사람들이 바로 '탈레반'이다. 탈레반이라는 용어는 아랍어로 '학생'을 의미하는 '탈립'에서 나온 것이다. 미국이 사우디아라비아의 이슬람 확대에 침묵했던 이유는 사우디아라비아와의 협력이 남하하려는 소련을 차단하고 반소 블록을 형성하는 데 유리했기 때문이다. 사우디아라비아의 입장에서 무신론자인 공산주의자들이 이슬람 국가인 아프가니스탄을 침공하는 것은 이슬람 지역, 또는 평화의 지역을 의미하는 '다룻살람dar al-salam'을 공격하는 것이며, 마땅히 지하드를 행해야 하는 이유가 되기 때문이다. 전 세계 무슬림 전사들이 다룻살람을 지키고 지하드를 행하기 위해 아프가니스탄에 몰려들었고, 이들을 '지하드를 행하는 사람들'이라는 뜻에서 '무자혜딘Mujahidin'이라고 부른다. 그러나 이들 중 일부는 훗날 극단주의자가 되어 미국을 위협하는 테러리스트로 성장하게 된다. 미국이 냉전 시대 주적인 소련을 상대하기 위해 키웠던 세력이 아이러니하게도 냉전 시대 이후 미국의 주적이 된 것이다.

이슬람주의자들이 활용한 반서구와 반이스라엘 담론

구민 활동 외에도 이슬람주의자들은 외부의 적을 활용해 민중에게 영향력을 확대할 수 있었다. 안으로 뭉치기 위해 공공의 적을 만들었으며, 이때 이슬람은 반서구와 반이스라엘에 대항하는 저항 담론으로 효과적으로 작동했다. 예컨대 요르단에서 이슬람 단체는 고아원을 운영하며 '좋은' 무슬림이 되는 교육을 통해 이슬람주의를 주입시켰다. 고아원의 교실에서는 종교적 언어를 사용해 정치적 저항 교육이 실시되었는데, 언어 수업에서 반제국주의와 반시온주의에 대항해 무슬림의 단결을 종용하는 메시지가 주입되는가 하면 미국 및 이스라엘과 협력하는 아랍 통치자들을 배신자로 묘사하며 조롱하는 연극이 공연되기도 했다. 이슬람교의 2대 명절인 이드 알 피트르'iyd al-Fitr에는 요르단 사회에 만연한 사회적·경제적 불평등을 자각하는 노래를 가르쳤다(Harmsen, 2008). 이처럼 이슬람주의자들은 어린아이부터 성인에 이르기까지 서구에 대해서는 비판적이지만 이슬람의 종교적 유산에 대해서는 자긍심을 높이는 교육을 하면서 이슬람의 정체성을 강화했다.

이와 같이 중동 국가에서 이슬람주의가 부흥한 데에는 대중의 자발적인 복종과 동의가 있었기 때문에 가능했다. 이들은 자신들에게 비호의적인 사회 분위기 속에서 차별을 느꼈으며, 기회를 박탈당했다고 느꼈다. 이러한 환경에서 이슬람주의자들은 젊은이들에게 좋은 대학의 졸업장, 좋은 직장과 높은 월급 등 사회적 지위와 물질적인 성취보다 종교적으로나 도덕적으로 깨끗하고 정직한 삶이 더 중요하다고 교육시켰다. 흔히들 말하는 종교를 이용한 '가스라이팅gaslighting'이 있었던 것이다. 이를 전문 용어로 '가치 평가 재정렬transvaluation of values'이라고 부른다. 가치 평가 재정렬이란 개인의 삶에서 우선순위를 재정렬하는 것을 의미하는데, 이슬람주의자들은 종교의 언어를 이용해 젊은이들의 마음을 사로잡았다. 젊은이들은 가치 평가를 재정렬함으로써 종교적 가치를 세속적인 성취보다 더 중요하게 여겼으며, 이는 현실에서 박탈감을 느낀 사람들이 어려운 현실을 외면하거나 극복하는 힘이 되었다. 그리고 이것이 이슬람주의가 젊은이들 사이에서 힘을 발휘할 수 있는 동인이 되었다.

씨앗에서 성장해 열매가 된 1990년대의 이슬람주의

이슬람주의는 1990년대에 들어서 의사, 기술자, 과학자, 약사, 변호사 단체 등을 포함한 엘리트 중산층 전문직으로 확대되었다. 그리고 이는 예견된 것이었다. 1970년대 캠퍼스에서 이슬람주의자들로부터 실질적인 지원을 받아 성장한 세대가 졸업을 하고 직장을 잡아 자연스럽게 사회의 주축 세력이 되었기 때문이다. 즉, 이슬람주의는 빈민촌, 대학, 노조, 지역 사회에서 아랍 민족주의와 사회주의 이념을 누르고 대중을 선동하는 강력한 이데올로기가 되었다. 그리고 이슬람주의자들은 1990년대부터 중동 사회에 확산되기 시작했던 시민 사회를 활용해 정치적 입지도 확대할 수 있었다.

시민 사회에 기반한 이슬람주의자들의 전략은 시민들의 삶 밑바닥에서 작동해 '아래로부터 이슬람화Islamizing from below'를 시키는 것이었고, 중동 지역 전역에서 대중의 지지를 받으면서 세력을 확장시켰다. 이집트에서는 무슬림형제단, 튀니지에서는 엔나흐다Ennahda, 팔레스타인에서는 하마스Hamas, 레바논에서는 헤즈볼라Hezbollah 등 이슬람주의 단체들이 성장했고, 이들 세력은 때로 정권을 위협하기도 했다.

정권과 이슬람주의 간 협상으로 강화된 사회의 이슬람화

이슬람주의자들이 정권에 위협이 될 정도로 영향력이 커졌음에도 정부는 이를 막을 수가 없었다. 이슬람을 내걸고 구민 활동을 하는 이들을 견제할 경우 이슬람에 대한 탄압으로 여겨지는 동시에 정부가 반이슬람 세력으로 비칠 수 있었기 때문이다. 또한, 국제 사회에서는 정부가 시민 단체를 탄압한다는 비난을 받을 수도 있었다. 그러나 무엇보다도 정부 역시 이들 활동의 수혜자였다는 점을 주목할 필요가 있다. 시민 사회가 — 특히 자선 활동을 했던 이슬람 시민 단체 — 빈민층을 대상으로 자선과 구민 활동을 하면서 정부가 부담해야 했던 각종 사회 시설 기반과 서비스에 드는 예산을 덜어 주었기 때문이다. 이들 단체를 폐쇄할 경우 이러한 비용들은 고스란히 정부의 몫이 되고, 정부가 이를 감당하지 못하는 상황에 다다르면 사회적 불만이 쌓여 궁극적으로는 반정부 운동으로 인한 정권 붕괴 위험이 따르기 때문이다.

버먼Sheri Berman은 이러한 과정을 정부와 이슬람주의 세력 간 협상으로 보았다(Berman, 2003). 이집트에서는 2011년 아랍의 봄으로 무너진 무바라크 Muhammad Hosni Mubarak 정권 시절 이슬람주의를 대하는 정부의 전략은 두 가지로 나타났다. 과격한 이슬람 단체는 가혹하게 탄압했지만 온건파와는 협력하거나 그들을 지원해 주었다. 정부는 이슬람주의 세력이 정권에 도전하지 않는 한, 즉 '참여하지만 지배하지 않는participation, not domination formula' 선까지만 그들을 인정해 줬던 것이다. 그 결과 사회는 급격히 이슬람화되었다. 이집트에서는 1980년대 초반 4000개의 사원이 새로 건립되고, 학교의 교육 커리큘럼에서도 이슬람이 강조되었다. 이슬람주의자들은 정부가 가진 인프라도 적극적으로 활용했다. 특히 라디오와 TV 등 방송 부문에서 종교 방송이 확대되었으며, 방송 매체에 대한 종교적 검열도 늘어났다. 정치 지도자는 종종 코란이나 하디스를 인용하며 자신이 신실한 무슬림이라는 것을 대중에게 피력해 정치적 입지를 다지기도 했다. 또한 이슬람의 정서와 부합하지 않는 클럽이나 술집 이용도 사회적으로 금기시되었다.

제도권으로 들어온 정치 정당으로서 이슬람주의

대중의 기본적인 경제적·사회적 필요를 충족시키면서 세력을 확장했던 이집트 이슬람주의자들의 전략은 다른 중동 국가에도 동일한 방식으로 나타났다. 정권의 대민 지원 역량의 한계를 보완하기 위해 펼친 자선 및 구민 활동 결과 이슬람주의자들은 대중의 지지를 업고 2000년대 들어 정치 정당으로 세력화해 발돋움할 수 있었다. 내전으로 폐허가 된 레바논에서는 시아파 민병대에서 출발한 헤즈볼라가 전면에 나서 대중에 필요한 물자를 제공했으며, 헤즈볼라 관련 단체가 병원, 학교, 주거, 물 공급 등 공공 서비스를 운영하면서 대중의 지지를 얻을 수 있었다. 이번 코로나19 팬데믹 때도 헤즈볼라는 불능 상태에 있는 정부를 대신해 민간에 의료 서비스를 제공했다.

2006년 팔레스타인 총선에서 하마스의 승리를 계기로 이슬람주의자들은 지금까지 사회의 이슬람화 전략에 활용해 왔던 '참여하지만 지배하지 않는 방식'에서 노선을 틀었다. 정치 정당으로 활동하며 정치 행위를 하기 시작한 것이다(Brown, 2022). 이는 이슬람주의자들이 지금까지 행했던 '하위 정치low politics' 차원인 사회의 이슬람화 전략에서 한 단계 더 나아가 '상위 정치high politics' 차원, 즉 정치권력 행위자로서 사회의 이슬람화 실현을 의미한다. 이후 요르단, 모로코, 쿠웨이트, 알제리, 예멘에서도 이슬람주의자들은 정치 정당을 조직해 공적인 상위 정치 활동에 참여하는 방식으로 진화했다. 그리고 2011년 아랍의 봄 발발 당시 이슬람주의자들은 독재와 무능한 정부에 화난 민중과 연합해 정권에 도전했다. 이는 기존 정권과 이슬람주의자들 간에 맺었던 협상의 파기를 의미했다. 그 결과 튀니지에서 엔나흐다당은 최대의 의회 정당으로 부상했고, 모로코의 정의개발당PJD: Justice and Development Party은 내각을 이끌었고, 이집트에서 무슬림형제단은 다수당을 차지하면서 대통령까지 배출시켰다.

그럼에도 불구하고 이슬람주의는 왜 실패했는가

정권 창출이라는 이슬람주의자들의 목표는 2011년 아랍의 봄에 이르러서야 실현되었다. 그러나 이슬람주의 세력이 권력을 잡았음에도 불구하고 대중이 희망했던 개혁은 없었다. 이슬람주의자들이 추구했던 '이슬람이 답'이라는 해법은 경제 문제와 취업난에 시달리던 민중의 현실에 적합하지 않았다. 그런데도 권력을 잡은 이슬람주의자들은 민생 문제 해결보다 사회의 이슬람화를 더욱 강화하는 데 주력했다. 이슬람주의에 실망한 대중은 그들을 외면하기 시작했다. 이집트에서는 군부가 군사 개입을 통해 2012년 정권을 잡은 무슬림형제단을 축출했고, 모로코에서는 정의개발당이 2021년 9월 8일 선거에서 125개의 의회 의석 중 13개만 차지해 집권 12년 만에 가장 큰 패배를 겪었다. 요르단에서는 무슬림형제단 자매 정당이 분열했으며, 쿠웨이트에서는 이슬람 헌법 운동Islamic Constitutional Movement당이 두 차례의 선거에서 탈락했다. 이라크의 이슬람 정당은 수니 지역에서조차 후보를 내지 못하고 있다. 이 지점에서 '그렇다면 이슬람주의 운동은 왜 실패했는가'라는 질문을 던지지 않을 수 없다.

가장 큰 원인은 이슬람주의자들의 경직성이다. 이슬람주의자들은 정치와 종교를 분리하지 않고 정치 행위를 했으며, 권력을 잡고 나서 사회 문제에 대한 해결책을 제시하고 경제적 상황을 개선하는 데 힘쓰기보다 이슬람주의가 추종하는 사회의 이슬람화를 현실화시키는 일에만 몰두했다. 이슬람주의자들은 반대 의견이나 반대 세력에 대해서는 특히 적대적이었다. 이슬람주의자들은 자신들의 교리가 '신의 말씀'에서 나온 것이라는 믿음이 있었다. 따라서 반대파의 의견이 자신들이 규정한 종교적 믿음과 대치될 때 이를 종교적 이념에 도전하는 '반이슬람적'인 행위로 여겼으며, 반대파를 제거해야 할 대상으로 인식했다(El-Shobaki, 2016). 여기에 종교 운동을 추진하던 세력이 정권을 잡아 통치 권력으로서 준비가 미흡했다는 점도 실패

원인이 되었다.

그 결과 이집트에서 무슬림형제단은 집권에는 성공했으나 결국 군부에 의해 내쫓겼다. 이라크에서 수니파와 시아파는 권력을 잡기 위해 치열하게 경쟁한 결과 정치적 불안정성이 커졌으며, 아프가니스탄에서 탈레반은 전장에서는 효과적이었지만 정치 질서를 유지할 능력이 없어 정국은 여전히 불안정한 상태에 있다. 팔레스타인 하마스는 서안 지구에 있는 세속 정부인 파타Fatah와 갈등하면서 팔레스타인 국가 설립이라는 대의를 포기한 상태이다. 그리고 양당 지지자들은 국가보다 각자가 속한 정당에 대한 충성을 우선시하고 있다. 이와 같은 사례들은 이슬람주의 이데올로기만으로는 정치적 안정과 경제 발전을 이룩할 수 없으며, 대중의 기대에 어긋난 이들의 이러한 행보는 결과적으로 유권자들로부터 외면받는다는 점을 알려준다. 아랍의 봄 이후 정치권력을 획득하기 위해 서로 반목하고 갈등하는 이슬람주의에 대중의 피로도는 가중되었다.

이제는 시민이 중심이 되는 시민 이슬람 시대

이슬람주의는 항상 진화한다. 새로운 정치와 사회 환경에 적응이 필요하기 때문이다. 정치권력으로 대중의 지지를 받으며 성장했던 이슬람주의는 아랍의 봄 이후 대중으로부터 외면을 받으며 정치 이념으로서의 성격은 퇴색하고 있다. 대신 그 자리를 일반 시민이 중심이 되어 자발적으로 연대망을 형성하며 일상생활에서 이슬람주의를 실천하는 시민 이슬람civil Islam이 채우고 있다.

시민 이슬람은 이슬람을 정치 이데올로기화해 서구나 세속주의를 적으로 보지 않는다. 대신 시민 사회, 인권, 종교의 자유, 평화, 사회 정의 등의 문제에 관심 갖고, 개별 무슬림의 신앙적 발전을 위해 일상생활에서 선행을 실천하며 경건한 삶을 사는 것에 관심을 보인다(Kömeçoğlu, 2014). 즉, 시민 이슬람은 이슬람주의를 신봉하는 특정 세력이 정권 획득을 목표로 대중을 동원했던 정치 운동에서 벗어나 이제는 일반 시민이 중심이 되어 일상생활에서 이슬람에 기반한 사회 변화를 추진하는 시민운동이다.

가령 튀니지에서는 2011년 아랍의 봄 당시 리비아와 맞닿은 라스 제디르 Ras Jedir 국경 지역에서 난민을 돕기 위한 이슬람 자선 단체 활동이 시작되었다. 이들은 처음에는 비공식적인 연대망으로 존재했으나 2011년 단체 설립을 허용하는 법령 88조가 발효되면서 공식적인 이슬람 자선 단체로 성장했다. 그러나 이슬람주의에 대한 피로감 때문에 대중이 이슬람주의를 외면하자 이들 이슬람 자선 단체는 종교적 색채를 희석하기 위해 이슬람 관련 단어를 쓰지 않고 활동하고 있다. 뿐만 아니라 자신들의 자선 행위는 종교가 아닌 인도주의적 차원에서 진행된다는 점을 강조한다. 이들의 활동 규모가 커지면서 공식적이고 조직화된 단체로 발전했지만 이들은 자신들의 목표를 정치권력 획득이 아니라 정치 영역 밖에서 이슬람의 자선과 선행 실천으로 한정하고 있다.

아랍의 봄 이후 현재까지 튀니지에서는 의사, 엔지니어, 교수 등 중산층 전문가들이 주축이 되어 시민 이슬람 흐름에 가세하며 자선 및 구호 단체를 설립하고 있다. 그리고 이들 단체에 소속된 조직원들의 관계는 상명하복, 즉 조직 구성원이 지도부의 명령을 따르고 복종하는 수직적 관계가 아니라 신뢰와 연대 관계 속에서 참여를 강조하는 수평적 네트워크로 작동하고 있다. 특히 젊은 세대의 참여로 이러한 성향이 강화되고 있는데, 이들은 인터넷 플랫폼과 온라인 네트워크를 통해 서로 교류하면서 일상생활에서 이슬람의 교리를 실천하고 있다.

시민 이슬람이 성공하기 위해서는 시민 사회가 발전해야 한다. 그러나 중동 지역 시민 사회는 여러 가지 요인에서 활동의 제약이 있다. 다음에서는 중동의 시민 사회 발전 과정을 알아보고자 한다.

서구에서 발전한 시민 사회, 중동에도 뿌리내릴 수 있는가

시민 사회는 개인과 국가 사이를 연결하는 중간 조직이다. 정부의 통제 밖에서 자율성과 독립성이 보장되며, 각종 이익 집단, 비정부 기구NGO, 여성 단체, 인권 단체, 학생 단체, 종교 단체, 노동자 단체, 연구 기관 등이 포함된다. 시민 사회의 기능은 다양하다. 시민들의 목소리를 반영해 정부를 압박하기도 하며, 시민 사회에 요구되는 특정한 임무를 수행하도록 시민에게 동기 부여를 하며, 국가가 수행하지 않는 공적 기능을 수행해 정책과 정권의 변화를 가져오거나, 정치적 성격을 띠면서 정당을 대신하고 보완하기도 한다. 시민들의 자발적인 참여를 기반으로 민주주의 의식을 제고하고 시민들의 도덕성을 증진해 민주주의 발전에 기여할 수 있다. 이러한 시민 사회는 서구의 산물로 간주되고 있다. 오늘날 시민 사회의 원형이 18세기 서구 부르주아 계층의 형성과 함께 출발했기 때문이다. 그렇다면 중동은 어떠한가? 시민 사회는 존재하는가? 중동의 시민 사회는 어떠한 형태로 존재하는가?

서구는 중동에 시민 사회가 뿌리내리기에 부적합하다고 보고 있다. 그 이유는 첫째, 독재와 권위주의 정부가 있기 때문이다. 민주성이 결여된 중동의 정치 문화적 환경에서 개인으로서 시민은 자율성과 독립성을 보장받기보다는 국가의 통제와 감시의 대상이 되고 있으며, 시민들이 자율적으로 이익 단체를 조직하기에는 어려운 환경이라는 것이다. 둘째, 아랍 사회에 뿌리 깊이 박힌 부족주의 때문이다. 서구 중심주의 사고관에서 중동을 분석했던 막스 베버Max Weber는 혈통과 부족을 중요하게 여기는 중동 문화는 권위주의를 강화시키는 반면 시민 사회에 필수요건인 민주주의 가치와 맞지 않다고 보았다(Ismael and Ismael, 1997에서 재인용). 셋째, 이슬람 때문이라는 의견도 있다. 이슬람교는 오직 알라의 주권만을 인정해 시민권의 출현을 막고 있다. 더불어 수니의 정치사상에서는 이슬람 공동체 움마ummah가 어려움에 처할 경우 지도자에게 복종할 것을 가르치고 있다. 따라서 서구의 관점에서 이슬람교는 본질적으로 독재성을 품고 있으며, 민주주의 핵심 요소인 견제와 균형, 권력의 배분, 국민 주권, 대표자 선출에 대한 개념은 없다고 보고 있다. 이는 결국 현대 사회에서 국가 권력을 감시하고 그에 도전할 수 있는 시민 사회의 부재로 이어졌으며, 혹여 시민 사회가 있더라도 그 기능과 역할은 비효율적이라는 결론으로 귀결된다(Haddad and Al Hindy, 2018).

그 밖에도 서구의 중동에 대한 식민 통치가 이 지역 시민 사회 발달을 저해했다는 의견도 있다. 근대 중동의 시민운동은 서구로부터 독립을 목적으로 한 민족주의의 틀에서 발현되었다. 시민운동의 최대 목표가 독립이었기 때문에 사회에서 소외된 계층, 즉 여성, 노동자, 소수자에 대한 주제는 모두 민족주의 이데올로기 속에 묻히면서 관심 밖으로 밀려나게 되었다. 이후 중동 국가가 서구로부터 독립해 개별적인 국가가 되면서 시민들은 민족 단합과 국가 정체성 구축이라는 명분하에 정부에 자발적으로 복종했으며, 정권은 통치에 반하는 목소리나 운동을 모두 반애국주의적 행동으로 간주하고 탄압했다. 그 결과 정부의 통제와 감시는 강화되고 반대로 시민 사회는 약화되었다. 시민 사회가 존재하더라도 정권에 위협이 되면 해체시키거나 그렇지 않으면 정권에 매수되어 협조하기 때문에 정부를 감시하는 기능은 하지 못했다고 보고 있다(Cavatorta and Durac, 2010).

'중동에는 시민 사회 발전이 불가능하다'는 서구의 의견에 중동의 반론

중동에는 진정한 시민 사회가 뿌리내리기 힘들다는 서구의 평가에 대한 중동의 반론도 있다. 이들의 주장에 따르면 이슬람 제국의 문화가 정점에 달했던 아바스 시대부터 시민 사회는 매우 활발하게 기능했다. 당시 도시에서는 비즈니스와 산업이 발달했고, 이슬람 부르주아 계층이 부상해 협동조합이 만들어졌다. 부르주아 계층은 시장에서 상업 행위를 하면서 강력한 경제 네트워크를 형성했고, 생산자들은 길드를 만들었으며, 경제 활동에 대한 정부의 규제는 최소한만 작동하면서 신용 제도도 자체적으로 구축되었다. 시장 발달과 함께 상인들의 무역 행위는 국가의 통제 밖에서 이루어졌으며, 가격은 정부가 아닌 시장에 의해 결정되었다. 그리고 국가와 시민 사회 사이에서는 이슬람법이 기능하며 분쟁을 조정하는 역할을 했다(Ismael and Ismael, 1997).

시민 사회를 공동의 목표를 향한 연대와 협력으로 정의할 때 이슬람 역사에는 다양한 시민 사회가 존재했다. 부족 공동체, 이슬람 종교 공동체를 의미하는 움마, 서로 다른 종교와 문화 정체성을 유지하며 별도의 행정 제도를 유지했던 '밀레트millet', 장인이나 상인이 조직한 조합인 길드 또는 '아스나프asnaf', 자선 단체인 '아우카프awqaf', 식민지 부르주아 계층, 그리고 지식인 계층 연합인 '울라마ulama' 등이 시민 사회의 역할을 담당했다. 이 중에서도 이슬람의 종교적 가치와 믿음에 기반해 자선을 목적으로 한 시민 사회의 활동은 더욱 활발했다. 오스만 제국 시대에는 부유한 사람들이 무료 급식소를 설립해 어려운 사람들에게 음식을 나누어 주기도 했다.

그럼에도 불구하고 왜 중동에는 시민 사회가 발달하지 않았을까

중세부터 중동에 시민 사회가 발달했음에도 그 전통은 이어지지 않았다. 오늘날 중동 지역에서 시민 사회의 기능과 역할은 매우 제한적이다. 그 원인은 다음 몇 가지로 정리할 수 있다.

첫째, 중동에서는 시민 사회가 서구의 산물이라는 인식이 지배적이다. 따라서 시민 사회를 수용하는 데 거부감과 저항감이 있다. 중동 시민들에게 서구식 시민 사회의 개념은 이슬람에 부합하지 않고, 무슬림 사회를 서구화하는 것을 목표로 하는 세속적이고 반종교적인 서구 단체로 인식되고 있다. 즉, 중동의 시민 사회는 주로 서구가 경제적으로 지원해 탄생한 것으로 이를 '연성 식민화soft colonization'로 여기고 있는 것이다(Abdelaziz, 2017). 그렇게 인식되는 이유는 중동 국가의 시민 사회는 1990년대 들어 서구의 경제적 지원으로 서구의 시민 단체를 모델로 본격적으로 발달했기 때문이다. 서구는 서구식 NGO들이 작동하면 독재와 권위주의 중심의 중동 정치 문화도 민주적으로 변화될 수 있다고 여겼다. 따라서 서구는 군부 독재나 권위주의 정치 체제를 종식시키기 위해 시민 사회를 서구 민주주의 확산의 도구로 활용했다(Haddad and Al Hindy, 2018). 정치 참여와 민주주의 가치를 강조하며 NGO들을 중심으로 발전했던 서구식 시민 사회 발전 모델이 서구의 재정적 지원과 함께 중동 국가에 그대로 적용되었던 것이다. 서구는 9·11 이후 중동 지역에 서구식 민주주의를 확산시켜야 한다는 믿음을 더욱 확고히 했으며, 따라서 중동 국가에 정치 개혁을 촉진시키기 위해 시민 사회를 강화시켰다. 그러나 아이러니하게도 서구가 중동의 민주화를 목적으로 시민 사회를 지원하고 활성화시킬수록 중동 국가 내부에서는 반서구 운동이 확산되는 딜레마에 빠지게 되었다.

둘째, 독재와 권위주의 성격을 띠는 정부의 통제가 중동 지역 시민 사회의 성장을 방해하고 있다. 권위주의 정권은 NGO와 같은 시민 사회를 법과 규정으로 통제하고 있으며, 정부의 허가 없이 외국 자본의 지원을 받을 수 없게 만들었다. 이를 어길 경우 벌금이나 구금, 또는 심한 경우 단체가 해산되기도 한다. 일례로 알제리 정권은 외부로부터 유입되는 NGO 자금을 철저히 통제하고 있다. 이집트에서는 정부의 사전 승인 없이 자금을 지원받은 NGO는 징역형과 벌금형에 처해진다. 요르단에서는 2007년 제정된 자금세탁방지법 및 테러자금조달방지법 규정 요건이 NGO에도 적용되었다. 바레인에서는 법무부와 내무부가 외국 자본의 출처를 조사할 수 있다.

셋째, 중동에서는 정부도 시민 사회를 조직하는 주체가 된다는 면에서 또 다른 문제점을 드러내고 있다. 정부에 의해 조직된 시민 단체의 경우 정부와 유착 관계를 형성하면서 정권에 조력하고 권위주의적 통치를 정당화하면서 정부의 감시자로의 역할은 사라지게 된다. 정부 지원으로 만들어진 이와 같은 시민 단체는 정부가 단체 구성원을 고용하고 운영까지 감독하면서 '정부 조직의 비정부 기구government organized non-governmental organizations', 즉 'GONGOs'라는 독특한 형태로 조직된다(Abdelaziz, 2017). 심지어 일부 시민 단체는 정부 정책을 홍보하는 수단으로 전락해 정부에 협조적일 뿐만 아니라 반대파를 효과적으로 제압하기 위한 도구로도 활용되고 있다(Cavatorta and Durac, 2010). 그 결과 중동의 시민 사회는 정부를 감시하는 시민 사회의 역할 대신 오히려 정부 체제를 옹호하고 대변하는 '호위병'이 되는 경우도 있다. 간혹 부유층이 시민 사회를 후원하는 경우는 있으나 이들은 시민의 권리와 같은 정치 문제보다는 보건이나 사회 및 환경 문제와 같은 비정치적인 주제에 관여하고 있다.

'아랍의 봄'은 실패한 혁명인가, 중동의 시민들은 무력한가

2011년 시민들의 자발적인 참여로 중동 지역 전역에 민주화 운동이 일어났다. 시민들은 중동 국가의 독재자를 몰아냈으며, 사회 변화에 대한 희망이 있었다. 그러나 리비아, 시리아, 예멘에서는 아랍의 봄 여파로 여전히 내전이 진행 중이며, 이집트처럼 독재 정권이 끝나고 새로운 정부가 들어선 국가에서조차 국민들은 생활고에 시달리고 있다. 정권의 공백기를 틈타 IS와 같은 극단적 이슬람주의 세력이 성장해 중동 지역뿐만 아니라 국제 사회의 안보에 위협이 되고 있다. 경제 침체와 정치적 불안정이 지속되는 가운데 심지어 일부 시민들은 비록 권위적이고 억압적이며 부정부패와 사회적 불평등은 심했어도 적어도 '빵'이 있었던 혁명 전 시절이 더 좋았다고 토로하기도 한다. 아랍의 봄을 실패한 시민 혁명으로 평가해 당시의 혁명을 '아랍의 겨울'이라고 부르는 사람들도 생겨났다.

왜 아랍의 봄은 실패한 혁명이라고 평가되는가? 그 이유는 다음의 세 가지 때문이다.

첫째, 혁명 이후의 로드맵이 없었다는 점이다. 아랍의 봄 혁명 당시 이슬람주의자와 세속주의자, 보수주의자와 자유주의자, 그리고 서로 다른 에스닉 그룹에 속하거나 종파에 속하는 사람들이 독재 정권 타파라는 하나의 목표를 두고 시위에 참여한 결과 정권 전복에는 성공했다. 그러나 딱 거기까지였다. 독재 정권에 대항해 시민들의 연합은 있었으나 혁명 이후 각 세력들은 혼란의 시기를 안정시킬 공동의 비전을 갖고 있지는 않았으며, 대안에 대해서는 단합하지 못했다. 둘째, 적절한 지도자가 없었다는 점이다. 혁명 후 주도권을 잡고 국가를 불안정 속에서 탈출시킬 수 있는 의지와 능력이 있는 새로운 엘리트 세력이 없었으며, 그 결과 이집트, 튀니지, 리비아에서 이슬람주의자들이 새로운 정치 세력으로 부상했다. 그런데 이슬람주의자들은 사회의 이슬람화에만 관심을 가졌으며, 생각이 다른 단체와 정치적 협상에는 서툴렀다. 이러한 시각에서 시민 혁명이 이슬람주의자들에게 '납치'되었다고 주장하는 사람들도 있었다. 셋째, 정권 공백기에 외세가 특정 세력을 지원하면서 국내 정치에 개입하고 조작한 결과 시리아, 예멘, 바레인, 리비아의 사례처럼 국내 정치의 불안정성 및 갈등 대립이 심화되었다(Al Hindy, 2018).

이처럼 아랍의 봄 시민 혁명은 결과만으로는 실패한 것처럼 보인다. 아랍의 봄의 동력은 혁명적 영웅이나 특정 정당이나 정치 세력, 종교 세력, 서구의 자금 지원을 받는 NGO가 아니었다. 지식인 엘리트도, 그리고 야당도 반정권 봉기를 촉발한 주동 세력이 아니었다. 아랍의 봄은 그저 일상생활을 살아가면서 불공정을 경험하며 생존을 위협받은 일반 시민들의 새로운 시대에 대한 열망이었다. 이들의 힘은 조직화되지도 않았고, 밖으로 드러나지도 않았지만 밑바닥에서 작동했고, 결국 독재 정권을 무너뜨렸다. 비록 아랍의 봄은 결과는 썼으나 독재 정권하에 있는 국민들을 정치적으로 각성시켰다. 변화를 위해 시민들은 자발적으로 참여했으며, 독재자가 국민들 위에 영원히 군림할 수 없다는 것을 보여주었다. 그리고 그 변화의 중심에는 젊은 세대가 있었다.

아직 끝나지 않은 아랍의 봄, 젊은 세대가 변화의 주역이다

중동 지역의 30세 미만 인구수는 전체 인구수의 60%를 차지하고, 이 중 절반이 15세에서 29세 사이이다. 그리고 다수를 차지하는 이들의 실업률은 전체 실업률보다 높다(Yom, Lynch, and Al-Khatib, 2019). 일부는 이러한 중동 젊은이들을 희망이 없고 가난과 실업으로 좌절된 세대로 묘사하기도 한다. 따라서 정부에 대한 불만과 불신이 가득한 세대로 보고 있다. 정부가 이들의 요구와 기대 사항에 부응하지 못할뿐더러 자신의 목소리에 귀를 기울이지 않아 소외되었다고 느끼기 때문이다(Mourad, 2009). 이와 같은 상황에서 아랍의 봄 주동 세력이었던 젊은 세대는 "경기 침체로 주변화되고 억압적인 독재 정치로 참혹해져 필연적으로 사회를 뒤흔들 수밖에 없는 충동적인 혁명가들"(Yom, Lynch, and Al-Khatib, 2019)로 묘사되었으며, 따라서 일부에서는 젊은이들의 저항을 감정적 대응이었다고 평가하기도 한다. 그러나 중동의 젊은 세대는 겉으로 평가되는 것처럼 그렇게 희망이 없는 세대는 아니다. 이들 젊은이들도 자신만의 방식으로 정치 참여를 하며 현실의 어려운 상황을 극복하려고 노력하기 때문이다.

아랍의 봄이 젊은 세대에 남긴 가장 큰 유산은 바로 '정치적 효능감political efficacy'이다. 정치적 효능감이란 "개인이 정치 과정을 이해하고 있고, 정부 활동에 참여함에 있어 충분히 자신의 능력이 있다고 느끼는 인식"(박희봉, 2009: 276)을 의미한다. 즉, 정치적 효능감이란 정부나 정치 체제에 일어나는 일을 이해하고 정치 체제에 영향을 미칠 수 있다는 자신감이다. 아랍의 봄을 통해 정치적 효능감을 경험한 젊은이들은 지금까지 정치 엘리트가 무시하거나 관심을 보이지 않았던 젠더 이슈나 폭력 문제, 환경 문제 등 다양한 사회 문제를 정치 의제로 공론화하고 있으며, 정치인들을 압박하거나 이들과 대응하면서 점차 자신들의 정치 참여의 공간을 확대하고 있다.

비록 아랍의 봄에 대해서 중심에 리더가 없고, 비조직적인 네트워크에서 비롯된 실패한 운동이라 평가하는 사람들도 있지만 다른 시각에서 접근하면 동원 양식이 달랐을 뿐 실제로 '리더가 가득 찼던' 운동이라고 평가될 수 있다. 젊은 세대가 원하는 것은 혁명을 통한 권력의 쟁취가 아닌 권력의 분배였다. 이들은 과거 젊은 세대가 했던 대로 혁명의 중심에 선 지도자를 위해 동원되고 행동하고, 그에게 권력을 쥐어주고 새로운 시대를 기대하며 다시 뒤로 물러나는 희생을 원하지 않는다. 즉, 아랍의 봄의 본질은 새로운 정권 창출이 아닌 소외된 청년들의 정치 참여에 있으며, 권력 장악이 아닌 권력 공유에 있다는 점을 고려한다면 아랍의 봄은 실패한 혁명이라는 부정적인 평가로만 끝나지 않는다. 아직도 아랍의 봄은 진행 중이기 때문이다.

출처

엄익란. 2022a. 「아랍의 사회문화적 맥락에서 재해석한 시민사회의 개념과 시민혁명으로서 '아랍의 봄' 재평가」. ≪중동문제연구≫, 21(1), 81~116쪽.

_____. 2022b. 「이슬람주의 흐름 변화에 대한 연구: 정치이슬람에서 시민이슬람으로의 패러다임 전환을 중심으로」. ≪중동연구≫, 41(1), 27~55쪽.

_____. 2023. 「이란의 종교 민족주의 관점에서 본 여성의 머리카락과 히잡 연구: 2022년 반히잡 시위 사례를 중심으로」. ≪한국이슬람학회논총≫, 33(1), 31~60쪽.

참고 글

김정위. 1997. 「세속적 민족주의와 이슬람 부활운동」. ≪중동연구≫, 16(2), 163~187쪽.

박희봉. 2009. 『사회자본: 불신에서 신뢰로, 갈등에서 협력으로』. 조명문화사.

엄한진. 2009. 「9·11 테러 이후 시대 아랍의 이슬람주의: 이집트와 알제리의 사례를 중심으로」. 『한국사회학회 사회학대회 논문집』. 439~452쪽.

_____. 2011. 「이슬람주의에서 새로운 이슬람주의로: 베버적 접근」. ≪지역사회학≫, 13(1), 231~267쪽.

_____. 2012. 「민주화 물결과 지역의 민주주의: 역사절 고찰」. ≪기억과 전망≫, 27, 250~292쪽.

황필호. 2000. 「민족주의와 종교민족주의」. ≪철학연구≫, 48, 1~20쪽.

Abdelaziz, Mohamed. 2017. "The Hard Reality of Civil Society in the Arab World." Fikra Forum. https://www.washingtoninstitute.org/policy-analysis/hard-reality-civil-society-arab-world.

Al Hindy, Elie. 2018. "The Changing Role of Arab Civil Society between Fundamentalism and Civic Activism." In *Religion and Civil Society in the Arab World: In the Vortex of Globalization and Tradition*. edited by Tania Haddad and Elie Al Hindy. Taylor & Francis. pp. 77~94.

Berman, Sheri. 2003. "Islamism, Revolution, and Civil Society." *Perspectives on Politics*, 1(2), pp. 257~272.

Brown, Nathan. 2022. "From Political Islam to the Politics of Islam." *The Cairo Review of Global Affairs*. The American University of Cairo. https://www.thecairoreview.com/essays/from-political-islam-to-the-politics-of-islam/.

Cavatorta, Francesco and Vincent Duran. 2010. *Civil Society and Democratization in the Arab World: The Dynamics of Activism*. Taylor & Francis Group.

El-Shobaki, Amr. 2016. "Islamists in Government: Lessons from Their Successes and Failures." Middle East Institute. https://www.mei.edu/publications/islamists-government-lessons-their-successes-and-failures.

Grzymala-Busse, Anna. 2019. "Religious Nationalism and Religious Influence." *Oxford Research Encyclopedia of Politics*.

Haddad, Tania and Elie Al Hindy. 2018. "Introduction: Changing Role of Civil Society in the Arab World." In *Religion and Civil Society in the Arab World: In the Vortex of Globalization and Tradition*. edited by Tania Haddad and Elie Al Hindy. Taylor

& Francis. pp. 1~17.

Harmsen, Egbert. 2008. *Islam, Civil Society and Social Work: Muslim Voluntary Welfare Associations in Jordan between Patronage and Empowerment*. Amsterdam University Press.

Ismael, Tareq Y. and Jacqueline S. Ismael. 1997. "Civil Society in the Arab World: Historical Traces, Contemporary Vestiges." *Arab Studies Quarterly*, pp. 77~87.

Juergensmeyer, Mark. 1995. "Can We Live with Religious Nationalism?" *Peace Review*, 7(1), pp. 17~22.

Kömeçoğlu, Uğur. 2014. "Islamism, Post-Islamism, and Civil Islam." *Current Trends in Islamist Ideology*, 16, pp. 16~32.

Mourad, Sara. 2009. "Studying Youth in the Arab World." The Issam Fares Institute for Public Policy and International Affairs at AUB, The Goethe Institute. pp. 1~8.

Yom, Sean, Marc Lynch, and Wael Al-Khatib. 2019. "Introduction." In *Youth Politics in the Middle East and North Africa, POMRS Studies*, 36, pp. 3~6.

Woltering, Robbert. 2002. "The Roots of Islamist Popularity." *Third World Quarterly*, 23(6), pp. 1133~1143.

제2부

이슬람교와
이슬람 문명

4   이슬람교의 태동과 사도 무함마드의 삶

'이슬람'이라는 단어는 아랍어 '살람salam' 즉, '평화'라는 단어에서 파생했으며, '복종'을 뜻한다. 이슬람교에서 복종의 대상은 아랍어로 '알라'로 불리는 유일신인 하느님이다. 이슬람교의 뿌리는 유대교와 기독교이다. 따라서 '알라'는 우리가 알고 있는 하느님과 같은 존재이다. 그러나 예수님의 존재에 대한 믿음과 종교에 대한 실천 방식이 달라 이들은 서로 다른 종교처럼 여겨진다. 아랍어로 알라에 복종하는 사람들을 '무슬림'이라 부른다. 아랍어에서 단어 앞에 M 음가가 붙으면 보통 사람이나 장소를 의미하는데, 이슬람이라는 단어 앞에 M 음가가 붙어 이슬람을 믿는 사람을 의미한다.

이슬람교는 기독교, 그리고 불교와 함께 세계 3대 종교에 속한다. 무슬림은 현재 전 세계 인구의 20~25%를 차지하고 있으며, 향후 10년 내 약 30%로 증가할 것으로 예상되고 있다. 그럼에도 이슬람교와 무슬림은 여전히 낯설다. 이 장에서는 이슬람교는 어떻게 태동했으며, 이슬람교가 추구하는 것은 무엇이며, 그리고 무슬림은 누구인지에 대해 알아보도록 하자.

이슬람교 탄생 전 메카의 상황

이슬람교는 무함마드(570년 탄생 추정)라는 메카Mecca 출신의 카라반 상인이 창설한 종교이다. 무함마드가 살던 당시 메카는 종교적으로는 우상 숭배가 팽배했고, 사회적으로는 남성 중심의 위계질서를 중시하던 부족 사회였다. 부족 내에서는 계급과 성 불평등이 만연했다. 각 부족들은 그들 자체의 법이 있었으며, 각기 다른 신을 모셨고, 척박한 사막 환경에서 생존을 위해 다른 부족의 물자를 빼앗아 와야 했기 때문에 부족 간 전투는 끊이지 않고 발생했다. 당시 사막에서 주효했던 전투의 유형은 예고 없이 다른 부족을 급습해 필요한 물자와 인력을 확보하는 방식이었다. 사막은 늘 불안정했고, 사람들은 언제 일어날지 모를 전투 때문에 항상 마음 졸이며 살았다. 그러던 중 아랍인들의 관습에 따라 명상을 수행하던 무함마드는 610년 히라Hira 동굴에서 천사 가브리엘Gabriel을 통해 첫 계시를 받았다. 처음에는 귀신들린 것이라 겁을 먹었던 무함마드는 아내 카디자Khadiyjah의 조언으로 신의 계시임을 확신한 이후 이슬람교를 창시하게 되었다.

사도 무함마드는 당시 불안하고 어지러웠던 사회 분위기를 개혁하고자 우상 숭배 철폐와 유일신 사상을 전파하고, 형제애에 기초한 사회 정의와 평등을 설파했다. 부족의 갈등과 분열의 원인이 부족 단위의 우상 숭배에 있다고 보았으며, 유일신을 믿음으로써 아랍인이 통합될 수 있다고 믿었다. 그러나 그의 이념은 당시 메카의 부와 권력을 쥐고 있었던 귀족들로부터는 그리 환영받지 못했다. 당시 메카에는 '쿠라이시Quraysh'라고 불리는 부족 연합이 득세하고 있었다. 하심Hashim 가문 출신인 사도 무함마드도 쿠라이시 부족 연합에 소속되어 있었지만 영향력이 큰 가문은 아니었다. 다만 당시 성스러운 우물로 알려진 '잠잠' 샘물을 관리했기 때문에 명예로운 가문으로만 알려져 있었다. 참고로 잠잠 샘물은 아브라함Abraham의 후처 하갈Hagar이 아들 이스마엘Ismael과 함께 고향에서 쫓겨나 사막을 돌아다니던 중 목말라하는 이스마엘을 위해 하느님께 기도를 드려 찾게 된 우물이다.

고향에서 탄압받은 이슬람교, 그리고 '히즈라'

당시 메카 부족들은 이슬람교의 기본 사상인 평화와 평등이 마음에 들지 않았다. 특히 메카의 유력 부족 세력이던 쿠라이시 부족에게는 더욱 그러했다. 평화와 평등사상은 기득권 세력에게는 자신들의 특권을 모두 포기함을 의미했기 때문이다. 당시 아라비아반도 무역로에 위치했던 메카는 '우카즈'Ukaz'라는 큰 시장이 섰던 곳으로, 사람들이 모이는 중심지였다. 쿠라이시 부족 연합은 무역 활동을 위해 값진 물건을 싣고 메카 지역으로 들어오는 상인들에게 자신들이 관할하던 지역 안에서 안전을 약속했고, 그 대가로 통행세를 받았다. 쿠라이시 부족의 입장에서 평화는 곧 수입 감소를 의미했다. 게다가 쿠라이시 부족은 여러 부족이 메카에 가져다 놓은 우상과 신전을 관리하며 번성했는데, 이슬람교의 유일신 사상은 부의 원천이던 신전의 종말과 경제적 타격을 의미했다. 당시 쿠라이시 부족이 관리하던 메카의 신전에는 약 360여 개의 우상이 모셔져 있었다고 전해진다. 그리고 이 신전의 우상들은 나중에 사도 무함마드가 630년 메카로 무혈입성을 했을 때 완전히 파괴되었다.

메카의 부족들 눈에는 신흥 종교인 이슬람교가 못마땅했다. 따라서 사도 무함마드는 메카 귀족들로부터 지속적인 탄압과 죽음의 위협에 시달렸다. 그러던 중 자신을 보호해 주던 삼촌과 아내 카디자가 사망했다. 한편 메카에서 약 350km 떨어진 곳에는 '야스립Yathrib'이라는 도시가 있었다. 상업 도시였던 메카와 달리 이곳은 농업 중심 도시였으며, 유대교인과 기독교인, 그리고 기타 우상을 숭배하던 여러 아랍 부족민이 함께 살고 있었다. 그러나 이들 간 분쟁이 자주 발생했으며, 사도는 서로 다른 공동체 간 발생하는 분쟁에 대한 중재를 요청받았다. 메카에서 위협받던 사도 무함마드는 622년 자신을 지지하는 70여 명의 신도와 함께 메카를 떠나 메디나Medina로 이주했다. 이때가 이슬람력 1년이 되는 해이다. 알라의 뜻에 따라 '움마'라고 불리는 이슬람 공동체 설립을 기념하기 위한 것이다. 나중에 야스립은 '도시'의 의미를 지닌 알메디나al-Medina라는 이름으로 바뀌는데, 이는 아랍어로 사도가 살고 있는 '그 도시'라는 의미에서 유래된 것이다. 당시 이슬람으로 개종한 사람들은 주로 여성과 젊은이 들이 많았는데, 사회적 약자였던 이들에게 이슬람의 평화와 평등사상은 매우 매력적이었다.

이후 사도 무함마드는 움마 건설이라는 꿈을 실현하기 위해 유대인을 포함한 다른 부족들과 초부족적 화합의 서약을 맺어 메디나에서 세력을 확장했다. 그리고 624년에서 627년까지 세 차례 전쟁 끝에 630년 메카로의 무혈입성에 성공해 메카를 정복했다.

알라의 계시와 코란

이슬람교의 경전인 '코란'은 아랍어 '이크라iqra(읽다)'에서 파생한 단어이다. 코란은 무슬림이 가장 신성시하는 신의 언어이자 본질이며 믿음의 언어로 간주된다. 사도 무함마드가 알라로부터 계시를 받기 시작한 시점은 그의 나이 40세로 추정되고 있다. 아랍에서는 숫자 40을 완전한 숫자로 여기는데, 이는 당시 셈족의 관습으로 추정된다. 노아의 홍수는 40일간 지속되었고, 이집트를 탈출한 모세는 40년간을 광야에서 생활했으며, 십계명을 받기 위해 40일을 산에서 머물렀다. 또한 예수는 40일을 금식하며 광야에서 마귀들과 싸우며 기도했다. 이처럼 40이라는 숫자는 완벽함을 상징했다. 같은 맥락에서 무함마드 역시 40세가 된 610년 라마단의 열일곱 번째 날 밤 히라 동굴에서 명상 도중 알라의 계시를 받게 되었다. 그는 알라가 보낸 천사 가브리엘로부터 '이크라(읽으라)'라는 명령을 받았다. 그러나 그는 처음부터 계시를 순전히 받아들일 수 없었다. 자신이 귀신들렸다고 생각했기 때문이다. 무함마드가 계시받기를 거부하자 천사는 무함마드를 더 세게 끌어안았고, 무함마드는 자신도 모르게 천사 가브리엘이 전해 준 알라의 계시를 낭송하고 있었다. 그가 처음으로 계시받은 문구가 바로 다음의 코란 구절이다.

만물을 창조하신

주님의 이름으로 읽으라

그분은 한 방울의 정액으로

인간을 창조하셨노라

읽으라

주님은 가장 은혜로운 분으로

연필을 쓰는 것을 가르쳐주셨으며

인간이 알지 못하는 것도 가르쳐주셨노라

(코란 96장 1절)

코란의 장 배열과 구성

코란은 총 114장으로 이루어져 있으며, 긴 장부터 짧은 장 순서로 배열되어 있다. 내용은 메카 장과 메디나 장으로 구분되는데, 메카 장은 사도가 계시받기 시작한 610년부터 메디나로 이주하기 전까지를, 그리고 메디나 장은 622년 메디나로 이주한 이후부터 사도가 사망한 632년까지 계시받은 내용들을 기록한 것이다. 메카 장의 내용은 인간의 내적 측면, 인간과 신의 관계, 그리고 최후의 심판에 대해 다루었다. 반면 메디나 장은 인간의 외적 측면, 이슬람 공동체인 움마 내에서 발생하는 사람들 간의 계약, 범죄, 유산, 상속, 결혼 등을 포함한 공동체 내 실질적인 규범, 다양한 부족 간의 관계, 그리고 행정 업무 등이 서술되어 있다.

암스트롱Karen Armstrong은 메카 장과 메디나 장의 내용이 변화한 것은 움마 내에서 사도의 지위가 변했기 때문이라고 설명하고 있

그림 4-1 금박으로 입힌 코란

자료: 2022년 7월 아랍에미리트 교치문화 박물관에서 필자 촬영.

다(암스트롱, 2002). 처음 알라로부터 이슬람의 계시가 시작되었을 때 사도는 기존 부족 질서에 순응하며 살아야 했다. 이후 이슬람교에 대한 확신이 서자 사도는 사회 질서 확립을 위해 평등사상과 형제애를 설파했다. 그런데 이러한 이슬람의 개혁 정신은 기존 부족들의 이익에 반하는 내용이었다. 그 결과 메카의 귀족들로부터 미움을 산 사도는 수시로 생명을 위협당했다. 게다가 자신을 뒤에서 든든히 지켜주던 아내 카디자의 죽음 후 보호자를 찾지 못한 사도는 메카를 떠나 새로운 땅 메디나로 이주를 결단하게 되었다. 이슬람 공동체 설립이라는 목표로 622년 새로운 땅을 밟게 된 사도의 지위는 이전과는 달라져야 했다. 사도는 이제 종교적인 지도자뿐만 아니라 이슬람 공동체인 움마를 이끌며 정복 활동을 벌이는 군대의 수장이자 동시에 행정가이고 정치 지도자로 지위가 격상되었다. 따라서 인간 내면이나 신의 존재와 같이 추상적인 주제를 언급하던 메카 장과는 달리 메디나 장의 계시는 더욱 구체적이고 실질적인 문제 해결에 대한 내용이 담겨 있는 것이다.

평화를 갈구하는 이슬람, 왜 항상 갈등의 중심에 있을까

'안녕하세요'라는 인사말에 해당하는 아랍어는 '앗살라무 알라이쿰'이다. 이를 직역하면 '평화가 당신들 위에', 즉 '평화를 빕니다'에 해당한다. 인사말처럼 이슬람은 평화를 갈구하는 종교이다. 그러나 앞에서 서술한 바처럼 이슬람에 대한 세계인의 인식은 평화와는 거리가 멀다. 우리가 이슬람에 대해 부정적으로 여기고, 실제로 이슬람 지역이 분쟁과 내전으로 항상 시끄러운 이유는 무엇인가? 여러 가지 이유가 있지만 근본적인 원인 중 하나는 종교가 정치에 개입하고 있기 때문이다.

로마가 통치할 당시 태동한 기독교에서는 정치와 종교가 자연스럽게 분리되어 있다. 이는 '카이사르의 것은 카이사르에게, 하느님의 것은 하느님께'(마태복음 22장 15~22절)라는 예수 그리스도의 말에도 드러난다. 예수가 태어난 로마 시대에는 이미 정치와 행정 시스템이 갖춰졌다. 따라서 예수는 정치 문제에 개입할 필요가 없었고, 평화와 이웃 사랑과 같은 도덕적이고 종교적인 부분만 설파하면 되었다. 자연스럽게 종교와 정치는 구분되었고, 이는 서구 사회의 정교분리 사상의 근원이 되고 있다.

그러나 이슬람교의 상황은 조금 다르다. 처음부터 사회 개혁을 외쳤기 때문에 사도는 이슬람교가 탄생한 메카에서 미움을 받았고, 생명도 위협받았다. 메카에서 야스립(메디나)으로 이주할 때도 사도는 유대교와 기독교, 그리고 다양한 아랍 부족들이 공존하는 야스립의 분쟁 해결 중재자로 초대되었다. 이슬람교는 사막에 산발적으로 흩어져 있는 부족 문화에서 탄생한 종교였으며, 국가라는 실체가 없는 환경에서 탄생한 종교이다. 예배를 위해 신도를 조직하는 일은 쉽지 않았다. 동시에 움마에게는 신도를 보호할 의무가 있었다. 이러한 환경에서 움마의 지도자는 종교 지도자이자 곧 정치 지도자의 역할을 할 수밖에 없었다. 이슬람은 탄생 배경부터 정치와 종교의 분리가 쉽지 않았다는 점을 알 수 있다.

이와 같은 상황에서 종교가 정치에 관여하고, 정치는 또 종교를 이용하는 문제가 발생했다. 이슬람에서는 알라가 만물을 창조하고, 만물의 주인이며, 전지전능하기 때문에 인간은 알라에게 복종해야 한다고 가르치고 있다. 즉, '주권은 신에게 있는 것'이다. 이러한 믿음으로 근대 유럽에서 등장한 국민 주권의 개념은 형성되지 못했으며, 민주주의도 제대로 작동하지 못하고 있다. 게다가 알라의 말씀을 기록한 코란은 산문체여서 시대적 상황에 따라 해석이 달라진다. 따라서 정치 지도자가 국민들의 복종을 강요하기 위해, 또는 전쟁을 정당화하는 데 이슬람과 코란을 이용할 수도 있다. 심지어 테러리스트들도 자신을 정당화하기 위해 코란 구절을 인용하고 있다.

비근한 예로는 2014년 등장한 IS를 들 수 있다. 알카에다라는 테러 집단에서 파생한 IS는 전쟁과 내전으로 정권이 붕괴되어 권력 공백기에 있던 이라크와 시리아 지역에 둥지를 틀고 칼리프 국가를 선포했다. 잔혹한 이들의 테러 행위로 전 세계는 공포에 휩싸였다. IS는 '비스밀라 라흐만 라힘(자비롭고 자애로운 신의 이름으로)', '알라후 아크바르(신은 위대하다)'를 외치며 불평등과 차별에 고통당하는 전 세계의 젊은이들을 지하드의 이름으로 유인해 세력을 불렸고, 테러리스트로 무장시켰다. 그리고 자신들의 이와 같은 행동을 신의 이름으로 성전聖戰으로 정당화했다.

원래 아랍어에서 '자비'를 뜻하는 '라흐만rahman'은 어머니의 자궁을 지칭하는 아랍어 '라흠'과 같은 어근에서 나온 것이다. 즉, '라흐만'은 알라와 인간의 관계를 의미하기도 하지만 어머니가 자신을 희생해 태중에서 어린 생명을 돌보는 것처럼 타인에 대한 희생과 배려를 의미한다. IS는 입술로만 알라의 뜻을 외치며 자신들의 반문명적이고 반인권적인 행위를 신을 위한 숭고한 전쟁이라고 포장한 것이다. 종교와 정치의 관계는 '3 이슬람이 극단적으로 비치는 이유, 이슬람주의와 정치이슬람'에서 자세히 설명했다.

이슬람력 '히즈라'의 기원

이슬람력은 '히즈라hijrah'력이라고 불린다. 아랍어로 '히즈라'는 '이주'를 뜻한다. 기독교가 예수의 탄생 연도를 원년 1년으로 계산하는 것과는 달리 이슬람력은 사도가 탄생한 해인 570년이 아니라 메카에서 메디나로 이주한 해인 622년을 이슬람력 1년으로 시작한다. 그 이유는 이슬람교에서는 사도를 단순히 신의 계시를 전달한 인간으로 보고 있으며, 사람을 신성화하지 않기 때문이다. 이슬람교에서 섬기는 대상은 신의 계시를 받은 무함마드가 아니라 유일신 알라이다. 그래서 이슬람교는 창시자의 이름을 따 명명하지 않았다. 이슬람교를 잘못 이해하고 이슬람교를 창시자인 무함마드의 이름을 따 '무함마드교'라 명명하기도 하는데, 이는 잘못된 표현이다.

이슬람교의 입장에서 히즈라 1년인 622년은 알라의 계획이 구체화된 이슬람 공동체 '움마'가 출범된 매우 중요한 시점이다. 히즈라 이후 이슬람의 교세는 사도 무함마드와 그 뒤를 이었던 네 명의 칼리프들이 정복 사업에 성공하면서 유럽과 아시아, 아프리카 지역으로 확장되었다.

신의 말씀인 코란과 사도의 언행록인 하디스

코란 또는 아랍어로 '쿠르안'은 '읽으라', 즉 '이크라'에서 파생되었다. 천사 가브리엘은 사도에게 첫 계시를 전달할 때 그를 끌어안으며 따라 '읽으라'는 의미로 '이크라'를 명령했다. 610년 알라의 첫 계시 이후 사도는 사망하기 전까지 기도를 통해 지속적으로 알라의 계시를 받았으며, 계시된 내용을 사람들에게 전파했다. 사도로부터 알라의 계시를 전해 받은 몇몇 사람들은 이를 즉석에서 암기했고, 그렇지 못한 사람들은 파피루스나 천 조각, 나무나 돌과 같이 필기가 가능한 모든 곳에 알라의 말씀을 기록했다. 사도가 사망하자 후계자인 칼리프들은 사도가 전했던 알라의 말씀을 수집했다. 이렇게 해서 탄생한 최초의 코란 원본은 2대 칼리프 오마르Omar의 딸인 하프사Hafsa가 보관했다. 그리고 몇 가지 사본들도 있었는데, 일부에는 개인적인 주석도 담겨 있었다. 이후 3대 칼리프 오스만은 사람들의 혼란을 없애기 위해 표준본을 편찬하는 것을 목표로 대대적으로 남아 있는 모든 사본을 수집했고, 하프사의 원본과 대조해 최종본인 코란 표준본을 만들었다. 표준본이 만들어지면서 코란 보급도 용이해졌다(내셔널지오그래픽, 2013).

코란은 총 114장, 6000절로 구성되어 있으며, 장의 길이에 따라 배열되었다. 따라서 앞 장은 대체적으로 길고, 뒤로 갈수록 장의 길이는 짧다. 물론 엄격히 적용된 것이 아니므로 예외는 있다. 코란은 제9장을 제외하고 모두 '비스밀라(신의 이름으로)'로 시작한다. 제9장은 비무슬림에 대한 것으로 알라의 자비로움보다는 노여움을 표현했다. 알라의 계시가 적힌 코란은

1400년 이슬람 역사에서 단 한 번의 변형도 허용되지 않았으며, 지금까지 원형 그대로 전달되고 있다. 코란의 번역본은 없고, 아랍어가 모국어가 아닌 무슬림을 위해 번역이 필요한 경우 아랍어와 외국어 번역본을 같이 병기해 무슬림의 코란 이해를 돕고 있다.

코란이 알라의 말씀을 적어놓은 기록문이라면 하디스는 사도 무함마드의 언행을 수록한 것이다. 하디스는 아랍어 '하다사hadatha(이야기하다)'라는 동사에서 파생한 것이다. 하디스는 사도가 직접 남긴 말과 글, 그가 내린 지시, 명령, 또는 결정 및 여러 가지 질문에 대한 대답, 그리고 입장 등이 담겨 있다. 그의 사사로운 처신, 즉 종교적 의무 사항 수행 시 그가 실제 행했던 태도와 행위가 담겨 있을 뿐만 아니라 그가 묵인했던 일, 인정했던 일, 권장했던 일, 혹은 반대로 비난했던 일이나 금지했던 내용들이 적혀 있다.

하디스는 사도가 사망한 이후 수집되었기 때문에 신뢰도에 따라 몇 등급으로 나뉜다. 이미 앞 장에서 설명했으나 다시 한 번 소개하면 '사히흐'는 가장 올바른 것으로 건전한 성격과 기억력을 가진 사람이 남긴 기록에 기반한 것이다. 사히흐는 다른 하디스와 충돌되는 내용이 없고 결함도 없어야 한다. 그보다 아래 등급인 '하산'은 건전한 성격을 지녔지만 기억력이 약한 사람이 남긴 것을 의미하며, 다른 하디스와 충돌되는 내용이 없고 결함도 없어야 한다. '약함'을 뜻하는 '다이프'는 위의 요소 중 하나 이상이 없기 때문에 사히흐 또는 하산으로 인정받지 못하는 하디스 버전이다.

이슬람교의 여섯 가지 믿음과 다섯 가지 실천 행위

이슬람교의 교리는 여섯 가지 종교적 교리를 뜻하는 6신信과 다섯 가지 종교적 의무를 의미하는 5행行을 기본 내용으로 한다. 이슬람의 여섯 가지 믿음에는 만물을 창조한 유일신 알라에 대한 믿음, 알라에 복종하고 그의 말씀을 전달했던 천사의 존재에 대한 믿음, 알라가 계시한 경전(모세 오경,

다윗의 시편, 예수의 복음서, 무함마드의 코란)에 대한 믿음, 경전에 언급된 예언자(아브라함, 모세, 예수, 무함마드 등)에 대한 믿음, 최후 심판의 날에 대한 믿음, 그리고 마지막으로 인간의 행위와 존재를 포함해 우주의 모든 섭리는 이미 정해졌다는 정명관定命觀에 대한 믿음이 있다.

한편 교리에 대한 다섯 가지 실천 행위인 5행은 이슬람을 떠받치는 다섯 가지 기본 행위라는 의미에서 5주柱라고 불리기도 한다. 여기에는 신앙 고백(샤하다shahada), 하루 다섯 번의 기도(살라salah), 한 달간의 금식(사움saum), 연간 2.5%에 해당하는 종교 부금 납부(자카트zakat), 평생에 한 번 실천해야 하는 성지 순례(핫즈hajj)가 있다. 하나씩 풀어 설명하면 다음과 같다.

이슬람으로 입교하는 길, 신앙 고백

신앙 고백, 혹은 '샤하다'는 무슬림이 되는 첫 단추를 끼우는 행위이다. 샤하다의 내용은 '라 일라 일랄라 와 무함마드 라술라(알라 외에는 신이 없고, 무함마드는 그의 사자이다)'이다. 신생아의 경우 아버지가 아이의 오른쪽 귓가에 이 문구를 읊어주면 되고, 성인이 된 이후 무슬림이 되기를 희망하는 사람의 경우에는 증인 앞에서 이슬람으로 귀의하겠다는 의지와 함께 이 문구를 읊으면 입교가 완성된다. 이처럼 이슬람교의 입교 절차는 단순한 편이다.

첫 번째 신앙 증언인 '알라 외에는 신이 없고'에 담긴 내용은 알라만이 유일신이기 때문에 다른 어떤 신이나 사상을 믿어서는 안 된다는 뜻을 강조하고 있다. 두 번째 신앙 증언의 내용인 '무함마드는 알라의 사자'는 신의 사도인 그의 지위를 강조한 문구이다.

일반적으로 이슬람교에서는 아버지가 무슬림일 경우 자녀는 자동적으로 무슬림이 된다. 아이가 태어나면 아버지가 자녀의 오른쪽 귀에 샤하다 내용을 읊어줌으로써 무슬림이 되기 때문이다. 여타 종교와 마찬가지로 이슬람교에서는 같은 무슬림끼리의 결혼을 권하고 있다. 종교의 가부장적 특성 때문에 무슬림 남성은 유대교와 기독교를 포함해 성서를 믿는 무슬림 여성과 자유롭게 혼인할 수 있다. 그러나 무슬림 여성은 반드시 무슬림 남성과 결혼해야 한다. 만일 결혼하려는 남성이 비무슬림일 경우, 그 남성이 유대교인이나 기독교인이라 하더라도, 이슬람교로 개종해야 결혼이 가능하다.

하루 동안의 의무, 다섯 번의 기도

샤하다를 읊고 무슬림으로서 첫 단추를 끼우고 나면 하루 다섯 번의 기도를 매일 실천해야 한다. 기도의 시간은 정해져 있다. 새벽에 동이 틀 때 fajr, 해가 머리 위에 올 때 zuhr(정오), 그림자가 사물의 두 배의 길이가 될 때 'asr(오후), 해가 질 때 maghrib(일몰), 저녁에 잠자리에 들기 전 ishaa이다. 하루의 기도 시간대를 다 지키지 못한 경우에는 한꺼번에 몰아서 할 수도 있다.

예배는 일반적으로 '마스지드 masjid'라고 불리는 이슬람 사원에서 행할 것을 권한다. 그러나 환경이 여의치 않을 경우 깨끗한 곳이면 어디서든 예배를 드릴 수 있다. 무슬림들은 집 안이나 교실, 사무실, 때로는 길거리에서 예배를 드리기도 한다. 이때 메카 방향으로 횡으로 일렬로 서서 기도를 행하는데, 이는 최대한 많은 수가 메카를 마주하기 위한 것으로 이슬람의 평등사상이 반영된 것이다.

기도 시간은 '무앗진 mu'adhdhin'이라고 불리는 사람이 알린다. 이를 '아잔 adhaan'이라고 부른다. 무앗진은 기도 시간이 다가오면 "알라는 위대하다. 알라는 유일신이며 무함마드는 그의 사도이다. 와서 기도하라. 신은 위대하다. 알라는 유일신이다"라는 내용을 큰 소리로 읊는다. 사람의 목소리로 기도 시간을 알리는 전통은 사도 무함마드 시절부터 시작된 것이다. 처음에 사람들은 부르지 않아도 스스로 사도 무함마드의 집으로 와서 기도를 했다. 그러나 사도는 사람들이 각기 다른 시간에 모여드는 것보다 다 같이 모여 기도하는 것이 더 효율적이라고 보았다. 그래서 한 이주자의 꿈에서 힌트를 얻어 당시 목소리가 가장 좋았던 흑인 노예 출신 이슬람 개종자 빌랄Bilal이라는 자에게 기도 시간을 알릴 것을 명했다. 그래서 빌랄은 기도 시간이 다가오면 사원의 지붕 꼭대기에 올라가 사람들에게 노래로 기도 시간을 알렸고, 이 전통은 지금까지도 계속 내려오고 있다(암스트롱, 2002). 오늘날에는 사원 첨탑에 확성기가 달려 있어 이슬람 지역 어디서건 기도 시간이 되면 아잔 소리를 들을 수 있다. 또한 스마트폰을 통해서도 기도 시간마다 아잔 알림 서비스를 받을 수 있다.

예배 전에는 '우두wudu'라고 불리는 세정 의식을 거쳐야 한다. 우두는 간단히 몸을 씻는 것으로 마음과 몸을 청결하게 만들려는 목적에서 행하는 의식이다. 우두는 흐르는 물에 양손, 얼굴, 팔꿈치, 머리카락, 발목까지 씻으면 완성된다. 그러나 부부 관계가 있었거나 개와 돼지 등 이슬람 문화권에서 혐오시하는 동물을 만졌을 때는 몸 전체를 씻는 세정 의식인 '구술ghusl'을 행한다. 물이 없는 사막에서 예배를 드려야 할 경우 또는 상처가 있어 물로 세정이 어려운 경우에는 부드럽고 깨끗한 모래나 돌을 사용해 손가락을 문지르거나 몸을 닦는 방식으로 세정 의식을 행할 수 있다. 이슬람에서는 물, 불, 흙을 오염되고 더러운 것을 깨끗한 것으로 정화시키는 요소로 보고 있다.

기도의 방향, 메카

무슬림은 이슬람이 탄생한 성지 메카를 향해 기도한다. 처음부터 기도 방향이 메카는 아니었다. 이슬람 초기에 사도 무함마드는 예루살렘을 향해 기도를 올렸다. 그러나 사도 무함마드는 메디나로 이주한 후 그 지역에 거주하던 유대인들과 사이가 나빠지자 624년 기도 방향을 예루살렘에서 아라비아반도의 메카로 바꿔버렸다. 기도 방향의 전환은 이슬람 역사에서 매우 혁신적인 행동으로 간주되고 있다(암스트롱, 2002). 무슬림들은 금요일 정오에 단체 예배를 행한다. 이 역시 사도 무함마드 시절의 전통에서 비롯된 것이다. 단체 예배를 행하기 가장 좋은 날은 사람들이 가장 많이 모이는 장이 서는 날이었다. 사람들은 날이 뜨거워지는 정오 시간 전까지 장을 보고 파장 전에 모두 모여 단체 예배를 행했다. 금요일을 '주무아jumu'ah'로 부르기도 하는데 이는 사람들이 모이는 날을 의미한다.

이러한 전통 때문에 대부분의 이슬람 중동 국가에서는 금요일을 공휴일로 지정하고 있다. 즉, 이슬람 중동 국가에서는 목요일과 금요일이 우리의 주말과 같은 개념이다. 그러나 최근 아랍에미리트에서는 2021년부터 무슬림들의 휴일인 금요일, 유대교인들의 휴일인 토요일, 기독교인들의 휴일인 일요일, 즉 주 3일 동안 비즈니스 업무가 중단되는 불편 때문에 휴무일을 목요일과 금요일 대신 토요일과 일요일로 변경했고, 대신 금요일은 오전까지만 근무하도록 해 주 4.5일 근무제를 시행하고 있다.

한 달간 실천해야 하는 의무, 금식

무슬림이 한 달간 실천해야 하는 의무 사항으로는 금식이 있다. 이를 아랍어로 '사움'이라고 한다. 무슬림은 '라마단'이라고 불리는 이슬람력 9월 한 달간 해가 뜨는 일출 시점부터 해가 지는 일몰 시점까지 금식과 금욕을 실천한다. 금식을 행하는 동안에는 음식 섭취뿐만 아니라 물과 담배, 그리고 부부 관계까지 삼간다. 이슬람력 9월을 가장 신성한 달로 간주하며 금식을 행하는 데에는 두 가지 이유가 있다. 사도 무함마드가 이달에 천사 가브리엘로부터 첫 계시를 받았으며, 메디나로 침입한 메카 군을 상대로 치른 최초의 전쟁에서 승리했기 때문이다.

라마단은 해마다 11일씩 빨라진다. 그 이유는 이슬람력이 태음력을 따르기 때문이다. 따라서 이슬람력 1년은 365일이 아니라 355일이다. 라마단의 시작과 끝은 종교 권위자나 사원의 이맘Imam이 선포한다. 이들은 육안으로 초승달의 형태를 관찰하고 라마단 달의 시작을 신도들에게 알린다. 라마단이 겨울에 오게 되면 해 있는 시간이 여름에 비해 짧기 때문에 비교적 쉽게 금식을 행할 수 있다.

비무슬림에게 한 달 동안의 금식은 고통스럽게 여겨질 것이다. 그러나 무슬림은 이를 고통의 시간이라고 보지 않고 오히려 기쁨의 시간으로 생각한다. 금식을 통해 절제력과 자제력을 기르며, 타인에 대한 배려심도 배우기 때문이다. 라마단은 성스러운 기간이므로 이 기간 동안 무슬림은 이웃과의 분쟁이나 전쟁을 피한다. 또한 라마단 기간에 무슬림들은 '우리는 하나'라는 단결심과 동지애를 느낀다. 병자, 노약자, 여행 중인 사람, 임산부를 제외하고 모든 무슬림이 금식에 동참하고 금식이 끝나는 시간에 함께 음식을 먹기 때문이다.

금식 후 첫 식사, 이프타르

금식 시간의 종료와 함께 시작하는 첫 식사를 '이프타르iftar'라고 한다. 여기에는 '금식을 깬다'는 의미가 담겨 있다. 라마단이 끝나고 오는 이슬람의 명절은 '이드 알피트르'라고 부른다. 여기서 '이드'는 해마다 돌아오는 '기념일' 또는 '주기'를 뜻한다. 이프타르 때 무슬림들은 사도 무함마드가 행했던 전통에 따라 말린 대추야자를 시작으로 하루의 금식을 중단한다. 라마단 기간 하루 두 끼를 거르게 되므로 소비가 위축될 것으로 생각되지만 라마단은 오히려 소비의 달이 되었다. 돌아가면서 가족, 친구나 친지를 초대해 이프타르를 함께하기 때문이다. 한국에서 명절이 그렇듯 이때 손님이 오면 음식을 풍성하고 넉넉하게 준비한다. 때문에 라마단 기간 남는 음식의 양이 많아 음식물 쓰레기로 버려지고 있으며, 이는 사회적 이슈가 되고 있다. 아랍에미리트에서는 통치자가 직접 나서 라마단 기간 음식을 적당히 준비해 버려지는 음식물 쓰레기의 양을 최소화할 것을 권하고 있다. 이는 농산물을 직접 재배하기 어려운 사막 환경에서 국민들에게 식량 안보에 대한 경각심을 일깨우기 위한 메시지이다.

이프타르가 끝나면 모인 사람들은 오락과 여가 활동을 함께한다. 가족과 친구 단위로 카페, 영화관, 쇼핑몰을 방문하거나 모두 모여 TV 시청을 한다. 이를 겨냥해 방송국에서는 가족이 함께 시청할 수 있는 특별 TV 프로그램을 편성하기도 한다. 그리고 이 시간대가 광고의 프라임 타임이다. 때때로 정치인이나 지역의 유명 인사는 길거리에 천막을 치고 이프타르를 위한 식탁을 준비하기도 한다. 지역 주민이나 가난한 사람, 또는 이프타르 시간을 놓치고 싶지 않은 배고픈 행인 등 누구나 길거리에 차려진 음식을 먹으며 이프타르에 동참할 수 있다.

이프타르는 사회 변화와 함께 점차 변모하고 있다. 오늘날 이슬람 지역에서 행해지는 이프타르의 특징은 상업화되어 가고 있다. 또한 가족이나 친지간 사적인 모임에서 공적인 행사가 되고 있다. 이러한 현상은 특히 무슬림 젊은이들 사이에 더 많이 목격된다. 이들은 과거 부모 세대가 했던 것처럼 가족과 친지를 집으로 초청해 이프타르를 같이하기보다 친구나 회사 동료 들과 호텔이나 고급 식당에서 이프타르를 함께한다. 또한 회사에서는 직원을 그리고 기업에서는 고객을 이프타르에 초대하기도 한다. 이프타르 식사를 함께하면서 직원들 간에는 유대감을 형성하고, 고객들에게는 자사 제품을 홍보하며 고객 충성도를 높일 수 있다.

이처럼 시대적 상황을 반영하면서 호텔이나 고급 식당에서는 라마단 기간 이프타르를 마케팅 수단으로 활용하기도 한다. 이제 무슬림은 라마단을 '절제와 금욕의 달'로 보기보다 크리스마스와 같은 '축제의 달'로 간주하고 있다. 오늘날 무슬림 젊은이들 사이에 라마단은 종교적 기능보다 사회적 기능 차원에서 더 의미 있게 기념된다는 점을 알 수 있다.

라마단 동안 무슬림의 일상은 해가 있는 동안 금식, 해가 진 후 이프타르 식사, 그리고 새벽까지 이어지는 모임으로 인한 늦잠의 반복이다. 그래서 한 달간 사람들의 일상은 불규칙적이 되기 쉽다. 라마단 기간 대부분 직장은 오후 3시경 마친다. 따라서 라마단 기간이 되면 비즈니스 업무가 원활히 이루어지지 않아 불편을 겪기도 한다.

1년에 한 번 실천해야 하는 의무, 종교 부금 납부

1년에 한 번 실천해야 하는 의무 사항으로는 종교 부금 납부가 있다. 종교 부금은 기독교의 십일조와 비슷한 개념이다. 이슬람교에서는 1년에 한 번 자신의 수입 2.5%에 해당하는 금액을 종교 기관이나 교육 기관 등에 납부하는 것을 의무화하고 있다.

이슬람에서 모든 물질은 알라의 소유로 간주된다. 무슬림에게 부여된 임무는 알라가 잠시 맡긴 물질을 관리하는 것이다. 이와 같은 소유에 대한 개념 때문에 이슬람 국가에서는 매해 모든 무슬림들에게 자카트라고 불리는 종교 부금을 납부할 것을 의무 사항으로 규정하고 있다. 자카트는 '정화' 또는 '성장'을 의미한다. 종교 부금의 납부 대상은 정신적으로나 물질적으로 안정된 성인 남성과 여성이다. 이들이 내는 기부금은 어려운 사람들을 돕는 데 쓰인다.

종교 부금의 우선 구제 대상은 가난한 자와 궁핍한 자이다. 여기에는 수입이 충분치 않아 생활이 힘든 이들, 돈이 충분치 않아 결혼이 어려운 이들, 그리고 학자금이나 책을 살 수 없는 이들이 포함된다. 그리고 이슬람교로 개종한 사람도 신앙을 두텁게 하는 목적에서 종교 부금의 수혜 대상이 된다. 종교 부금은 노예나 전쟁 포로를 석방시키기 위한 목적으로 사용되기도 하며, 채무자를 구제하는 데 사용되기도 한다. 또한 알라의 뜻을 달성하기 위한 성전, 즉 '지하드'를 수행하는 자를 지원하는 데에도 쓰인다. 이때 성전에 기부된 돈은 무기와 군수품 구입에 쓰인다. 종교 부금은 또한 가난한 여행객이나 어려움에 처한 여행객을 구제하는 데에도 쓰인다. 과거에는 사원이나 종교 기관에서 종교 부금을 운영했으나 오늘날에는 정부 기관에서 이를 전적으로 관리하기도 한다.

종교 부금의 종류는 크게 의무적 부금과 자발적 부금으로 나뉜다. 의무적인 종교 부금은 수입의 일정 비율, 즉 2.5%를 내는 것이다. 반면 자발적 종교 부금은 '사다카sadaqah'로 불리는데, 개인이 자유 헌납 형식으로 불우한 사람을 도와주는 형태이다. 일반적으로 의무적 종교 부금은 라마단 기간에 희사하며, 자발적 종교 부금은 시기에 상관없이 아무 때나 이웃이나 종교 기관에 기부하는 것이다. 라마단을 희사의 시기로 가장 선호하는 이유는 이달이 축복받은 달이기 때문이다. 축복의 달에 선행을 하면 더 많은 보상을 받을 수 있다고 믿고 있다. 인터넷 금융 시스템이 발달한 오늘날에는 온라인으로 종교 부금을 납부하기도 한다.

평생에 한 번 실천해야 하는 의무, 성지 순례

마지막으로 무슬림이 평생에 한 번 해야 하는 의무 사항으로는 이슬람교가 탄생한 메카로의 성지 순례가 있다. 성지 순례는 이슬람력 12월 8일부터 시작되어 5일간 이어진다. 성지 순례는 건강과 경제 사정이 허락되는 모든 무슬림이 행해야 하는 의무 사항이다. 순례에는 규정된 기간에 행하는 대순례인 '핫즈', 규정된 기간 이외에 1년 중 아무 때나 행하는 소순례인 '우므라'umrah'가 있다.

순례 의식에 들어가기 전 모든 무슬림은 청결을 위해 몸을 씻는다. 본격적인 순례를 하기에 앞서 순례객들은 '이흐람ihram'이라는 옷을 입는데, 이는 바느질을 하지 않은 두 조각의 흰 천으로 구성된다. 이흐람에는 청결과 순결, 그리고 속세로부터 격리한다는 의미가 담겨 있다. 여성들은 머리를 땋은 후 흰색의 히잡을 두른다. 성지 순례 기간 흘러내리는 머리카락에 신경 쓰지 않기 위해서이다. 또한 머리카락을 자르거나 손톱과 발톱을 자르지 않고 향수는 뿌리지 않는다. 그리고 남녀를 불문하고 장신구는 착용하지 않으며, 타인과 언쟁이나 여타 분쟁에도 휩쓸리지 않도록 조심한다.

순례 절차

성지 순례의 전통은 이슬람교의 창시자 사도 무함마드가 632년 행했던 '고별의 순례'에서 기원한 것이다. 그는 고별의 순례에서 알라의 계시가 완결되었음을 선언했고, 그가 행했던 절차는 이슬람 1400년의 전통이 되어 오늘날까지 이어지고 있다. 순례객들은 메카에 도착하면 첫째 날 코란 구절을 암송하며 카바Ka'bah 신전 주위를 따라 반시계 방향으로 일곱 번 빙글빙글 돈다. 이를 '타와프tawaaf'라고 한다. 타와프는 알라에게 자신이 왔음을 고하는 행위이다. 그리고 여기에는 인간과 하느님, 땅과 하늘이 일체라는 상징적인 의미도 담겨 있다. 원을 돌면서 사람은 언제나 시작한 곳으로 되돌아옴을 상기한다. 끝은 곧 새로운 시작과 통하기 때문이다. 타와프를 하면서 순례객들은 자신의 일생을 돌아보게 된다(암스트롱, 2002). 간혹 순례객들은 타와프를 하면서 카바 신전의 모퉁이에 있는 신성한 돌에 입을 맞추거나 손으로 만지기도 한다. 이후 '사파Safaa'와 '마르와Marwah'라고 불리는 언덕을 일곱 번 왔다 갔다 하는데, 이는 아브라함의 두 번째 부인 하갈이 아들 이스마엘을 위해 물을 찾던 행위를 구현하는 '사이Sa'i'라는 의식이다.

둘째 날은 천막촌이 있는 미나Mina에서 출발해 아라파트'Arafat 언덕으로 가 메카를 향해 정오부터 일몰까지 과거의 죄를 회개하고 명상을 하며 하루를 보낸다. 이후 무즈달리파Muzdalifah 평원으로 가서 다음 날 쓸 조약돌 몇 개를 모으며 밤을 보낸다.

셋째 날 아침 순례객들은 미나로 돌아와 사탄을 상징하는 기둥에 전날

모아뒀던 돌을 던진다. 이는 악마와의 단절을 상징하는 의식이다. 이어 동물을 제물로 바치는 희생제를 치른다. 희생제에는 주로 양이 쓰인다. 희생제를 마치면 정화의 의미로 남성은 이발을 하고, 여성은 머리카락의 일부를 잘라낸다. 그리고 입고 있던 이흐람도 갈아입는다.

넷째 날과 다섯째 날은 미나에 머물며 돌을 던지는 의식을 반복한다. 이후 순례객들은 메카로 다시 돌아와 코란 구절을 암송하며 다시 한 번 카바를 따라 타와프를 다시 행하고 성지 순례를 마친다(Eickelman, 2002). 공식적인 성지 순례의 절차에는 포함되지 않지만 일부는 사도가 살았던 메디나까지 방문하기도 한다.

이슬람교가 태동한 메카는 여러 차례 발발했던 전쟁으로 파괴되었으나 8세기 초 칼리프 알왈리드al-Walid가 재건해 현재의 모습을 유지하고 있다. 카바는 이슬람이 태동한 이후 1400년이 지나서도 예언자 시대와 동일하게 유지되도록 세심하게 관리되고 보수되고 있다.

성지 순례의 의미는 시대에 따라 변하고 있다. 일반적으로 성지 순례는 고행을 통해 깨달음을 얻는 종교적 의미를 담고 있다. 그러나 오늘날 성지 순례는 종교보다는 관광의 관점에서 접근되고 있으며, 상업화되고 있다. 성지를 관리하는 사우디아라비아는 더 많은 순례객들을 유치하기 위해 성지를 개발하고 있으며, 성지 순례와 관련한 관광 상품도 개발하고 있다.

환경을 생각하는 사우디아라비아의 성지 순례 프로젝트, '그린 핫즈'

핫즈가 이슬람교의 5대 의무 사항이기 때문에 여건이 허락한다면 전 세계 무슬림은 평생에 한 번 사우디아라비아를 방문해야 한다. 사우디아라비아는 현재의 이슬람 성지 순례객 수용 능력을 800만 명(이슬람력 12월에 행하는 핫즈 순례객은 300만 명에 달함)에서 2030년 3000만 명까지 확대하는 것을 목표로 성지 순례 기반 시설 구축에 힘쓰고 있다. 이슬람교가 탄생한 성지를 관리하면서 이슬람 중심국의 지위를 굳건히 다지기 위해, 그리고 관광 산업을 발달시켜 석유 외 수입 창출을 도모하기 위한 전략이다. 이 전략은 사우디아라비아가 2016년 4월 선포한 '비전 2030'의 틀에서 진행되고 있다. 성지 순례를 고도화하기 위해 사우디아라비아 정부는 성지 순례 비자 신청 자동화, IT 시스템을 활용한 여행 서비스 제공, 접객 시설 확충, 최첨단 시설과 도서 연구 시설을 갖춘 최대 규모의 이슬람 박물관 건립 등을 추진하고 있다. 그리고 관광 활성화를 위해 종교 유적지 발굴도 진행하고 있다.

사실 사우디아라비아가 순례객을 맞이하는 일은 그리 간단치만은 않다. 손님을 맞이하는 입장에서는 순례객을 수용할 숙박 시설, 이들을 나르는 교통 시설, 전염병 예방을 위한 개인위생 강화 및 깨끗한 음식 제공, 순례객의 안전과 건강 문제 등 많은 부분을 신경 써야 하기 때문이다. 순례객을 맞이하는 문제와 더불어 사우디아라비아에게 가장 큰 고민거리 중 하나는 바로 환경 문제이다. 순례객들 중에는 학력이 낮고, 글을 못 읽는 사람도 다수 있으며, 환경 보호에 그다지 큰 관심을 기울이지 않는 사람도 있다. 환경 보호에 무관심한 순례객들로 인해 성지와 그 주변은 플라스틱 병, 쓰고 버린 기저귀, 음식 포장지 등으로 가득 차고 있다. 핫즈 기간 동안 순례객들이 버리고 가는 쓰레기만 총 15만 톤에 달한다. 이 쓰레기가 메카 밖으로 옮겨져 버려지면서 주변 지역의 공기, 물, 토양 오염을 초래하고 있다.

쓰레기 문제를 해결하고자 메카시는 리사이클링 회사와 협업해 그린 핫즈green Hajj 정책을 추진하고 있다. 환경 단체에서도 핫즈 기간 쓰레기 감소와 환경 보호를 위해 친환경 제품 구매, 필요한 만큼의 음식 구매로 음식물 쓰레기 감소, 포장 식 이용 절제, 물 절약, 플라스틱 물병 재활용, 비닐봉지 사용 자제 등을 홍보하고 있다. 메카시는 그린 핫즈 정책을 통해 연간 1억 1300만 사우디 리얄SAR 절약 효과를 기대하고 있다(Raouf and Banjar, 2017).

이슬람의 가르침에 따르면 인간에게는 알라가 창조한 만물을 누릴 수 있는 권리가 주어진다. 동시에 원형을 보존해야 할 의무도 있다. 이는 곧 현재를 살아가는 모든 무슬림에게는 알라가 인간에게 허락한 모든 것들을 후대 무슬림도 똑같이 누릴 수 있도록 환경을 보존하고, 이를 그대로 물려줘야 할 의무가 있음을 의미한다. 따라서 무슬림에게 그린 핫즈 실행은 환경보호 차원뿐만 아니라 이슬람의 교리 실천 면에서도 매우 중요한 과제이다.

이슬람교와 관련된 명절

우리에게 민족 대명절인 설날과 추석이 있는 것처럼 이슬람 문화권에도 큰 명절 두 개가 있다. 아랍어로 명절을 '이드'id'라고 한다. 이드는 아랍어 '아-다'aada'에서 파생한 명사로 '돌아오다'라는 뜻을 지닌다. 즉, 명절은 때가 되면 오고, 또 다른 해가 시작되면 다시 돌아오는 즉, 해마다 주기적으로 반복되는 날을 의미한다.

이슬람의 명절에는 무슬림의 의무 사항인 금식, 그리고 성지 순례와 관련된 명절 두 개가 있다. 전자는 '이드 알피트르', 후자는 '이드 알아드하'id al-Adha'라고 부른다. 이드 알피트르는 금식을 멈추고 식사를 하는 것을 의미하는 '이프타르'에서 파생한 것으로, 금식 월인 라마단을 마친 후 이를 축하하기 위한 명절이다. 이드 알피트르는 작은 명절로 여겨지는데, 이때 이슬람의 5대 의무 사항 중 하나인 종교 부금을 납부한다.

'아드하'는 '희생 제물을 바치다'라는 뜻이다. 희생제는 12월 8일 성지 순례 의식을 시작하고, 3일째 되는 날인 10일 양, 염소, 낙타 등을 도축하는 의식이다. 요즘에는 미리 도축된 것을 자신의 이름으로 구입하는 것으로 대신한다. 큰 명절로 불리는 이드 알아드하에는 희생제에 쓰인 동물을 전통에 따라 1/3은 본인이 취하고, 1/3은 이웃에게, 그리고 나머지 1/3은 어려운 사람과 함께 나눈다.

성전, '지하드'는 의무 사항인가

많은 사람들은 이슬람의 성전, 즉 지하드를 무슬림의 5대 의무 사항 중 하나로 생각한다. 그리고 '한 손에는 코란, 다른 손에는 칼'이라는 말과 함께 이슬람을 호전적인 종교로 오해한다. 그러나 지하드는 무슬림의 5대 의무 사항이 아니다. 지하드는 '노력하다'라는 뜻을 지닌 아랍어의 '자하다jahada'라는 동사에서 파생되었다. 즉, 지하드는 전쟁 자체를 뜻하기보다 '진정한 무슬림의 길을 가기 위해 노력하는 것'을 의미한다.

지하드의 정도는 다양하다. 우리가 흔히 알고 있는 전쟁 시 지하드를 실천하는 길도 있으며, 일상생활에서 지하드를 실천하는 방법도 있다. 전자의 경우 외부의 침입에 대항해 이슬람 지역(다룻살람으로 불린다)을 지켜내고 이슬람을 다른 지역에 적극적으로 전파하는 것 모두 지하드의 길로 본다. 반면 일상생활에서의 지하드는 무슬림으로서 '열심히 노력하며 사는 것'을 의미하는데, 여기에는 공부를 열심히 하는 것, 어려운 사람을 도와주는 것, 라마단 금식에 참여하는 것, 부모에게 효도하는 것 등이 포함된다. 즉, 어떠한 목표를 달성하기 위해 노력하는 것 모두 지하드에 포함된다. 우리가 알고 있는 지하드의 의미는 매우 협소했다는 것을 알 수 있다.

이슬람법, 샤리아는 무엇인가

이슬람법은 아랍어로 '샤리아'로 불린다. 샤리아를 문자 그대로 해석하면 '길'을 의미한다. 여기에서 '길'은 알라의 뜻에 도달하는 길, 진리에 도달하는 길, 즉 '바른 길'을 의미한다. 그리고 샤리아의 가장 기본이 되는 바탕은 전통과 관습을 따르는 것이다.

유목민이나 카라반 상인들이 낙타를 타고 한 지역에서 다른 지역으로 이동했던 사막 환경을 상상해 보자. 머물던 오아시스의 물이 다 말라 다른 오아시스로 옮겨 가야 하는 유목민이나 도시와 도시 사이를 오가는 카라반 상인들에게 목적지까지 도달할 수 있는 가장 안전하고 확신이 드는 길은 바로 자신들의 부모와 선조들이 다녔던 길이었다. 사막에서 새로운 길을 찾는 것은 목숨을 내놓는 위험이 따르는 일이다. 따라서 그들은 부모와 선조들이 살아왔던 방식을 그대로 살아가는 것이 가장 안전한 방식이라고 믿어왔다. 이러한 환경적 맥락을 생각해보면 그들이 얼마나 전통과 관습을 중시 여기는지 알 수 있다. 그리고 그 전통과 관습의 기준은 바로 이슬람법의 근간을 이루는 코란과 하디스에서 나온다.

이슬람법의 가장 중요한 원천은 바로 알라의 계시인 코란이다. 코란이 무슬림을 올바른 길로 안내하기 때문이다. 그리고 그다음으로 중요한 원천은 알라의 계시를 사람들에게 전달해 줬던 사도 무함마드의 행동과 말이 기록된 하디스이다. 아랍어로 하디스는 '하다사'라는 동사에서 파생된 것으로 '말하다'라는 의미가 있다. 하디스는 종종 '순나sunnah'라고 불리기도 하는데, 이는 무함마드의 행동과 말에 기반한 전통을 뜻한다. 그리고 순나를 따르는 사람들을 '수니Sunni'라고 부른다. 다음으로 중요한 샤리아의 원천은 사도 무함마드 사망 이후 이슬람 법학자들이 코란과 하디스를 유추해 해석했던 내용인 '키야스qiyaas', 그리고 이들이 합의했던 내용인 '이즈마ijma'a'가 있다.

이슬람법을 어떻게 해석하느냐에 따라 법학파는 네 개로 갈린다. 각 분파의 이름은 개척한 사람의 이름을 따 붙인 것이다. 한발리Hanbali 학파는 사우디아라비아와 카타르 등 그 주변 지역에서 주로 따르는 학파이다. 한발리 학파는 코란과 하디스를 문자 그대로 엄격하게 해석해 4대 법학파 중 가장 보수적이다. 보수적인 한발리파와는 달리 하나피Hanafiyah 학파는 튀르키예, 발칸반도, 중앙아시아, 인도, 중국, 이집트 등지에서 주로 따르는 학파로, 한발리파보다는 개방적이다. 이슬람법 해석에 있어 개인의 이해와 추론에 더 많은 여지를 주기 때문이다. 말리키Maalikiyah 학파는 북아프리카, 일부 중동 지역, 남부 유럽 일부 지역에서 주로 따르는 학파로 이슬람법에 대한 개인적 해석에는 배타적이지만 한발리파보다는 온건파에 속하며, 지역의 문화와 관습에 더 큰 영향을 받는다. 마지막으로 샤피Shaafi 학파는 가장 오랜 전통을 가진 학파로 인도네시아, 말레이시아, 싱가포르, 이집트, 동아프리카, 소말리아 등 다양한 지역에서 주로 따른다. 샤피 학파는 다양한 법적 문제에 대한 포괄적인 접근을 취한다.

한숨에 읽는 이슬람사

1400년에 걸친 이슬람 역사의 큰 틀을 이해하고 있으면 전반적인 이슬람 이해에 도움이 된다. 이슬람사는 우선 종교의 관점에서 크게 이슬람이 탄생하기 전과 후로 나뉜다. 이슬람 이전 시대를 '자힐리야jahiliyah(무지)' 시대라고 부르는데, 시기적으로는 이슬람 출현 이전 150여 년을 지칭한다. 이슬람에 대해 몰랐다는 뜻으로 '무지'의 시대 또는 '몽매'의 시대로 부른다.

자힐리야의 시대적 상황은 아라비아반도를 중심으로 묘사된다. 아라비아반도는 정치적으로는 부족주의가 팽배해 부족 간 전투가 잦았고, 메카를 중심으로 한 쿠라이시 부족 연맹체가 세력을 과시하고 있었다. 종교적으로는 우상 숭배와 만신 숭배 사상이 팽배했으며, 다신교가 유대교 및 기독교와 함께 공존하고 있었다. 사회적으로는 가부장 중심 사회로 여성의 지위는 ― 비록 부족마다 다르긴 했으나 ― 대체적으로는 열악했다. 척박한 사막 환경에서 부족원의 입을 줄여야 했기 때문에 여아 살해도 만연하게 행해졌다. 의사 출신으로 이집트의 저명한 여성학자이자 작가인 고故 엘사다위Nawal el-Saadawi, 1931~2021에 따르면 당시 유아 살해는 범죄도 아니었고, 비도덕적인 일도 아니었다. 사막에서 생존해야 하는 사람들에게 모성애와 부성애는 사치였으며, 여성들은 노동력과 군사력을 제공하는 남아를 출산했을 때만 그 가치를 인정받았다(El-Saadawi, 1980). 당시 이슬람은 반인륜적인 여아 살해를 금지하고, 여성의 재산권을 인정하는 등 여성의 지위를 개선하는 데 일조했다.

이슬람 시대는 메카에서 메디나로 이주했던 622년 본격적으로 시작되었다. 사도 무함마드와 4대 칼리프 시대의 무대는 아라비아반도를 중심으로 펼쳐진다. 632년 사도 무함마드가 사망하고, 4대까지 이어지는 정통 칼리프 시대가 도래했다. 무슬림은 이 시대를 이슬람 역사에서 가장 완벽한 시대로 여기고 있다. 특히 이슬람 근본주의자들은 이 시대로의 회귀를 염원하고 있다. 정통 칼리프 시대는 사도의 교우이자 장인인 아부바크르Abu Bakr, 632~634, 오마르634~644, 오스만644~656, 알리Ali, 656~661까지 이어졌으며, 알리가 661년 카와리지Khawarij파의 이븐 물잠ibn Muljam이라는 인물에게 살해당하면서 막을 내렸다. 이 부분은 수니와 시아의 갈등을 설명하는 다음 장에서 좀 더 자세히 다루도록 한다.

이후 이슬람의 칼리프 직을 무함마드 가문에서 찬탈했던 무아위야Muawiyah가 오늘날 시리아의 수도인 다마스쿠스Damascus에서 이슬람 제국을 세우면서 우마이야 시대가 시작되었다. 우마이야 시대는 세습 칼리프 시대를 열었으며, 아랍인을 중심으로 한 혈족주의에 기반해 제국을 다스렸고, 비아랍인들을 차별했다. 우마이야 왕조의 혈족 중심주의와 타민족에 대한 배타주의는 훗날 제국이 몰락한 원인이 되었다.

한편 사도 무함마드 친족의 후손 중에는 아부 알아바스Abu al-Abbas라는 사람이 있었다. 사도의 혈통과 가까운 점을 자랑스러워하던 그는 평소 우마이야 왕조의 통치에 불만을 품고 있었다. 훗날 아부 알아바스는 우마이야 왕조에 복종하지 않던 시아파 무슬림, 이라크와 이란 호라산Khorasan 지역의 비아랍계 페르시아 출신 무슬림 등 여러 세력들과 연합해 혁명을 주도했고, 우마이야 왕조를 무너뜨렸다. 이렇게 탄생한 아바스 시대는 750년부터 1258년까지 이어진다. 그리고 756년 아바스 왕조의 대학살을 피해 우마이야 제국의 왕자 압둘라흐만Abdu al-Rahman이 스페인 남부 지역으로 피신했으며, 수도를 코르도바Córdoba로 정하고, 유럽 땅에 이슬람 왕국을 건설했다. 이슬람 문명이 유럽 문명과 조우하게 된 것이다. 유럽 땅에 건설된 이슬람 왕국은 8세기부터 15세기까지 이베리아Iberia반도를 중심으로 문명의 꽃을 피웠다. 그러나 1492년 스페인이 '레콩키스타Reconquista'(재정복)라고 불리는 국토 회복 운동을 펼치며 기독교 세력을 확장시키고, 이슬람 왕국을 유럽 땅에서 몰아내면서 유럽의 이슬람 문명은 역사 속으로 사라지게 되었다.

아바스 제국은 수도를 다마스쿠스에서 이라크의 바그다드로 천도했다. 제국이 비아랍인들의 도움으로 세워졌기 때문에 아바스 왕조는 다양한 문화와 민족을 포용하는 보편주의 정책을 펼쳤다. 그 결과 과학 기술, 의학, 예술 등 여러 학문이 발전했으며, 찬란한 이슬람 문명을 꽃피웠다. 당시 아바스 제국은 '지혜의 집bayt al-hikmah'이라고 불리는 교육 기관에서 유럽의 학문을 전부 아랍어로 번역했으며, 이슬람 문명 덕에 인류의 지식 재산이 후대에 전달될 수 있었다. 그러나 아바스 제국은 북아프리카 지역의 파티마Fatima 왕조와 중앙아시아 지역의 셀주크Seljuk 왕조의 등장으로 분열되었고, 몽골의 침입으로 멸망하게 된다.

이후 1258년 오스만 제국이 이스탄불을 수도로 세워졌으며, 비아랍인이 이끄는 이슬람 제국의 역사가 시작되었다. 오스만 제국은 1798년 프랑스 나폴레옹의 이집트 공격을 시작으로 서구 제국주의의 침략을 받았으며, 제1차 세계대전 당시 독일 편에서 참전했다가 패전국이 되었고 승전국에 의해 분할되면서 패망하게 되었다. 이후 중동은 제2차 세계대전 이후 독립 국가가 되면서 현대의 중동 국가가 출현하게 되었다.

출처

엄익란. 2009. 『무슬림 마음속에는 무엇이 있을까?: 일상생활 속에 숨겨진 아랍·무슬림의 문화코드 읽기』. 한울.

_____. 2014. 『이슬람 마케팅과 할랄 비즈니스: 문화코드를 알면 이슬람 시장이 열린다』. 한울.

참고 글

암스트롱, 카렌(Karen Armstrong). 2002. 『마호메트 평전』. 유혜경 옮김. 미다스 북스.

내셔널지오그래픽. 2013. 『1001가지 발명: 이슬람 문명이 남긴 불후의 유산』. 지식갤러리.

Eickelman, Dale F. 2002. *The Middle East and Central Asia: An Anthropological Approach*. Prentice Hall.

El-Saadawi, Nawal. 1980. *The Hidden Face of Eve: Women in the Arab World*. Zed Books Ltd.

Raouf, Mohamed Abdel and Hadeel Banjar. 2017. "Greening the Haj: Environmental Challenges and Sustainability Options." Gulf Research Center.

5 이슬람교의 수니와 시아, 그리고 다양한 믿음들

이슬람교의 종파는 크게 수니와 시아로 나뉜다. 수니는 전체 무슬림 인구수의 약 85~90%를, 시아는 약 10~15%를 차지한다. 소수의 시아 무슬림은 지리적으로 이란, 이라크, 바레인, 쿠웨이트, 사우디아라비아 동부 지역을 포함해 페르시아 걸프만 주변에 집중되어 있다. 수니와 시아가 갈리게 된 배경은 사도 무함마드 사망 이후 후계 자리를 놓고 시작되었다. 수니파는 당시 부족의 전통이던 선출제를 지지한 반면, 시아파는 선지자의 혈통을 후계자로 지지했다. 이후 이슬람의 역사는 수니와 시아 간 종파주의 갈등으로 점철되어 왔다. 현대에 들어서도 수니파 종주국인 사우디아라비아와 시아파 종주국인 이란이 서로 패권 다툼을 하면서 중동 지역 정치 지형을 더욱 불안정하게 만들고 있다. 이 장에서는 수니 무슬림과 시아 무슬림이 갈리게 된 역사적 배경 및 반목의 역사를 비롯해, 신비주의자로 알려진 수피Sufi주의자들, 그리고 이슬람 지역에서 다양하게 행해지는 미신에 대해 소개하도록 한다.

수니와 시아, 갈등의 중심에 있는 알리 가문

수니와 시아 무슬림이 서로 나뉘게 된 역사적 배경은 칼리프 직 승계에 대한 논쟁에서 비롯되었다. 632년 사도 무함마드는 후계자를 지목하지 않은 채 사망했다. 그에게는 뒤를 이을 아들도 없었기 때문에 이슬람 세계는 후계자 문제를 두고 갑론을박이 이어졌다. 후계자를 둘러싼 사람들의 의견은 사도의 혈통을 따를 것인가 아니면 부족의 전통인 선출제를 따를 것인가로 갈라졌다. 대부분의 무슬림이 당시 부족의 전통이었던 선출제를 지지했다. 그러나 일부 무슬림은 예언자의 혈통인 알리(사도 무함마드의 사촌이자 사위로 훗날 4대 칼리프)와 그 후손만이 칼리프 직을 승계해야 한다고 주장했다. 이들은 '알리를 추종하는 사람들' 또는 '알리파'를 뜻하는 '시아 알리shi'ah Ali'로 불렸으며, 예언자의 혈통을 지닌 사람만이 이슬람 공동체 움마의 지도자가 되어야 타당하다고 보았다. 이들을 지칭하던 용어인 '시아 알리'는 훗날 '알리'가 탈락되어 '시아'로 불리게 된다.

시아 무슬림이 혈통을 중시하는 이유는 사도 무함마드에게 신성이 있다고 믿었기 때문이다. 시아 무슬림은 그를 죄가 없는 완전한 인간으로 보았으며, 신에게서 계시를 받았기 때문에 특별한 영력을 지니고 있다고 믿었다. 그리고 사도 무함마드의 신성을 겸비한 초인적인 능력은 그의 후손에게 이어진다고 믿었기 때문에 그의 가족이나 후손에게도 신성을 부여했다. 즉, 시아 무슬림은 이슬람 공동체를 이끌 진정한 리더십은 무함마드의 혈통에서 나온다고 믿었다. 따라서 사도 무함마드의 사촌이자 그의 딸 파티마Faatimah와 결혼한 알리, 그리고 그의 후손만을 이슬람 세계의 진정한 지도자로 인정하고 있는 것이다.

신앙적인 이유 외에도 알리는 인간적인 면모 때문에 시아 무슬림에게 추종받았다. 알리는 어렸을 때부터 사도와 함께 자랐기 때문에 사도를 가장 잘 이해하는 인물이었다. 알리의 아버지는 사도를 어린 시절부터 돌봐주었기 때문이다. 한 개인의 인간사로 보면 사도는 매우 불행한 사람이었다. 그가 태어나기도 전에 아버지는 사망했고, 여섯 살에는 어머니를 여의었다. 이후 돌봐주던 할아버지마저 사망했다. 그리고 삼촌이자 알리의 아버지가 고아였던 그를 받아들여 보호자가 되었다.

알리는 무함마드와 함께 성장했으며, 그에게는 가족이나 마찬가지였다. 무함마드가 이슬람교를 창시했을 당시부터 그를 믿고 이슬람교로 개종했으며, 사도가 메카에서 미움을 받고 살해 위협에 시달릴 때는 그를 대신해 죽음의 위험을 감수했다. 메카 사람들이 사도를 살해할 것이라는 정보를 미리 입수한 알리는 사도를 피신시키고 대신 그의 이부자리에서 누워 사도의 목숨을 구했다고 전해지고 있다. 알리는 또한 정복 전쟁 동안 이슬람 군대를 이끌고 용맹하게 싸웠다.

이와 같은 신앙적인 면과 인간적인 면모 때문에 알리를 추종하던 사람들은 사도 무함마드 사망 이후 그를 후계자로 지지하고 있었다. 그러나 역사는 알리와 그 추종자인 시아파에 그리 호의적이지 않았다. 무함마드 사망 이후 시작된 칼리프 시대에 알리는 4대에 이르러서야 비로소 칼리프가 되었고, 그 기간 동안 이슬람의 역사는 반목과 내전으로 점철되었기 때문이다. 4대 칼리프 중 제1대 칼리프 아부바크르를 제외하고 모두 암살되었다는 점은 후계자를 둘러싸고 이슬람의 역사가 얼마나 혼란스럽게 전개되었는지 말해주고 있다.

이슬람 정통 칼리프 시대의 반목과 갈등

사도 무함마드가 사망하자 선출제를 지지하던 사람들은 알리가 사도의 장례를 치르는 사이에 사도의 장인이자 교우였던 아부바크르를 후계자로 선출했다. 이들에게 알리는 처음부터 후계자로서 고려 대상이 아니었던 것이다. 아부바크르는 이슬람교가 태동한 초기에 개종한 인물로 충성심과 신앙심이 두터운 사람이었으며, 사도 무함마드가 생전에 가장 총애했던 아내 아이샤의 아버지였다. 혹자는 아부바크르가 뒷배가 약한 부족 출신이었기 때문에 일부러 그를 선출시켰다고 보는 사람들도 있다. 특정 부족에 쏠리는 정치적 힘을 분산시키기 위해서이다. 그는 632년 칼리프로 선출된 이후 부족 간 내분을 외부로 돌리기 위해 정복 사업을 벌였다. 그러나 나이가 많았던 그는 칼리프 직 선출 2년 만에 사망했다.

이후 오마르 이븐 알카타브Omar ibn al-Khattab가 634년 칼리프 직에 추대되었다. 그는 아랍 이슬람 제국의 실질적인 건설자로 그의 치세 10년 동안 페르시아 거의 전 지역을 정복했으며, 오늘날 팔레스타인, 시리아, 이집트 등 비잔틴 로마의 동방 영토를 정복해 이슬람 제국의 영토로 편입시켰다. 또한 페르시아로부터 새로운 행정 체계와 재정 제도 등을 들여왔으며, 사도 무함마드의 미망인들을 위해서는 연금 제도를 도입했다. 그 덕분에 사도 사망 이후에도 미망인들은 사도의 아내로서 품위를 유지할 수 있었다. 오마르는 매우 엄격하고 검소한 인물로 알려져 있다. 이슬람 군대의 승전보를 알리기 위해 메카로 들어왔던 한 청년이 누추한 노인이 나무 그늘 아래 앉아 있다가 전쟁에 관해 물어보는 것을 보고 지나쳤는데, 후에 그가 칼리프 오마르였다고 한다. 그러나 애석하게도 그는 정신병이 있던 페르시아 출신 노예에게 기도 중에 암살당했다.

이후 644년 오스만 이븐 아판Osman ibn 'Affan이라는 인물이 칼리프가 되었다. 그는 부유한 상인 가문 출신으로 메카 쿠라이시 부족 가운데 지배적 위치에 있던 우마이야 가문 출신이다. 즉, 기득권 세력 출신이었다. 그는 일찌감치 이슬람으로 개종했으나 그의 부족은 마지못해 이슬람으로 개종했다. 따라서 그의 가문은 무함마드 가문에 비호의적이었으며, 알리와 칼리프 직을 두고 경쟁하는 관계였다. 그는 선출되자마자 우마이야 가문 중심 정실 인사를 했으며, 그의 친척을 파견해 이슬람 정복지를 다스리게 했다. 그러던 중 이집트에서 우마이야 통치 가문에 대해 불만이 제기되자, 불만 세력은 메카에서 오스만을 만나 담판 짓고자 했다. 오스만은 그들을 만나 달래었으며, 돌아가면 자신의 친척이자 이집트 통치자에게 서신 한 통을 전달할 것을 부탁했다. 그 서신에는 이들이 돌아가면 죽이라는 내용이 담겨 있었다고 전해진다. 서신 내용이 궁금했던 불만 세력은 서신을 뜯어 읽었고, 격분해 다시 되돌아와 656년 오스만을 암살했다.

3대 칼리프 오스만이 사망하고 알리는 무함마드 사망 이후 24년 만에 4대 칼리프 직에 오르게 된다. 그러나 그 역시 661년 카와리지파에 의해 암살당한다. 카와리지파는 알리를 따르던 시아파에서 갈라져 나온 극단주의자들이다. 이들에 대한 설명은 다음 절에서 자세히 다루도록 한다.

두 차례의 이슬람 내전

3대 칼리프 오스만 살해 사건은 이슬람 제1차 내전의 배경이 된다. 오스만이 사망하고 알리가 4대 칼리프가 되자 평소 알리를 싫어했던 아이샤(사도 무함마드가 가장 총애했던 아내이자 첫 칼리프 아부바크르의 딸)는 칼리프 오스만의 죽음 배후에 알리가 있다고 주장했다. 알리가 서신을 조작했다고 의심한 아이샤는 알리에게 범인을 찾으라고 압박을 가했다. 그러나 알리는 아이샤의 요구를 듣지 않았다. 이에 아이샤는 656년 원로들(탈하Talha와 주바이르Zubayr)과 함께 알리에 대항해 전쟁을 일으켰다. '낙타 전투Battle of the Camel'라고 불리는 제1차 이슬람 내전이 일어난 것이다. 당시 낙타 전투는 친알리 세력의 중심지였던 이라크의 바스라Basra 지역에서 일어났으며, 소위 '홈그라운드'에서 일어난 전쟁에서 알리는 승리했다. 알리는 아이샤를 죽이지 않고 가택 연금을 시켰고, 이 사건을 계기로 아이샤의 정치 활동은 크게 위축되었다. 이슬람 세계 여성의 정치 활동에 대해 부정적으로 보는 사람들은 이 사건을 근거로 들기도 한다.

한편 전임 칼리프 오스만의 친척이자 시리아 총독 무아위야는 오스만의 사촌 마르완Marwaan과 연합군을 결성해 알리에 대항했고, 알리를 칼리프로 인정하지 않는다고 공언했다. 이 때문에 낙타 전투 이듬해인 657년 제2차 이슬람 내전이 발발하게 된다. 당시 전쟁은 시리아 지역 시핀Siffyin에서 벌어졌다. 알리와 무아위야 군대의 대결에서 알리는 승기를 잡았다. 그러나 창끝에 코란을 매달고 전쟁에 임했던 무아위야 군대가 협상을 요구하자 알리는 이슬람을 내걸고 전쟁을 지속하는 것이 마땅치 않다고 여겨 이를 받아들였다.

알리의 결정에 동의하지 않았던 일부가 알리를 떠났다. 이들은 '이탈자'라는 의미로 '카와리지'로 불렸는데, 알리는 661년 쿠파Kufa의 대모스크에서 카와리지파의 이븐 물잠이라는 사람에게 암살을 당하게 된다. 한편 알리에게 협상을 끌어냈던 무아위야는 661년 알리가 사망하자 알리와 사도 무함마드의 딸인 파티마 사이에서 난 첫째 아들 하산Hasan을 협박했다. 무아위야 압력에 굴복한 하산은 그를 이슬람 제국의 칼리프로 선포하고, 자신은 퇴위를 선언했다. 무아위야는 661년 이슬람 제국의 수도를 메카에서 자신의 본거지인 다마스쿠스로 옮겨버렸고, 이렇게 설립된 우마이야 제국은 750년 아바스 제국이 들어서기 전까지 이슬람 제국을 이끌게 된다. 우마이야 제국이 들어선 이후 칼리프는 더 이상 선출제가 아닌 세습제로 이어지게 되었다.

시아와 수니, 이들은 어떻게 분리되었나

알리의 큰아들 하산이 죽자 당시 이슬람 사회에서는 하산이 무아위야에게 독살되었다는 소문이 떠돌았다. 그리고 알리 가문을 지지하는 사람들 즉, 시아파들이 이라크 쿠파 지역에 모이기 시작했다. 이들의 목적은 알리의 둘째 아들 후세인Husayin에게 무아위야가 찬탈한 칼리프 직을 되돌려 주는 것이었다. 그리고 이들 시아파는 680년 쿠파 근처에 위치한 도시인 카르발라Karballa에서 반란을 일으켰다. 그러나 반란은 실패로 돌아갔고, 후세인과 그의 추종자들은 무아위야에 의해 잔혹하게 살해되었다. 이후 후세인이 남긴 '명예로운 죽음이 굴욕적인 삶보다 낫다'라는 말은 시아 이슬람의 순교 개념이 되었고, 후세인의 비극적인 죽음은 시아 무슬림의 순교 정신과 복수심의 원동력이 되었다. 그리고 이러한 역사적 배경 때문에 시아 무슬림들에게 카르발라는 알리의 묘가 있는 나자프Najaf와 함께 주요 성지가 되었다. 현재까지 시아 무슬림은 카르발라 전투의 참패를 '아슈라'ashura'라고 불리는 행사를 통해 기억하고 있다. 아슈라는 이슬람력 1월 10일로 이 날 시아 무슬림은 이맘 후세인 이븐 알리를 보호하지 못한 것에 대한 자책감으로 길거리 행진에서 자신을 때리거나 상처를 내 자해 행위를 한다.

카르발라 전투 이후 역사의 승자는 항상 수니로 간주되어 왔다. 시아 국가인 이란을 제외하고 다른 중동 국가에서 소수 종파인 시아 무슬림은 수니 정권으로부터 정치적으로 억압받고, 경제적으로 차별받았다. 물론 국가마다 상황은 다르지만 수니와 시아 무슬림들은 서로 융화되지 못했으며, 일부 지역에서는 서로 간 교류도 꺼리고 있다. 바레인에서는 수니와 시아 무슬림은 서로 결혼도 하지 않는다. 수니와 시아 무슬림 간 칼리프 직 승계에 대한 의견 차로 시작된 갈등은 오늘날까지 지속되고 있다. 이라크와 같은 지역에서는 수니와 시아 종파 간 갈등이 종종 테러와 내전의 양상으로까지 나타나기도 한다.

오늘날 수니와 시아 간 종파 갈등의 원인, 정치가 문제인가 종교가 문제인가

현대 정치에서 시아와 수니 간 갈등 관계가 표출된 한 예는 이라크 전쟁을 들 수 있다. 2003년 미국이 이라크를 침공하고 사담 후세인Saddam Hussein의 수니 정권이 몰락하자 이라크에서는 그동안 수니 정권으로부터 차별받고 소외받던 쿠르드족과 시아 무슬림이 새로운 권력 계층으로 부상했다. 전쟁 이후 이라크는 수니, 시아, 쿠르드로 3등분되었으며, 이라크 국민들 사이에서는 국가 정체성보다 종파 정체성이 더욱 중요해졌다. 이러한 상황에서 시아 종주국인 이란이 핵 개발을 시작했고, 정권 공백 상태에 놓인 이라크에서 영향력을 확대했으며, 그 결과 이란의 후원을 받은 시아 정권이

들어섰다. 이란을 시작으로 페르시아만에서 레바논까지 초승달 모양으로 시아파 정치 블록이 형성되면서 중동 수니 국가들의 두려움을 자극했다. 요르단 압둘라 국왕Abdullah II은 수니와 시아 간 분쟁이 이 단층선에서 일어날 것을 우려하며 2004년 '시아 초승달Shia crescent'이라는 표현을 사용했다. 이후 지식인과 언론, 그리고 수니파 정부가 이 용어를 자주 사용하게 되면서 '시아 초승달'은 종파주의에 기반한 중동 지역의 새로운 정치 구도를 설명하는 담론이 되었다(서정민, 2009).

오늘날 시아와 수니 간 종파주의 갈등 원인을 보는 시각은 크게 두 가지이다. 하나는 종파 간 갈등을 7세기 사도 무함마드 사망 후 승계를 둘러싼 해묵은 갈등과 혐오의 발현으로 해석하는 시각이다. 7세기 갈등설은 주로 서구의 정치인들과 학자들이 중동의 정치 질서를 분석하는 데 자주 인용된다. 가령 전 미국 대통령 버락 오바마Barack Obama는 몇몇 연설에서 시리아 문제를 포함해 중동 지역에서 현재 발생하는 갈등과 불안정성은 "수천 년을 거슬러 올라가는 분쟁에 기반rooted in conflicts that date back millennia"한다고 설명했다(Hashemi, 2019). 그러나 이러한 설명은 현재 발생하는 중동 갈등을 7세기 신화적 관점에서 분석해 수니와 시아 간 갈등을 단순화한다는 면에서 한계가 있다.

다른 하나는 복잡한 중동 지역의 종파주의 문제를 이해하는 데 종교는 매우 작은 부분만 차지하며, 실제로는 사우디아라비아와 이란 간 패권 다툼이 원인이라고 해석하는 입장이다. 다시 말해 현재 중동 각 지역에서 발생하는 내전은 수니와 시아 간 갈등으로 발생하는 전쟁이 아니다. 시리아와 이라크처럼 정권이 붕괴된 지역에서 이란과 사우디아라비아가 서로 지배권을 쥐기 위해 종파주의를 부추기고 국가주의가 충돌한 것이지 1400년 이슬람 역사에서 비롯된 갈등과 혐오에 기인한 것은 아니라는 설명이다. 국민들이 종파주의를 더 강하게 받아들일수록 외부의 적을 만들어 내부적으로 통치자들은 더 쉽게 권력을 강화시킬 수 있기 때문이다(Siegel, 2015). 즉, 시아와 수니 간 벌어지는 종파 갈등은 '정체성을 이용한 편 가르기'와 같다. 표면적으로는 수니와 시아 종파 정체성에 기반한 분쟁 구도로 보이지만 실제로는 수니 종주국인 사우디아라비아와 시아 종주국인 이란이 역내 패권을 장악하기 위한 파워 게임인 것이다(인남식, 2017).

이슬람교의 신비주의자 '수피', 그들은 누구인가

이슬람교에서는 신비주의자로 불리는 수피가 있다. 이들은 물질적 이득과 개인적 영달에만 관심을 두는 세속주의 이슬람에서 탈피해 진정한 기도와 금욕 생활을 통해 신에게 자신을 헌신하는 고행자들이다. 종종 금욕주의자로 불리는 이들은 물질적인 부를 추구하는 것을 옳은 길에서 벗어나는 악으로 규정하기도 한다.

수피주의자들은 신비 체험을 구하는 행위를 통해 자아를 소멸하고 신과소통을 꾀한다. 신과의 합일을 추구하는 이들의 의식은 불교에서 좌선을 통해 무아지경에 이르는 것과 비슷하다. 수피들은 무아지경에 달하기 위해 독특한 의식을 행한다. 알라를 부르며 머리를 흔들거나 몸을 앞뒤나 좌우로 흔들기도 하며, 또는 음악에 맞춰 둥글게 원을 그려 빙글빙글 돌면서 춤을 추기도 한다. 중세 수피들은 전 세계를 여행하면서 이슬람교를 널리 알렸다. 수피주의자들 덕분에 이슬람은 인도와 동남아시아, 그리고 아프리카까지 전파되었다.

이들에게 수피라는 이름이 붙은 배경은 여러 가지 설이 있다. 수피들은 양털 옷만을 걸치고 전 세계를 누비면서 자신들의 수행 방식인 금욕을 추구했다. 아랍어로 '양털 옷을 입을 사람들'을 지칭했다는 의미에서 수피라고 불렸다는 설이 있다. 또 다른 설은 고대 그리스어로 '지혜로운 자'를 지칭하는 의미에서 수피로 불렸다는 설도 있으며, 순수함을 의미하는 아랍어

'사파safaa'에서 수피라는 명칭이 파생되었다는 설도 있다.

이슬람 지역의 다양한 미신들

어느 문화권이나 미신은 존재한다. 이는 유일신 사상을 기반으로 한 이슬람 지역도 마찬가지이다. 이슬람 지역에는 「알라딘과 요술 램프」에 등장하는 지니Jinni 또는 진Jinn, 이프리트'ifriyt, 굴ghul, 이블리스'ibliys 등 눈에 보이지 않는 다양한 영혼들이 존재하는데, 이들 중에는 선한 존재도 있고, 악한 존재도 있다.

그리고 '자르zaar'라고 불리는 빙의 현상도 있다. 자르는 '방문하다'라는 뜻의 아랍어로, 영혼이 방문했다는 의미이다. 즉, 우리의 '귀신 들린' 현상과 같다. 여성들에게 자르가 주로 발생하는데, 빙의 현상이 발생하면 여성들은 종종 일상생활에서는 허용되지 않았던 음주나 흡연과 같은 반종교적 또는 반사회적 행위를 하기도 한다. 그러나 이러한 행위에는 종종 면죄부가 내려진다. 여성이 자의에 의해서가 아니라 자르 때문에 이러한 행동을 했다고 보기 때문이다. 영혼을 몰아내기 위해 특별한 치유 의식이 행해지는데, 그 중심에는 춤과 음식이 있다. 한편 일부 여성들은 일부러 자르의 방문을 받은 척하기도 한다. 이슬람 사회의 금기를 넘어서는 행동을 하지만 사회적 비난은 피할 수 있기 때문이다.

이슬람 지역의 또 다른 미신에는 '시기의 눈evil eyes'이 있다. 시기의 눈은 무의식중이든 의식 중이든 누군가의 시기가 발동하면 상대를 해코지한다는 믿음에서 나온 것이다. 시기의 눈은 부러움을 사는 일에 항상 발동한다. 아는 사람이 시험에 합격했거나, 결혼을 앞뒀거나, 집을 샀거나, 승진했거나 등등 이러한 모든 일은 축하받을 일이면서 동시에 부러움을 사는 일이다. 상대와 함께 같이 축하하고 기뻐하지만 그 기쁨 안에는 부러움이, 그리고 더 깊은 마음속 한구석에는 시기심도 깔려 있다. 우리도 모르는 새 발동하는 이 시기심이 상대를 축하하는 말 속에 함께 담겨 나와 상대에게 불행을 안겨준다고 믿고 있다. 좋은 일에 축하는 하지만 동시에 부럽고 질투도 나기 마련이다. 우리 속담에 '사촌이 땅을 사면 배가 아프다'라는 말과 비슷한 맥락이다. 따라서 액막이를 위해 눈 모양이 그려진 펜던트를 집이나 차에 걸어두기도 하고, 목걸이로 차기도 한다. 또는 코란 구절이 새겨진 펜던트를 목걸이로 걸기도 한다. 그리고 누군가 칭찬이나 축하 인사를 건네면 '이 일은 알라가 정한, 알라의 뜻'이라는 의미로 '마샤알라maashallah'로 답을 한다. 이 말이 사람들의 시기를 비켜 가게 해준다고 믿기 때문이다.

북아프리카 지역에서는 상대방의 칭찬 속에 담긴 부러움과 시기를 피하기 위해 손가락 다섯 개를 쫙 펴서 상대에게 보여주기도 한다. 혹자는 악귀가 숫자 5를 싫어한다고 믿기 때문에, 혹자는 손가락 다섯 개가 이슬람의 다섯 가지 실천 행위를 의미하기 때문에 액막이를 한다고 말하는 사람도 있다. 이를 숫자 5를 의미하는 아랍어 '캄사khamsah(혹은 함사)' 또는 '파티마의 손Faatimah's hand'이라고 부른다. 파티마는 사도 무함마드와 그의 첫 아내 카디자 사이에서 난 딸로 이슬람의 4대 칼리프 알리와 결혼한 인물이다. 사람들은 사도 무함마드의 핏줄인 그녀에게 영험한 힘이 있다고 믿는다.

중동 이슬람 지역의 또 다른 미신 행위 중 하나로 커피 점도 있다. 커피 점은 커피 가루를 여과하지 않고 끓여 내는 터키식 커피로 점을 친다. 터키식 커피를 끓이는 방법은 간단한데, 커피 가루를 설탕과 물과 함께 끓이면 된다. 커피 가루가 전부 다 밑으로 가라앉을 때까지 기다렸다가 위의 맑은 커피는 마시고 남은 커피 침전물로 점을 볼 수 있다. 커피 점을 보기 위해서는 커피를 다 마시고 커피 잔을 뒤집어 놓으면 된다. 이때 잔 안쪽에 커피 찌꺼기가 흘러내리면서 무늬를 만드는데, 커피 점은 이 무늬를 읽는 것이다. 커피 점을 보는 사람을 '카리아qaariah'라고 하는데, 이는 '읽는 사람'을 의미한다. 기독교인이 점을 보는 것을 금기시하는 것처럼 신실한 무슬림도 커피 점을 보는 행위를 반종교적인 행위로 여긴다. 그런데도 어떤 사람들은 아침에 커피 잔에 남겨진 무늬로 하루를 점치기도 하고, 가까운 미래를 점치기도 한다.

출처

엄익란. 2009. 『무슬림 마음속에는 무엇이 있을까?: 일상생활 속에 숨겨진 아랍·무슬림의 문화코드 읽기』. 한울.

_____. 2021. 「걸프지역 COVID-19 사례로 본 수니 무슬림의 반시아 종파주의 담론 분석」. ≪한국중동학회논총≫, 41(3), 131~160쪽.

참고 글

서정민. 2009. 「아랍 언론에 나타난 이란 핵 문제와 시아파 초승달」. ≪한국이슬람학회논총≫, 19(2), 67~88쪽.

인남식. 2017. "갈등 계속되는 중동……이란 부상에 사우디 고심 종파·민족 정체성 분쟁보단 '파워게임' 양상으로." ≪Issues & Analysis≫, 62-63.

Hashemi, Nader. 2019. "The Politics of Sectarianism: What Causes Sectarian Conflict, and Can It Be Undone?" *ABC Religion & Ethics*. https://www.abc.net.au/religion/the-middle-east-and-the-politics-of-sectarianism/11613338.

Siegel, Alexandra. 2015. *Sectarian Twitter War, Sunni-Shia Conflict and Cooperation in the Digital Age*. Carnegie Endowment for International Peace.

6 이슬람교와 예술 문화

아랍어로 예술은 '판fann', 복수형은 '푸눈fuunun'이라고 하는데, 이는 '기술'
이나 '기법'을 의미한다. 이슬람 예술은 포괄적이며, 포용적이고, 다양해 한
마디로 정의하기는 어렵다. 이슬람 예술은 종교 예술에만 국한되지 않고
이슬람 문화와 관련한 모든 예술을 포괄한다. 서구의 예술이 '바로크' 또는
'르네상스'처럼 특정 시기와 양식에 따라 구분되는 것과는 달리 이슬람 예
술은 특정 시대나 지역을 지칭하지는 않는다. 그리고 특정 민족의 예술을
지칭하지도 않는다. 또한 예술의 주체가 반드시 무슬림일 필요도 없다. 무
슬림 후원자를 위해 기독교인이나 유대교인 예술가가 만들었거나, 혹은 반
대로 기독교도나 유대교도를 위해 무슬림 예술가가 만든 것도 이슬람 예술
에 포함된다. 이 장에서는 이슬람의 교리가 이슬람 예술에 어떤 영향을 미
쳤는지 문자 예술인 서예, 직물 예술인 카펫, 그리고 건축 예술인 사원을 통
해 알아보도록 한다.

이슬람의 교리가 예술에 미친 영향

유일신 알라만을 추종하는 이슬람교에서는 우상 숭배를 엄격히 금지하
고 있다. 사도 무함마드가 630년 메카로 무혈입성을 하고 처음으로 했던
일도 메카 신전에 모셔진 360개의 우상들을 모두 없애버린 것이었다. 이러
한 이슬람교의 교리는 예술 발달에도 큰 영향을 미쳤다. 이슬람에서는 조
각이나 회화에 등장하는 인물 또는 동물이 우상 숭배의 대상이 될 수 있기
때문에 이에 대한 묘사를 금기시했다. 따라서 예술 작품에서 지나치게 사

실적인 표현은 찾기 힘들다. 또한 회화에서는 원근법과 같이 입체적인 묘사 기법을 활용하지 않았다. 작품 속에 묘사된 대상이 생동감이 있어 살아 있는 것처럼 보이기 때문이다. 인간과 동물 형상을 조각하는 예술가는 종종 비난을 받았는데 이는 만물을 창조한 유일신에 대한 도전으로 여겨졌으며, 무한한 신의 창조력을 의심하는 행위로 간주되었기 때문이다(국립중앙박물관, 2013).

형상 묘사에 부정적인 이슬람교의 입장 때문에 동물이나 인물의 이미지는 이슬람의 장식 요소에서 배제되었다. 무슬림 예술가들은 자신의 작품 속에 동물이나 인물을 묘사할 때 잘 드러나지 않도록 실루엣만 표현하거나 그림자로 처리했다. 또는 복잡한 풍경 속에 숨기기도 했다(루이스, 2010). 그러나 삽화나 세밀화에서는 사람이나 동물의 형상 묘사가 허용되었다. 이러한 그림들은 종교적 목적이 아니라 학문적 목적이나 역사적 기록을 위한 것이기 때문이다. 특히 삶의 다양한 모습을 기록한 세밀화는 이슬람 문화권의 특징적인 회화 장르로 발전했다. 그 밖에 이슬람이 정복했던 지역인 페르시아, 중앙아시아, 인도의 토착 예술에 영향을 받은 경우 사람이나 동물은 예술 작품의 소재로 종종 등장했으며, 이슬람의 교리가 엄밀히 적용되지는 않았다.

이슬람 예술의 특징

이슬람 예술에서는 인물이나 동물에 대한 사실적 묘사를 꺼렸기 때문에 조각이나 회화보다 기하 문양이나 아랍어 서체가 발달했다. 그리고 서양 예술에서 부차적이고 장식적인 부분이 이슬람 예술에서는 매우 중요한 역할을 했다. 이슬람 예술의 대표적 장식 요소로는 아랍어 서체, 기하 문양, 아라베스크 문양 등이 있다. 이들 요소는 직물뿐만 아니라 건축과 도자기를 포함해 이슬람 예술 전 분야에 등장하는 기본적인 요소로, 이슬람 예술을 '이슬람적인 것'으로 규정한다(국립중앙박물관, 2013). 한편 도자기, 유리, 세밀화, 카펫 등을 포함해 이슬람 지역 예술품에는 화려한 색깔이 많이 사용되고 있다. 이는 사막의 단순함을 극복하기 위한 환경적 요인에서 온 것으로 추정된다.

이슬람교의 보수성은 음악과 춤에도 영향을 끼쳤다. 음악 허용에 대해서 초기 종교 지도자들은 반대 입장이었다. 음악의 사회적 역할 때문인데, 음악은 쾌락과 사치를 상징했고, 여성 무희들이나 술까지 등장하게 될 경우 경박함과 감각주의를 부추긴다고 여겼기 때문이다. 이와 같은 제재 속에서 코란 암송이 종교 음악으로 자리 잡았다. 코란 암송가들은 아랍어의 장음과 단음, 운율 등을 정확히 맞춰 암송해야 하는데, 누가 더 아름답고 완벽하게 코란을 암송했는지 경합하는 대회도 매해 열린다. 비록 음악과 춤에 대한 인간의 욕망을 종교라는 이름 속에 가두었지만 중동 지역에서는 벨리댄스가 전통 춤으로 대중에게 사랑받고 있으며, 중동 가수들이 노래하는 대중음악 또한 발달했다.

예술로 승화한 신의 말씀, 아랍어 서체

아랍어는 셈 어족에 속하는 언어이다. 아랍어는 중동과 북아프리카에 위치한 아랍 국가의 공식어로 아랍 연맹에 속한 22개국에서 사용되며, 전 세계 인구 중 약 3억 명의 모어로 사용되고 있다. 아랍어의 자음은 모두 28개이며, 모음은 3개이다. 아랍어는 오른쪽에서 왼쪽으로 쓴다. 오늘날 아랍인이 쓰는 언어에는 현대 표준 아랍어와 방언이 있다. 방언은 각 지역에 따라 서로 다르며, 아랍어 모어 사용자끼리도 의사소통이 수월하지 않은 경우도 있다.

아랍어는 신의 계시어이다. 사도 무함마드가 아랍어로 계시를 받았기 때문이다. 따라서 이슬람교에서 아랍어는 신성한 언어이자 영원불멸의 언어로 간주된다. 회화나 조각과 같은 예술 활동이 이슬람의 교리 때문에 제한된 상황에서 아랍어 서체는 이슬람 예술의 가장 중요하고 기본적인 요소가 되었다. 아랍어로 쓰인 코란을 암송하고 필사하는 것은 단순히 종교적인 일을 넘어 지식인으로서 갖추어야 할 교양으로 여겨졌다. 말린 갈대 또는 끝을 사선으로 자른 깃털로 쓴 코란은 아랍어 서체 연습을 위한 교본으로 사용되었으며, 아랍어 서체 발전에도 큰 영향을 끼쳤다. 코란은 번역이 금지되었다. 번역 과정에서 코란이 잘못 읽히거나 변형되는 것을 막기 위한 것이다. 번역본을 출간할 경우 번역본 옆에 아랍어 원전이 반드시 병기되어야 한다.

다양한 아랍어 서체

아랍어의 서체는 둥근 모양의 '무다와르mudaawar'체, 삼각형 모양의 '무살라스muthallath'체, 그리고 원형과 삼각형 모양이 복합적으로 사용된 글씨체를 기본 유형으로 진화했다. 가장 인기 있는 아랍어 서체 중 하나는 '쿠피kufi'체이다. 쿠피체는 7세기 말 이라크 쿠파 지역에서 유래했으며, 장중하고 각진 형태가 특징이다. 주로 돌, 무덤, 나무판, 책의 겉장에 쓰였으며, 돌에 새긴 글씨체에서 유래했기 때문에 각진 모양이 쓰는 데에는 효율적이었다.

쿠피체와 함께 사랑받는 글씨체는 '나스크naskh'체이다. 나스크체는 글자 간 균형과 글줄의 수평을 강조한 품위 있는 서체로 이라크 지역을 중심으로 10세기 개발되어 유행했다. 1/3을 의미하는 '술스thuluth' 체는 이슬람 건축(주로 모스크)에 널리 사용된 것으로 세로획이 가로획보다 세 배 긴 것이 특징이

그림 6-1 쿠피체

다. '나스탈리크nastaliq'체는 15세기부터 이란을 중심으로 유행했는데, 날아가는 거위 떼를 보고 만들었다고 전해진다. '디와니diywaani'체는 16세기와 17세기 오스만 제국에서 발달했으며, 둥근형의 글씨로 문자 사이의 공백이 좁은 것이 특징이다. '루크아ruq'ah'체는 나스크체와 술수체를 모방해 만들어졌으며, 아랍어를 빠른 시간 내에 쓸 수 있어 필기체로 주로 사용되었다(Canby, 2005).

한편 맘루크Mamluk 시대에는 '무하카크muhaqqaq'체가 주로 사용되었다. 무하카크체는 아랍어 서체 중 가장 아름답지만 쓰기는 까다롭다. 이 글씨체는 장엄한 것이 특징이다. 아름답고 장엄한 글씨체가 발달한 이유는 왕조의 정체성과 관련된다. 맘루크는 '소유된 자', 즉 '노예'를 뜻하는데, 1250년부터 1517년까지 이집트와 시리아 지역을 통치한 노예 출신 군인들이

그림 6-2 다양한 아랍어 서체

나스크

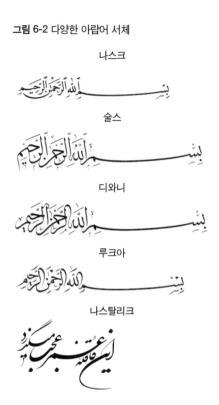

술스

디와니

루크아

나스탈리크

그림 6-3 무하카크체

세운 왕조이다. 이들은 노예 출신이라는 콤플렉스에서 벗어나기 위해 화려한 문양을 선호했다.

이슬람 예술의 장식 요소, 기하 문양과 아라베스크 문양

아랍어 외에도 이슬람 예술의 대표적인 장식 요소는 원, 삼각형, 사각형, 오각형, 육각형부터 별 모양, 직선, 또는 곡선 등의 요소로 구성된 기하 문양과 아라베스크 문양이 있다. 이슬람의 기하 문양은 끊임없이 반복되는 모듈 구조로 이슬람 문명의 수학과 과학의 발달과도 관련된다. 기하 문양은 그릇이나 등잔과 같은 일상 생활용품, 장신구, 책표지, 직물 등 거의 모든 용품에 사용된다. 그리고 기하 패턴의 단순함을 보완하기 위해 동지중해 로마 제국의 예술 작품에서 주요 모티프로 사용되었던 아라베스크 문양을 도입했다. 아라베스크 문양은 꽃, 잎사귀, 식물 덩굴 등이 어우러진 모양이다. 그리고 13세기 몽골 침략 이후에는 중국에서 소용돌이 모양과 파도 모양을 가져와 이슬람 문양의 주요 패턴으로 활용했다.

이슬람 예술에서 사용된 기하와 아라베스크 문양은 끊임없이 이어지기 때문에 신의 무한성과 영원성을 상징한다. 뿐만 아니라 예배자가 반복적인 리듬의 기도 동작을 되풀이하도록 유도했고, 기도의 집중도도 높일 수 있었다(국립중앙박물관, 2013).

이슬람의 직조 예술, 카펫

카펫은 유목민을 상징하는 직물이다(유달승, 2012). 공간을 기능적으로 분할하고 가구를 채워 넣은 유럽인과는 달리 유목민은 하나의 공간을 다용도로 활용하고 이동성이 뛰어난 직물을 사용했다. 직물은 유목민에게 바람과 햇빛을 피할 수 있는 집이 되기도 했고, 물건을 운반하는 자루 역할도 했다. 또한 용도에 따라 침대, 식탁, 의자 등 가구로 쓰이며 인테리어 기능을 했다. 유목민은 카펫 위에서 담소를 즐기고, 천을 깔아 식탁으로 사용했으며, 잠을 잘 때 바닥의 냉기를 차단하는 침대로 활용했다. 그리고 외부인이 방문할 때는 공간을 물리적으로 구분하는 데 사용했다(단국대 아랍문화연구소, 2020).

카펫을 만드는 재료는 여러 가지였는데, 주로 주변에서 얻기 쉬운 소재들이 활용되었다. 목양 문화의 특성상 울이 주로 사용되었으며, 면화가 많이 생산되는 이집트 북부 지역에서 들여온 면과 리넨도 쓰였다. 또한, 낙타와 염소의 털도 사용되었으며, 간혹 실크도 쓰였다.

한편 정주민도 카펫을 사용했는데, 장식적인 기능이 추가되면서 소유자의 신분이나 재력을 나타내기도 했다. 맘루크 시대의 통치자는 노예 출신이라는 신분의 콤플렉스를 보완하고자 화려한 색상에 실크나 금으로 감긴 실을 활용하기도 했다. 카펫은 또한 외교용 또는 하사품 등 선물용으로 사용되기도 했다. 페르시아와 터키 지역에서는 카펫 제작이 전문화되어 이슬람 세계 예술 작품의 한 축을 이루게 되었으며, 이러한 배경에서 이슬람 문명은 곧 '직물 문화textile culture'로 규정되기도 한다(Eiland III, 1998).

이슬람 문화권의 카펫 문화가 발달한 배경에는 종교적 이유도 있다. 예배 시 카펫이 사용되었기 때문이다. 이슬람이 도래하기 이전 생활 용품이자 장식품으로 주로 사용되었던 카펫에 종교적인 용도가 추가된 것이다. 아랍어로 카펫은 '사좌다sajaadah'로 불리는데, 여기에는 '앉다', 또는 '기도를 위해 이마를 바닥에 닿게 하다'라는 뜻이 포함되어 있다. 여기에 장소를 의미하는 M 음가를 붙이면 '마스지드', 즉 기도하는 공간, 사원이 된다. 카펫이 종교적 목적으로 사용되면서 장식으로 기하 문양이나 아라베스크 문양이 주로 쓰였다. 간혹 이슬람의 기도 방향을 표시한 카펫 디자인도 있다. 무슬림은 카펫 하나를 들고 다니면 사원과 항상 함께한다고 생각하고 있다.

이슬람 사원과 건축 예술

이슬람 사원은 아랍어로 '마스지드' 또는 '잠아jam'a'로 불린다. '마스지드'는 앞서 설명한 바처럼 '엎드려 절하는 곳'을 의미한다. 반면 '잠아'는 '모이다'라는 뜻을 지닌 아랍어 '자마아jama'ah'에서 파생된 것이다. 무슬림은 금요일에 사원에 모여 기도하는데, 금요일은 아랍어로 '모이는 날'을 의미하는 '주무아'로 불린다.

사원은 기도하는 곳으로 종교적 공간이기도 하지만 학문을 접하는 배움의 공간이 되기도 했고, 또 사람들이 쉴 수 있는 휴식 공간이 되기도 했다. 이슬람 사원은 사람들과 동떨어진 공간에 있는 불교 사찰과 달리 대체적으로 도시의 중심에 있다. 그리고 사원 옆에는 항상 시장이 있다. 이슬람이 처음으로 태동한 메카도 아라비아반도의 무역로를 관통하는 지역이었다. 즉, 이슬람교는 시장에서 성장한 종교라고 해도 과언이 아니다. 시장은 상품을 교환하고 서로 만나고 소통하는 공간으로 사람들 간 교류를 촉진하는 장소이다. 이러한 시장이 사원 옆에 위치함으로써, 사원 주변 지역의 사회적인 활동과 경제적인 발전을 도모할 수 있었다.

이슬람 사원의 원형, 사도의 집

이슬람교의 최초의 사원은 메디나에 있는 사도 무함마드의 집이었다. 사람들은 알라의 계시를 전하는 사도 무함마드의 집에 모여 예배를 봤고, 그가 전하는 신의 말씀을 들었다. 이슬람교를 믿는 사람들의 숫자가 증가하자 사도는 공동체의 중심이자 기도실로 사용할 집을 지었다. 당시 지어진 최초의 사원은 되도록 많은 사람을 수용할 수 있도록 마당이 넓고 장식물이 없는 단순한 형태였으며, 가운데 마당을 비워두고 벽을 따라 기둥이 많은 다주식이었다. 남쪽과 북쪽 벽을 따라 대추야자 줄기로 출입구를 만들었으며, 장식물은 거의 없었다.

사원은 가로로 긴 직사각형으로 만들어졌는데, 이는 되도록 많은 사람들이 성지 메카 방향을 마주하며 기도를 하기 위한 것이다. 이는 이슬람의 평등 정신이 반영된 것이다. 원래 사도는 이슬람교의 뿌리가 유대교와 기독교에서 나왔다는 점을 강조하며 예루살렘을 향해 기도했었다. 그러나 사도는 메디나의 유대교인들과 관계가 틀어지면서 624년 기도 방향을 메카 쪽으로 바꿔버렸다. 예루살렘에서 메카로의 기도 방향 전환은 유대교 및 기독교와는 구별되는 이슬람교의 정체성 구축에 출발점이 되었다.

아름다움이 강조된 이슬람 사원의 출현

사도의 메디나 집에서 출발했던 소박하고 단순한 형태의 사원은 이슬람 제국이 팽창하고 경제적 여유가 생기면서 아름다워지고 그 규모도 점차 커졌다. 이슬람 초기 정복 사업을 해야 했던 정통 칼리프 시대의 칼리프들은 예술에 관심을 가질 만한 여유가 없었다. 그러나 우마이야 시대부터 제국의 틀이 어느 정도 갖춰지고, 안정기에 접어들면서 무슬림 통치자들은 예술에 관심을 보이기 시작했다. 제국의 기틀을 마련한 통치자들은 자신의 영향력과 권위를 뽐내기 위해 사원의 장식적인 면을 강조했다. 특히 예루살렘 정복 이후 우마이야 제국의 압둘말리크Abdul al-Malik 칼리프 시대(685~705)부터 사원의 장식적이고 심미적 기능이 강조되었으며, 이슬람 예술도 본격적으로 발전했다. 그는 692년 사도 무함마드가 하늘로 승천해 야간 여행을 시작했던 곳이라고 알려진 지점에 바위 돔 사원과 그 옆에 황금 돔 사원을 건설했다. 그가 이슬람 사원을 화려하게 지은 이유는 유대교와 기독교의 성지에 이슬람교의 존재를 널리 알리고, 이슬람교가 이전에 출현한 종교들의 진정한 후계자임을 알리기 위함이었다.

다양한 사원의 모습

한편 이슬람 제국의 영토가 아라비아반도의 메카와 메디나 지역을 넘어 북아프리카, 중앙아시아, 인도, 유럽까지 팽창하면서 사원도 현지의 건축 양식과 조우하게 되었다. 그 결과 사원의 모습도 다양하게 나타났다. 일부는 이슬람 정복지에서 기존에 있던 교회를 개조해 사원으로 재탄생된 것도 있다. 대표적인 사원이 바로 소피아Sofia 성당에서 사원이 된 튀르키예의 아야소피아Aya Sofia가 있다. 소피아 성당은 애초 그리스 정교회 성당으로 지어 졌지만, 1453년 오스만 제국이 현재 이스탄불로 개칭된 콘스탄티노플을 정복한 후 사원으로 개조한 것이다. 성당 외관에 웅장한 네 개의 첨탑이 추가 되었고, 내부를 장식하던 기독교 상징물과 모자이크는 코란 글귀로 덮였 다. 이후 1934년 정교분리의 세속주의 정책을 펼쳤던 초대 대통령 아타튀 르크Mustafa Kemal Atatürk가 박물관으로 개조하고 유네스코UNESCO 세계 문화유 산으로 지정되기 전까지 사원으로 사용되었다.

그러나 2020년 들어 터키 법원이 박물관 지위를 무효화하면서 다시 사원이 되었으며, 에르도안Recep Tayyip Erdogan 대통령은 이를 기념하기 위해 이곳에서 예배를 보았다. 동양과 서양, 이슬람교와 기독교 문명이 관통하는 지역에 있던 이 사원은 양 문명 간 패권 다툼의 역사를 고스란히 간직하고 있다. 그 밖에도 시리아처럼 기독교도가 많은 지역에서는 교회를 사들여 사원으로 개조하기도 했는데, 이때 세로로 긴 형태의 교회 건물은 가로로 긴 형태의 사원으로 다시 만들어졌다.

사원을 구성하는 필수 요소

어느 시대에 지어진 사원이건, 그리고 전 세계 어디를 가든 이슬람 사원에는 공통적인 요소가 몇 가지 있다. 외부에는 기도를 할 수 있는 넓은 마당과 기도 전 세정 의식을 행할 수 있는 공간이 있고, 내부에는 이슬람의 기도 방향을 알려주는 반원 공간인 '미흐라브mihrab'(이슬람 초기에는 창을 꽂아 기도 방향을 알려주었다고 한다), 미흐라브 옆에 '마크수라maqsurah'로 불리는 왕족들이 앉는 비공개 공간, '민바르minbar'로 불리며 미흐라브 오른쪽에 위치한 설교단, 기도 시간을 알리는 곳으로 '마나라manaraah'(미나렛minaret이라고도 한다)라 불리는 첨탑 등이 있다. 첨탑은 처음에는 하나였으나 사원 건축에 장식성이 추가되면서 개수도 점차 늘어났다. 따라서 예배 시간을 알리는 기능과 목적 외에도 사원이 통치자의 권위를 상징하게 되면서 높이도 점차 높아졌다.

그 밖에 이슬람 사원의 가장 큰 특징으로는 성에 따라 공간이 분리되어 있다는 것이다. 무슬림 남성과 여성은 서로 다른 공간에서 예배를 행한다. 남성과 여성의 출입구 또한 분리되어 있는데, 남성은 주로 정면의 입구를 통해 사원에 들어가는 반면 여성은 측면이나 후면에 마련된 문을 통해 사원 내부로 들어간다.

이슬람 문화권에서는 정원도 발전했다. 이슬람에서 정원은 천국, 즉 종교적인 상상력이 현실, 즉 땅에서 구현되는 공간이다. 부유한 사람뿐만 아니라 부유하지 않은 사람들도 집 안에 분수를 세우고 주변에 조그마한 나무와 화초, 포도나무 등을 심어 정원을 가꾸었다. 잘 가꿔진 정원은 집 주인의 부와 권력을 상징했다.

참고 글

국립중앙박물관. 2013. 『이슬람의 보물: 알사바 왕실 컬렉션』.

단국대 아랍문화연구소. 2020. 「아사이의 디자인과 문양연구: 아랍카펫 결과보고서」.

루이스, 버나드(Bernard Lewis). 2010. 『이슬람 1400년』. 김호동 옮김. 까치글방.

유달승. 2012. 「페르시안 카펫과 이란 문화의 정체성 연구」. ≪한국이슬람학회논총≫,

22(3), 51~67쪽.

Canby, Sheila R. 2005. *Islamic Art in Detail*. Harvard University Press.

Eiland III, Murray Lee. 1998. "Arab Textiles in the Near East." *Journal of the Royal Asiatic Society*, 8(3), pp. 323~339.

7

이슬람의 문화유산과
세계사를 바꾼 이슬람 관련 상품들

중세 이슬람의 번영기는 1000년 이상 지속되었다. 이슬람 문명이 발전했던 원동력은 바로 교육에 대한 욕구와 이슬람의 5대 의무 사항인 성지 순례, 즉 여행에서 나왔다고 해도 과언이 아니다. 무슬림은 교육을 통해 지식을 쌓고, 여행을 통해 새로운 것을 직접 경험해 견문을 넓혔다. 그리고 여행 기간 비용을 마련하기 위해 자신이 가지고 온 물건을 팔거나 성지에서 구입한 물건을 고향에서 팔면서 상업 활동을 했고 자연스럽게 여러 부류의 사람들과 교류했다. 그 결과 중세 이슬람 문명은 다양성을 품으며 발전할 수 있었다. 무슬림이 중세 학문 발달에 기여한 덕에 현대 과학 기술과 의료 기술 등에 발전이 있었으며, 오늘날 우리도 편안함과 안락함을 누릴 수 있게 되었다. 이 장에서는 이슬람 문명의 원동력인 교육과 성지 순례 여행을 소개하고, 이슬람 문명이 남긴 문화유산인 주요 도시를 소개한다. 그리고 커피, 향신료, 석유를 중심으로 세계사를 바꾼 이슬람 관련 상품들을 소개한다.

이슬람 학문의 정수, '지혜의 집'

중세 서구가 암흑기일 때 이슬람은 문명의 꽃을 피웠다. 중세 이슬람 제국의 수도였던 바그다드는 당대 세계에서 가장 부유한 도시였다. 풍요로웠던 아바스 제국 시대 칼리프들은 과학, 문학, 예술 발전에 큰 관심을 기울였다. 그리고 그 중심에는 '바이트 히크마'로 불리는 '지혜의 집'이 있었다. 지혜의 집 기원은 칼리프 하룬 알라시드Harun al-Rashiyd(763~809년 통치)가 그의 할

아버지와 아버지가 수집했던 서적들을 보관하기 위해 도서관을 설립하고, 이를 학술 목적의 교육 기관으로 발전시키며 시작되었다.

이후 815년부터 20년간 통치했던 칼리프 알마문al-Ma'mun 시대 지혜의 집은 절정을 이루었다. 수집한 책들이 많아지자 그는 지혜의 집을 확장했고, 학자, 번역가, 문필가, 시인 등 각 분야별 전문가들을 초대했다. 지혜의 집은 아바스 시대 이슬람 문명 발전의 원동력이 되었다. 지식인들이 지혜의 집에 매일같이 모여 아리스토텔레스Aristoteles의『동물지』, 의사 히포크라테스Hippocrates와 갈레노스Galenos 등 고대 그리스·로마의 지식을 번역했고, 토론했다. 칼리프 본인도 지식인들이 모이는 토론장에 직접 참여했다. 그리고 더 많은 서적들을 번역하기 위해 칼리프는 학자들이 번역 작업을 마치면 책의 무게에 따라 금화를 상으로 내렸다고 한다. 지혜의 집에는 이슬람 세계 도처에서 유능한 학자들이 모여들었고, 중세 세계 최고의 교육 기관이 되었다. 훗날 12세기 스페인의 톨레도Toledo에서는 지혜의 집에서 아랍어로 번역했던 유럽의 지식 유산을 다시 라틴어로 번역했다.

알마문은 그리스·로마 문화유산에 특히 많은 관심을 쏟았다. 고대 유럽의 문헌들을 수집하기 위해 시칠리아 왕에게 편지를 써 도서관 소장 도서 사본을 요청했고, 비잔틴 제국의 황제에게도 과학자 몇 명을 보내 유용한 책들을 번역하고 싶다고 요청했다. 파견된 학자들에게는 그리스 지식인이 쓴 책이라면 그 어떤 것이라도 가지고 돌아오라는 임무가 주어졌다고 한다. 829년 지혜의 집에는 천문대가 세워졌으며, 세계 지도도 만들어졌다.

지혜의 집에 머물렀던 당대의 학자로는 대수학의 아버지로 알려진 알콰리즈미al-Khwaarzimi, 암호 해독법과 음악 이론가인 알킨디al-Kindyi 등 다수가 있다. 한편 이슬람 제국 내에는 바그다드에 설립되었던 지혜의 집과 유사한 도서관이 여러 개 설립되었는데, 여기에는 1005년 카이로 파티마 왕조 시기에 설립되어 165년간 존속되었던 '다르 알히크마dar al-hikmah'와, 이란과 중앙아시아를 포함한 이슬람 세계 동부 지역의 '다르 알일름dar al-'ilm'(학문의 집) 등이 있다. 1258년 아바스 제국이 몽골에 의해 멸망하기 전까지 바그다드에만 36개의 도서관이 있었다(내셔널지오그래픽, 2013). 지식의 힘이 이슬람 세계의 탁월한 발명과 발견의 토대가 되었다.

아랍어에서 유래한 단어들

중세 이슬람이 전 세계인의 과학과 문명 발달에 큰 기여를 했음에도 불구하고 아쉽게도 그들의 업적은 우리에게 잘 알려지지 않았다. 역사가 근대의 승자였던 유럽에 의해 기술되었기 때문이다. 그러나 이슬람이 전 세계인의 지식의 보고였다는 증거는 너무나 많다. 우리가 인지하지 못한 채 사용하고 있는 외래어에는 아랍어에서 기원한 단어들이 셀 수 없이 많다. 알지브라algebra와 같은 대수학 용어뿐만 아니라 '알' 자가 들어가는 화학 용어 대부분은 아랍어에서 기원한 것이다. 동남아시아 지역 계절풍을 의미하는 '몬순monsoon'도 이 지역을 무대 삼아 무역 활동을 했던 아라비아 상인들이 계절을 의미하는 '마우심mawusim'을 부르던 것에서 나온 것이다. 설탕 '슈거sugar'는 '수카르sukar'에서, 면화의 '코튼cotton'은 '쿠튼qutn'에서, 커피는 '카후와qahwah'에서, 시럽syrup은 '시럽shirab'에서, 레몬lemon은 '라이몬laymun'에서 나왔다. 그 밖에도 수표를 뜻하는 체크cheque와 신용장 제도 등도 무슬림의 상업 활동에서 기원한 것이다.

오늘날 대학 시스템의 원류, 이슬람 사원

이슬람교에서는 교육을 매우 중시 여긴다. 이슬람에서 최초의 학교도 사원에서 시작했다. 사원은 기도하는 장소이자 학습 공간으로 활용되었는데 이곳에서는 코란 교육뿐만 아니라 산수나 과학 교육도 이루어졌다. 수업료는 무료이거나 비싸지 않아 누구나 원한다면 공부를 할 수 있었다. 교육 기관에 대한 접근성도 좋았는데, 14세기 교육자 이븐 알핫즈ibn al-Hajj는 "학교는 시장이나 번화한 거리에 있어야지 외진 곳에 있어서는 안 된다"고 말했다고 전해진다. 중세 이슬람 시대에는 국가 기관 외에도 개인이 설립한 학교와 도서관이 수없이 많았다. 부유한 자는 이슬람의 5대 의무 사항인 종교 부금을 '와크프Waqf'라고 불리는 재단에 희사했다. 그리고 재단과 약정을 맺고 이슬람 교리를 따른다면 누구나 교육 기관을 설립할 수 있었다. 이 기금은 학교의 유지 관리비, 교사 봉급, 숙박비, 학생 식비, 가난한 학생들을 위한 장학금으로 사용되었다. 학교에서 무상 교육과 숙박, 식사가 해결된 것이다(내셔널지오그래픽, 2013). 따라서 중세 이슬람 시대 지식은 특정 계층에만 머물지 않고 일반 대중에게도 전달될 수 있었다.

오늘날 대학의 원류도 이슬람 문명에서 나온 것이다. 아랍어로 대학은 '자미아jaami'ah'라고 부르는데, 그 어원은 사원을 뜻하는 '잠아'와 같다. 두 단어 모두 '모이다'라는 뜻의 '자마아'에서 나왔는데, 사람들이 모이는 곳을 의미한다. 최초의 대학은 파티마 왕조의 수도였던 카이로의 알아즈하르al-Azhar 사원으로 알려져 있다. 파티마 왕조는 시아파 이슬람 왕조로 909년부터 1171년까지 이집트, 북아프리카, 레반트 지역을 다스렸다. 알아즈하르 사원은 970년 카이로에 세워졌다. 사원을 받드는 기둥마다 선생님이 있었고, 학생들은 원하는 선생님이 있는 기둥에 모여 선생님의 지식을 전수받았다. 즉, 오늘날 대학의 수강 신청 시스템이 이슬람 제국의 사원에서 시작되었던 것이다.

이슬람 문명의 또 다른 원동력, 성지 순례 여행

이슬람교에서는 성지 메카로의 순례를 무슬림이 행해야 할 의무 사항으로 규정하고 있다. 코란 3장 96절과 97절에는 "최초의 집이 인류를 위하여 세워졌나니 이는 축복받은 박카(메카)에 있으며 …… 능력이 있는 백성에게는 순례를 의무로 하셨노라"고 언급되어 있으며, 코란 2장 196절과 197절에는 "대순례와 소순례를 행하라…… 대순례는 명시된 달에 행하되……"라고 되어 있다. 성지 순례의 전통은 이슬람교의 창시자 사도 무함마드가 632년 행했던 '고별의 순례'에서 기원한 것이다. 그는 고별의 순례에서 알라의 계시가 완결되었다고 선언했고, 그가 마지막으로 행했던 의식은 이슬람의 성지 순례의 의례 전통으로 이어지고 있다.

교통수단이 발달하기 이전 성지 순례는 오늘날과 같이 단 며칠이면 마칠 수 있는 간단한 행위가 아니었다. 성지 순례를 위해 순례객들은 일평생을 계획해야 했다. 대부분의 순례객들은 걷거나 낙타를 타고 메카까지 이동했으며, 이때 걸리는 기간은 최소 몇 개월에서 최대 몇 년 이상이 소요되었다. 순례 여정이 힘들고 어려웠기 때문에 순례들은 집을 떠나기 전 가족들의 생계를 미리 마련해뒀고, 빚도 청산했다. 또 일부는 유언장을 작성하기도 했다. 당시 이슬람의 5대 의무 사항을 이행하는 메카로의 순례는 희생과 헌신이 필요했다(Alammash, Guo, and Vinnikova, 2021).

오스만 제국 시대 메카로의 순례는 '아미르 알핫즈Amir al-Hajj'로 불리는 사령관이 이끌었다. 아미르 알핫즈는 최소 1만 5000~2만 명으로 구성된 순례단을 이끌었으며, 오스만 중앙 정부는 아미르 알핫즈에게 순례단 전원에 대한 생사여탈권과 군사권, 예산 집행권 등을 일임했다. 이를 통해 술탄이 직접 순례자를 보호하고 순례를 이끈다는 상징적 메시지를 대중에게 주며 술탄의 존재를 확인시킬 수 있었고 정치적 리더십도 확보할 수 있었다. 이슬람 제국의 군주들은 순례 과정에서 발생하는 여러 가지 어려움을 해결해 줌으로써 순례객들에게 인정받았고, 자신의 명성을 전 이슬람 세계에 알릴 수 있었다. 순례객들이 고향에 돌아가면 이들의 리더십에 대해 전했기 때문이다(김영화, 2016).

성지 순례가 현대화되면서 순례 길의 물리적인 환경도 개선되었다. 과거

도보나 낙타를 주요 이동 수단으로 활용했던 카라반 성지 순례의 규모는 19세기 증기선이 운항되고, 20세기 초 오스만 제국 술탄 압둘하미드 2세 Abdu al-Hamid II가 수도 이스탄불과 성지 메카와 메디나를 연결하는 히자즈 철도를 건설하면서 점차 커졌다. 이후 1932년 사우디아라비아 왕국이 건립되고 항공편이 연결되면서 순례객들의 이동 환경도 훨씬 편리해졌다.

경제 활동을 증진시킨 성지 순례

교통수단이 발달하기 이전 성지 순례 여행 기간은 수개월에서 수년이 걸렸다. 순례객들은 여행 비용을 마련하기 위해 비즈니스를 해야 했다. 순례객들은 여행하는 동안 고향에서 가져온 물건을 팔거나 물물 교환을 했으며, 고향에 돌아가서는 성지에서 산 물건들을 팔았다. 이 과정에서 경제 행위가 자연스럽게 발생했다. 성지 순례 과정에서 발생하는 경제 행위는 이슬람교에서 금지된 사항도 아니었다. 코란 2장 198절에서는 "순례 중에 하나님으로부터 은혜를 구하는 것은 죄가 아니니……"라고 언급되어 있는데, 이 부분은 성지 순례 기간 장사 및 무역 활동 등의 거래 및 경제 활동은 허용된 행위임을 의미한다. 즉, 상업과 이윤 추구가 성지 순례의 일부였다는 점을 알 수 있다. 성지 순례가 상업 활동을 장려했기 때문에 이슬람교가 퍼지면서 무역도 활성화되었다.

특히 성지가 있는 아라비아반도로 진입하기 전 순례객들이 모여들었던 거점 도시인 카이로, 다마스쿠스, 바그다드는 비즈니스의 중심지였다. 마을 주민들은 순례객들을 위한 숙박과 음식, 그리고 필요한 물품을 제공하기 위해 조직적으로 움직였다. 또한 성지 순례는 사막 지형에 익숙해 순례객들의 길잡이 역할을 했던 베두인에게도 주요 생계 수단이 되었다. 이처럼 성지 순례는 종교적 의무를 수행한다는 의미뿐만 아니라 여행을 통해 사람들의 경험을 확대시키고 교류를 확장시켜 또 다른 차원에서 이슬람 문명의 발전에 이바지했다.

제국의 수도, 다마스쿠스

중세 중동 지역을 대표하는 주요 도시로는 우마이야 제국(661~750)의 수도였던 다마스쿠스, 아바스 제국(750~1258)의 수도였던 바그다드, 그리고 파티마 왕조(909~1171)의 수도였던 카이로 등이 있다. 이 중 다마스쿠스만이 오래된 무역 도시로, 고대부터 사람들이 거주했고, 바그다드와 카이로는 새롭게 만들어진 계획도시이다.

이슬람교의 창시자인 사도 무함마드와 그의 뒤를 이은 네 명의 후계자가 사망한 후 메카는 이슬람 제국 수도의 위상을 잃게 되었다. 우마이야 가문의 무아위야가 이슬람 제국의 칼리프 직에 오르면서 이슬람 제국의 수도를 현재 시리아의 수도인 다마스쿠스로 옮겼기 때문이다. 이로써 이슬람 제국의 무대는 아라비아반도에서 비옥한 초승달 지역(레바논, 시리아, 요르단, 팔레스타인 등)으로 불리는 '샴sham' 지역으로 이동하게 된다. 이 지역이 '샴'이라 불리게 된 이유는 이슬람교의 성지인 메카로부터 왼쪽에 위치하고 있기 때문이다. 메카는 비록 정치적 위상은 약해졌으나 이슬람교의 종교적 중심지로 그 위상을 굳건히 지키게 되었으며, 경제 활동은 성지 순례를 하러 온 순례객을 위한 편의 시설 및 숙박 시설, 그리고 교육 시설을 중심으로 이루어졌다.

7세기 후반부터 8세기 중반까지 다마스쿠스는 번영하는 도시로 부상했다. 여행가 이븐 주바이르ibn Jubayr의 다마스쿠스에 대한 묘사에 따르면 "지상에 낙원이 있다면 틀림없이 다마스쿠스일 것이다"라고 언급한 바 있다. 다마스쿠스는 메카로 향하는 성지 순례의 길목으로, 1000년 이상 성지 순례를 하는 수많은 사람들이 모였던 곳이다. 사람들은 이곳에 모여 수개월이 걸리는 메카로의 여행을 위해 사막을 건넜다. 다마스쿠스는 고대부터 수많은 대상隊商 행렬이 유프라테스강을 따라 북동쪽으로 이동하면서 지나치는 아시아 무역의 거점지 역할을 했으며, 남쪽과 동쪽 방면의 길은 이집트, 예멘, 인도의 항구와 연결되었다. 다양한 문화가 서로 교차했기 때문에 다마스쿠스는 우마이야 제국이 들어서면서 이슬람 제국의 정치적·경제적 중심지뿐만 아니라 문화와 종교의 중심지로 변모했다.

다마스쿠스는 자연환경도 매우 훌륭했다. 풍부한 강수량과 지중해의 온화한 기후 덕에 다양한 농산물을 생산할 수 있었으며, 무역 거점지였기 때문에 진귀한 채소와 과일 들도 모이게 되었다. 다마스쿠스의 시장에는 팔레스타인의 올리브, 말린 무화과, 건포도, 실크와 면이 섞인 직물이, 요르단의 수도 암만Amman 지역에서 생산된 곡물, 양, 꿀이, 알레포Aleppo 지역의 면화, 옷, 말린 허브가 있었고, 또한 중세 이슬람 문명권에서 발전한 직물, 종이, 약품 등이 거래되었다. 다양한 식재료 덕에 다마스쿠스의 음식 문화는 이전 세대가 즐겨했던 사막의 투박하고 검소한 스타일에서 세련된 제국의 스타일에 걸맞게 발전할 수 있었다. 바닥에 천을 깔고 음식을 먹는 대신 식탁과 식기도 등장했다(엄익란, 2011).

우마이야 시대 메카 귀족들은 이슬람 제국의 부를 향유하면서 시와 음악을 중심으로 세련되고 호화로운 삶을 영위했다. 그러나 불행히도 우마이야 왕조의 운명은 건립 후 채 100년도 되지 않아 끝나게 된다. 다양한 민족과 언어를 포괄하는 넓은 이슬람 제국을 다스리기에 우마이야 제국의 아랍 순혈주의는 부합하지 않았기 때문이다. 또한 우마이야 왕조는 정복 사업에 성공하면서 많은 부를 축적하자 사치스러운 생활을 탐닉하게 되었다. 그리고 사막 생활을 통해 몸에 밴 조상들의 검소한 삶과 종교심을 점차 잊어갔다. 여기에 우마이야 제국을 보는 외부의 시선도 그리 곱지는 않았다. 무슬림 사이에서는 우마이야 왕조가 사도 무함마드의 손자들을 위협하고 학살해 왕위를 찬탈했다는 인식이 있었기 때문이다. 그 결과 우마이야 왕조는 예언자 숙부의 후손임을 내세워 우마이야 왕조에 대항했던 아바스가에 의해 750년 멸망하게 된다. 이에 대해 일부 무슬림들은 우마이야 왕조의 멸망을 당연한 것으로 간주하기도 했다. 우마이야 왕조가 여러 가지 측면에서 반이슬람적이라고 생각했기 때문이다.

제국의 수도, 바그다드

아바스 제국의 수도 바그다드는 아바스 왕조의 2대 칼리프 알만수르al-Mansuur에 의해 762년 티그리스강 서안에 창건되었다. 바그다드는 고대 근동 지역에서 요새로 쓰였던 원형 도시를 모델로 한 것이다. 수도 건설 공사는 알만수르가 직접 진두지휘했으며, 첫 삽을 뜬 지 4년 만에 바그다드가 완공되었다(니콜슨, 1995). 계획도시였던 바그다드 중심부에는 주거지와 시장, 광장이 있으며, 중심부 주변에는 시가지가 있었다. 남쪽은 상업 지역이었고, 북쪽에는 군대가 주둔했다. 바그다드는 이슬람 세계가 문명이 꽃을 피웠던 8세기부터 13세기까지 귀족 지배층의 적극적인 후원 아래 풍요로운 도시 문화를 형성했으며, 우리에게 잘 알려진 『천일 야화』의 주요 무대가 되었다.

바그다드는 다양성을 품은 도시였다. 아바스 제국은 우마이야 왕조가 멸망한 원인이 되었던 아랍인 중심 순혈주의와 타민족 배타주의 정책에서 교훈을 얻고 다민족과 다문화 정책을 실시했다. 여러 지역에서 사람들이 몰려들어 인구 구성도 국제적이었다. 이러한 다양성 덕에 바그다드는 학문과 과학, 문화 활동 면에서 중세 세계 최고의 도시로 성장할 수 있었다. 도시에는 수많은 공공 도서관이 설립되었으며, 저명인사와 학자 들이 후원하는 사설 도서관도 곳곳에 설립되었다. 지혜의 집에서는 그리스 학문도 번역되었으며, 바그다드는 실로 중세 지식 활동의 중심지가 되었다. 뿐만 아니라 바그다드는 상업 활동의 중심지 역할도 담당했다. 바그다드는 이슬람 제국

뿐만 아니라 인도와 중국, 아프리카와 대서양, 그리고 유럽까지 연결된 방대한 교역망 덕에 세계 각지에서 온 각종 희귀한 물건들과 사치품들이 넘쳐났다.

제국의 수도, 카이로

1258년 몽골의 침략으로 바그다드는 쇠락했고, 대신 카이로가 이슬람 제국의 새로운 중심지로 부상했다. 카이로는 아바스 제국의 쇠퇴기에 중동 지역 곳곳에서 신흥 세력으로 출현한 군소 왕국인 파티마 왕조에 의해 969년 설립되었다. 카이로는 원래 파티마 왕조의 종교와 군사를 위해 건립된 도시였다. 카이로의 중심부에는 '알아즈하르'로 불리는 거대한 사원이 970년 완공되었으며, 중세 이슬람의 학문과 종교의 중심지가 되었다.

10세기 초반 카이로는 아프리카·아시아·유럽을 잇는 무역의 중심지로 부상했다. 세 대륙의 중심지 역할을 하던 카이로는 '세상의 어머니'라는 의미를 지닌 '움 알둔냐umm al-dunya'라고 불리기도 했다. 카이로는 인도양에서 지중해로 가는 수익성 높은 향신료 무역을 하면서 부를 쌓았다. 이들 무역상들은 후추와 각종 향신료 가격을 몇 배나 올려 받았다. 도시에 사람이 모이자 시장도 같이 발전했다. 도시 내부의 시장은 조직적으로 발전했으며, 유럽 길드의 형태를 띠었다. 상인들은 의무적으로 조직에 가입해야 했으며, 이들은 국가에 의해 통제되었다(Stewart, 1999). 카이로는 훗날 아이유브Ayyub 왕조(1169~1252) 치하에서 글로벌 상업 중심지로 성장할 수 있었고, 당시 세워진 칸 알칼릴리Khan al-Khalili 시장은 오늘날까지도 이집트의 대표 관광지로 유명하다.

카이로는 매년 나일강이 범람해 비옥해지는 흑토에 자리 잡은 덕분에 농업도 활기를 띠었다. 마르코 폴로Marco Polo와 함께 중세 3대 여행가로 꼽히는 이븐바투타ibn Battutah의 카이로 묘사에 따르면 "이곳은 도시들의 어머니이다. …… 넓은 땅과 비옥한 토지, 수없이 많은 건물, 아름다움과 웅장함이 그 어디에도 비할 데 없는 도시다"라고 언급하면서 카이로를 극찬했다(Weiss, 1998에서 재인용). 이후 글로벌 경제 중심지로서의 카이로의 위상은 1517년 터키 민족이 설립한 오스만 제국이 이슬람 제국의 주도권을 가져가면서 쇠락했고, 카이로는 '세상의 중심국'에서 주변국이 되었다.

중동의 근대화와 오늘날의 도시

이슬람 색채를 띠던 중동의 도시들은 19세기 중반부터 본격적으로 서구화되기 시작했다. 당시 중동을 식민지화하기 위해 진출했던 영국과 프랑스는 중동의 도시 계획에 간섭하기 시작했고, 자신들의 편의와 취향에 따라 건축물을 디자인하고 신도시를 설계했다. 서구의 근대화 정책을 적극적으로 받아들였던 중동의 엘리트와 부유층도 이에 호응했다. 그 결과 카이로와 베이루트Beirut와 같이 중동을 대표하는 도시에 새로 들어선 건물들은 유럽 양식을 모방해 지어졌다. 도시의 변화는 '위에서 아래로' 진행되었고, 구도시와 신도시로 양분되었다. 서구 소비문화의 상징인 백화점도 카이로 한복판에 등장했고, 상류층 소비문화의 중심 공간이 되었다.

건물은 사람들의 생활 양식도 변화시켰다. 서구화로 사람들의 생활 양식과 사고방식은 전통과 현대, 중동과 서구, 하층민과 상류층, 이슬람과 기독교 등 모든 면에서 대립되었다. 중동 지역에 대한 유럽의 영향은 제1차 세계대전 후 더욱 강해졌다.

한편 제2차 세계대전이 종결되면서 걸프 지역 산유국들을 제외하고 대부분의 중동 국가들은 서구로부터 독립했고, 도시는 신흥 독립 국가를 이끌던 정부의 주도하에 새로운 방향으로 설계되었다. 아랍 민족주의를 주창하며 중동 국가를 이끌었던 이집트는 더 이상 유럽을 발전 모델로 삼지 않았다. '새로운 국가 건설'을 모토로 한 사회주의 정책을 편 나세르Gamal Abdel

Nasser 정부는 소련을 모델로 효율성과 생산성에 비중을 둔 건물들을 지었다. 당시 사회의 분위기는 새로운 국가 건설에 대한 희망과 꿈으로 가득 차 있었고, 그 꿈을 좇아 지방 사람들의 도시로의 이주가 이어졌다. 도시화가 급속히 진행되었고, 지속적으로 늘어나는 인구를 수용하기 위해 아파트가 들어섰고, 위성 도시도 건설되었다.

한편 1970년대의 오일 붐은 걸프 지역의 도시 경관을 급격히 변화시켰다. 걸프 산유국에서는 대규모 국책 건설 사업을 발주했으며, 도로, 병원, 학교, 아파트, 쇼핑몰, 항만 시설이 새로 지어졌다. 노동력이 부족했던 산유국에서는 문화가 비슷하고, 같은 언어를 쓰고, 같은 종교를 믿는 중동의 비산유국가에서 대규모로 노동자를 데려왔다. 인구수가 증가하고 도시화가 진행되면서 소규모의 도시는 대도시로 탈바꿈했다.

이후 글로벌화와 디지털화가 진행되면서 중동의 도시에는 자신들의 정체성을 지키면서 동시에 세계 시민들에게 호감을 살 수 있는 다양한 스타일의 건물들이 들어서게 되었다. 이러한 변화는 산유국이 주도했는데, 이는 기존에는 석유에 의존해 발전했던 산유국들이 탈석유 정책을 선포하면서 관광객 유치에 관심을 두기 시작한 것과 관련된다. 두바이를 필두로 바다에 인공 섬을 만들거나 사막에 스키장을 만드는 등 산유국에 지어진 건축물에 '세계 최초', '세계 최대', '세계 최고' 등의 이름이 붙는 이유도 이런 배경에서 찾을 수 있다.

세계사를 바꾼 이슬람 관련 상품, 커피의 등장

최근 전 세계인의 커피 소비량은 급격히 증가했다. 한국도 '커피 공화국'이라고 불릴 정도로 커피 소비량이 많다. 2022년 커피 관련 통계에 따르면 프랑스인의 연간 커피 소비량은 551잔으로 1위, 그 뒤를 이어 한국이 367잔으로 2위를 차지하고 있다. 밥보다 커피를 더 많이 소비하고 있는 것이다. 커피라는 용어는 아랍어 '카후와'에서 기원한 것이다. 단어의 어원에서 커피 문화의 뿌리가 이 지역에서 나왔음을 유추할 수 있다.

커피 기원설에는 여러 버전이 있다. 가장 널리 알려진 버전은 예멘 지역의 양치기 목동에 관한 것이다. 어느 날 양들을 새 목초지로 데리고 간 목동은 그날 밤 양들이 잠을 이루지 못하고 밤새 울어대는 것을 보고 그 원인을 알아보기 위해 근처 수도원으로 갔다. 수도사는 목동에게 낮 동안 양들이 무엇을 먹는지 관찰할 것을 부탁했다. 다음 날 목동은 양들이 빨간 열매를 먹는 것을 발견했고, 그 열매를 수도사에게 가져다주었다. 그 열매를 먹어본 수도사는 머리가 맑아지고 잠도 오지 않는 것을 알게 되었다. 열매에 각성 효과가 있음을 알게 된 수도사는 밤에 코란을 읽고 기도할 때 졸지 않기 위해 그 열매 끓인 물을 다른 수도사들과 함께 음용했다. 이런저런 방법으로 열매를 먹어본 수도사는 볶아서 끓여 먹는 것이 가장 맛있는 방법임을 알게 되었다.

커피의 세계화

커피는 13세기 중엽 이래 아라비아반도를 중심으로 이슬람 세계에서 애음되었고, 14세기와 15세기에는 다른 지역에 판매를 위해 재배되었다. 아라비아반도에서 처음 발견된 커피는 15세기경 카라반 무역로와 성지 순례를 통해, 그리고 수양과 금욕을 실천하며 오지로 여행했던 수피주의 무슬림들을 통해 북아프리카와 동남아시아 지역까지 널리 퍼지게 되었다.

이슬람 문화권에서 커피는 한때 부정적인 음료로 여겨지기도 했다. 이슬람에서는 검은색 음료를 마시는 것을 금기시했으며, 뜨거운 음료를 '후후' 하고 부는 행위가 생명을 불어넣는 알라의 창조 행위를 모방한 것으로 인식되었기 때문이다. 그러나 무엇보다도 커피는 사람들을 모으는 힘이 있었다. 사람들은 커피 한잔을 놓고 다양한 주제로 이야기를 주고받았으며, 자연스럽게 정치 이야기도 나왔다. 통치자의 입장에서 이는 매우 부담스러운 일이었다. 그래서 1511년 메카의 총독 하일 베이가 회의를 통해 커피를 금지하려 했다. 그러나 당시 커피 회의에 참석했던 사람 중 한 명이 중앙 정부가 있던 카이로에 사람을 보내어 커피 음용을 허락받았고, 1554년 시리아 출신 이주민이 이스탄불에서 최초 커피 하우스를 열었다. 커피 하우스는 터키어로 '술이 없는 선술집'을 의미하는 '카흐베하네kahve hane'로 불렸다. 그리고 학자와 시인 들이 몰려들면서 카페는 지식 교류의 장이 되었다. 오스만 제국이 1517년 메카 지역을 정복한 후, 16세기 중동 지역으로 여행했던 상인, 항해사, 여행자, 선교사를 통해 커피는 유럽으로 전해졌다(우스이 류이치로, 2008).

중동의 커피를 유럽에 독점 수입한 사람들은 이슬람과 기독교 사회를 자유롭게 오가며 무역을 했던 베네치아의 유대인 상인들이었다. 이들은 커피 중개 무역을 통해 막대한 부를 쌓을 수 있었다. 유럽에 커피 소비량이 많아지면서 17세기 베네치아에 유럽 최초 커피 하우스가 문을 열었다. 이후 런던과 옥스퍼드에 커피 하우스가 문을 열었으며, 커피는 유럽식으로 새롭게 탄생했다. 유럽인들이 다양한 방식으로 커피 음용 방법을 개발했는데, 커피에 꿀이나 크림, 또는 아이스크림 등을 넣어 마시기도 했고, 술을 넣어 마시기도 했다. 이후 커피가 세계화되면서 그 맛과 향, 그리고 종류는 더욱 다양해졌다.

잠자는 문명을 깨우는 커피

커피가 있는 곳은 항상 문명이 깨어난다. 중세 이슬람 지역에서 커피가 음용되면서 이슬람 제국은 문명의 꽃을 피웠다. 사람들은 커피를 놓고 밤새 공부하고 토론하며 지식을 쌓고 전파했다. 당시 유럽은 암흑기로 술에 취한 사회였다고 알려져 있다. 유럽인들은 맥주를 매일같이 마셨고, 빵 다음으로 중요한 식사 대용품으로 소비되었다. 17세기 영국의 청교도가 정치권을 장악하고, 금주주의자들이 맥주 대신 커피를 마시기 시작하면서 유럽 문명이 꿈틀거리기 시작했다. 영국의 커피 하우스는 1700년대 3000개에 달할 정도로 급속히 늘어났는데 커피 한잔의 가격으로 정보와 지식을 살 수 있는 곳이라는 의미에서 '페니 대학penny university'으로 불리기도 했다. 당대 커피 하우스에는 유명인이나 지성인 들이 몰려들었다.

커피 하우스의 기능은 다양했다. 사람들이 커피 하우스를 중심으로 모이면서 커피 하우스는 온갖 정보가 모이는 언론사의 역할을 했으며, 사람들의 이야기를 전해주는 방송국의 역할도 했고, 또 누군가 맡긴 편지를 전달하는 우체국의 역할도 했다. 근대 해상 보험의 기원도 17세기 후반 런던에 만들어진 에드워드 로이즈Edward Lloyd's 커피 하우스에서 시작되었다. 그리고 커피 하우스는 일반 대중이 모여 정치 문제를 논의하는 공론장도 되었다. 유럽의 커피가 미국에 전해진 것은 1773년 보스턴 차 사건과 관련된다. 당시 높은 관세를 부과하던 차 대신 미국 정착민들은 커피를 마셨으며, 유럽에 이어 미국이 깨어나기 시작했다.

사교 문화의 중심에 있는 중동 커피의 종류와 에티켓

커피는 사교 문화의 중심에 있다. 중동의 전통에서는 누군가의 집에 초대되어 커피를 마시는 동안 절대 안전을 보장받았으며, 서로 적대 관계에 있던 사람이 커피를 함께 마시면서 동맹을 맺기도 했다. 커피는 관계의 시작을 알리는 음료였다. 그리고 예나 지금이나 커피는 중동에서 환대 문화를 상징한다. 손님이 찾아오면 주인은 어김없이 말린 대추야자나 단 과자를 커피와 함께 내놓는다. 커피는 각종 모임과 파티, 결혼식과 장례식 등의 행사에 빠지지 않고 제공되는 음료이다. 커피가 세계화된 이후 그 종류는 수없이 많아졌지만 중동 지역에서 음용되었던 전통적인 커피는 크게 두 종류로 나뉜다. '카후와 투르키야qahwah al-Turkiya'라고 불리며 북아프리카와 레반트 지역에서 주로 음용되는 터키식 커피와 '카후와 아라비아qahwah al-'Arabiya'로 불리며 걸프 지역에서 주로 음용되는 아라비아식 커피가 있다.

터키식과 아라비아식 커피를 끓이는 방법은 조금 다르다. 터키식 커피는 커피 가루와 물, 설탕을 넣어 끓여 내며 커피 가루는 따로 거르지 않고 바로 서빙한다. 음용자는 커피 가루가 가라앉을 때까지 잠시 기다렸다 위의 커피만 마신다. 커피 가루를 완전히 걸러내지 않았기 때문에 커피는 짙은 갈색을 띠고, 맛은 달콤하지만 텁텁하다. 그러나 커피 가루에 설탕과 물이 주원료이기 때문에 커피 자체의 향과 맛을 충분히 즐길 수 있다. 터키식 커피와 달리 아라비아식 커피에는 커피 가루에 사프란saffraan과 카르다몬cardamon과 같은 각종 향신료가 첨가된다. 커피 물은 맹물보다 장미에서 추출한 장미수를 사용하기도 한다. 재료를 넣고 커피가 다 끓으면 여과기를 이용해 가루를 걸러내고 서빙한다. 아라비아식 커피는 투명한 갈색을 띠고 다양한 향료를 첨가하기 때문에 그 맛이 풍부하다.

걸프 지역에서는 오늘날에도 전통적인 방식에 따라 손님에게 커피를 서빙한다. 그들은 전통적인 커피 문화에 자부심이 크다. 커피를 서빙하는 사람은 모임의 성격과 초대된 사람의 사회적 지위에 따라 달라진다. 중요한 손님이 방문했을 때 가족 중 가장 어린 사람이나 연장자가 커피를 서빙하기도 하지만 커피만을 전문적으로 만들고 서빙하는 사람도 있다. 오일달러 덕분에 부유해진 걸프 지역에서는 필리핀, 방글라데시, 인도 출신 이주 노동자를 몇 명씩 고용해 집안일을 맡기며, 커피만 전문적으로 취급하는 바리스타를 두기도 한다.

커피 서빙을 맡은 사람은 손님을 방해하지 않으면서 동시에 모든 사람의 커피 잔을 주시할 수 있는 위치에 서 있어야 한다. 커피포트는 왼손으로 잡고 커피 잔은 포개어 오른손에 든다. 왼손을 불결하게 여기는 중동 이슬람 문화권에서 왼손으로 커피를 서빙하거나 혹은 받는 것은 실례이다. 커피를 서빙하는 순서는 집안의 어른이나 손님을 기준으로 시작해 오른쪽으로 돌아간다. 아라비아식 커피는 소주잔 크기의 아주 작은 잔에 여러 번 제공된다. 커피는 잔을 꽉 채워 따르기보다 반 잔을 약간 넘는 선까지만 따른다. 커피 양을 아주 적게 할 경우에 손님은 주인을 인색하다고 평할 것이며, 아주 많이 할 경우에는 커피 따르는 것을 귀찮게 여긴다고 생각할 것이다.

커피를 많이 따르지 않는 또 다른 이유는 항상 따뜻한 커피를 제공하기 위해서이다. 커피를 따르는 사람은 손님이 커피를 다 마셨는지 눈치껏 살펴보며 손님이 커피를 먼저 요구하기 전에 먼저 다가가 커피 잔을 다시 채워준다. 커피를 더 이상 원하지 않을 경우 오른손으로 잔을 흔들면 커피를 서빙하는 사람이 커피 잔을 수거해 간다.

세계사를 바꾼 이슬람 관련 상품, 향신료의 쓰임새와 종류

향신료의 용도는 다양하다. 살균 및 해독 작용을 하기 때문에 의료 및 의약품으로 사용되었으며, 부패를 방지하기 때문에 의례용으로 쓰이기도 했다. 또한 냉장고가 없던 시절 육류 저장 및 조미료의 역할도 했다. 중동의 요리에 많이 쓰이는 향신료는 후추이다. 그 외에도 인도와 동남아시아지역에서 생산되는 다양한 종류의 향신료가 있다. 여기에는 카르다몬(생강과 소두구속이나 두구속에 속하는 식물의 씨앗으로 만드는 향신료), 매스틱mastic(관목 나무껍질에서 추출한 아로마 향의 송진), 수막sumac(옻나무의 일종으로 진한 와인색의 떫고 신맛을 내는 향신료), 커민cumin(미나리과에 속하는 초본 식물로 씨를 향신료로 사용), 강력한 살균, 소독, 항균 효능이 있는 타임thyme과 자타르za'tar(타임과의 한 종류), 올스파이스allspice(서인도제도산 나무 열매를 말린 향신료로 소시지를 만들 때 고기의 냄새와 느끼한 맛을 없애주는 용도로 사용), 정향(열대성 정향 나무의 꽃을 말린 것으로 달콤하면서도 매콤한 맛이 특징), 아니스anise씨(미나리과의 한해살이풀로 허브의 일종, 박테리아 성장을 억제하며 항균성이 뛰어난 향신료) 등이 있다. 향신료계의 꽃인 사프란도 중동에서 사랑받는 대표적인 향신료이다. 사프란은 가을에 피는 작은 튤립 같은 꽃의 암술머리로 향신료 중에 가장 비싸다. 약 10만 송이의 꽃에서 0.5kg만이 추출되기 때문이다.

서구 제국주의 출현을 자극했던 향신료 탐험

향신료는 열대성 식물이라 유럽에서 재배가 힘들다. 역사적으로 향신료는 콜럼버스Christopher Columbus가 신대륙을 발견하고, 포르투갈 출신 탐험가 바스쿠 다 가마Vasco da Gama가 인도 항로를 개척하고, 스페인으로 귀화한 포르투갈 출신 항해사 마젤란Ferdinand Magellan이 탐험한 세계 일주의 배경이 되었다. 8세기경 대부분의 향신료는 육상 실크로드와 해상 실크로드를 장악했던 무슬림 상인의 주요 중개 무역 품목이었다. 인도산 후추와 계피 등 향신료는 무역풍을 타고 걸프의 호르무즈Hormuz나 예멘의 아덴Aden으로 옮겨진 뒤 홍해를 거쳐 이집트의 알렉산드리아Alexandria를 통해 베네치아로 갔다. 동서 무역로를 장악한 오스만 제국의 술탄은 향신료에 무거운 세금을 부과했으며, 베네치아의 유대인 상인들은 무슬림 상인들로부터 구매한 향신료에 막대한 이윤을 붙였다. 그래서 향신료가 유럽에 도착하면 금 가격이 되었다. 실제로 금 무게를 잴 때 후추를 사용했다고 한다. 15세기 말 베네치아에서 향신료 상권을 장악한 유대인 상인들은 막대한 부를 쌓을 수 있었고, 악독한 유대인 상인 이야기를 담은 16세기 셰익스피어William Shakespeare 의 작품「베니스의 상인」의 배경이 되기도 한다.

한편 베네치아 유대인 상인의 향신료 무역 독점을 깨기 위해 대항해 시대가 개막되었다. 이는 서구 열강의 동양 진출을 본격화하는 계기가 되었고, 서구 제국주의 시대의 서막을 올렸다. 포르투갈이 가장 먼저 해로를 개척하기 시작했으며, 이후 스페인이 참여했고, 네덜란드와 영국이 동인도회사를 설립해 향신료 무역에 뛰어들었다. 후발 주자인 네덜란드와 영국은 스페인과 포르투갈을 몰아내고, 영국은 인도를 중심으로, 네덜란드는 인도네시아를 중심으로 식민지를 개척했다. 특히 유대인을 등에 업은 네덜란드의 동인도 회사는 17세기 중엽 말레이반도에서 자바Java, 수마트라Sumatra 등을 비롯해 대만, 일본과 독점 무역권을 확보했으며, 동남아시아 해상 무역을 장악했다. 이러한 세계사적 흐름 속에서 등장한 사건이 우리가 알고 있는 『하멜 표류기』이다. 이들 국가는 무역의 안정성을 확보하기 위해 해양 군사력을 강화했으며, 이것이 바로 바다를 점령한 제국주의 시대의 기반이 되었다.

세계사를 바꾼 이슬람 관련 상품, 석유의 등장

석유를 의미하는 '페트롤리엄petroleum'은 바위틈에서 흘러나온 기름을 뜻한다. 라틴어에서 기원한 용어로 바위를 의미하는 '페트라petra'와 오일을 뜻하는 '올레엄oleum'이 합성된 것이다. 석유는 처음에 상처를 치료하는 연고로 쓰이다가 이후 불을 밝히는 등유로 쓰였으며, 오늘날에는 전 세계인의 에너지원이 되었다. 중동 지역의 석유 개발은 20세기가 되어서야 본격적으로 시작되었다. 중동 지역에서 가장 먼저 석유가 개발된 곳은 1908년 이란이었다. 이후 1927년 이라크, 그리고 1938년 사우디아라비아의 담맘Dammam과 쿠웨이트의 부르간Burgan이 뒤를 이었다.

당시 중동의 국가들은 막대한 석유 자원을 소유하고 있었지만 이를 개발할 능력이 부족했다. 따라서 석유 수입은 중동 국가와 유리한 조건으로 개발 계약을 맺은 서방의 석유 회사들에 대부분 돌아갔고, '세븐 시스터스The Seven Sisters'로 불리는 석유 회사들이 담합해 석유 가격을 결정했다. 1949년 무렵까지 전 세계 석유 거래의 88%를 담당했던 세븐 시스터스에는 스탠더드오일뉴욕Standard Oil Company of New York(엑슨모빌ExxonMobil), 앵글로페르시안오일Anglo-Persian Oil Company(BP), 로열더치셸Royal Dutch Shell, 스탠더드오일캘리포니아Standard Oil of California(셰브런Chevron), 걸프오일Gulf Oil, 텍사코Texaco, 스탠더드오일뉴저지Standard Oil of New Jersey(에쏘Esso)가 있었다. 이 일곱 개의 거대 에너지 기업들은 모두 앵글로·색슨 계열 기업으로 앵글로페르시안오일과 로열더치셸을 제외하고는 모두 미국 기업이다.

산유국의 석유에 대한 자주권 확보를 위해 결성한 OPEC

산유국들 간의 교류 증진을 위한 협의체 구성을 최초 발의한 국가는 1949년 베네수엘라였다. 이후 1960년대 전 세계적으로 경제가 성장하면서 석유 수요가 폭발적 증가했다. 산유국들은 세븐 시스터스를 견제하고, 천연자원에 대한 주권 행사를 강조했으며, 1960년 9월 14일 석유수출국기구 즉, OPECOrganization of the Petroleum Exporting Countries을 결성했다.

처음 OPEC은 이라크, 이란, 사우디아라비아, 쿠웨이트, 베네수엘라를 포함해 다섯 개 회원국을 중심으로 출발했다. 이후 국가별 상황에 따라 가입과 탈퇴가 있었으며, 현재 회원국은 13개국으로 유지되고 있다. 여기에는 중동권의 이란, 이라크, 쿠웨이트, 사우디아라비아, 아랍에미리트 5개국과 아프리카권의 알제리, 앙골라, 콩고, 적도 기니, 가봉, 리비아, 나이지리아 7개국, 그리고 남미권의 베네수엘라가 있다. 아시아 국가로는 인도네시아가 가입했으나 가입과 탈퇴를 번복하다 2016년 최종 탈퇴했고, 카타르는 석유보다는 가스 생산 주력국으로 2019년 탈퇴했다.

이들 OPEC 회원 국가들은 증산이나 감산을 통해 유가를 조절해 왔다. 그러나 2010년대 들어 미국이 셰일 가스를 생산하기 시작하고 석유 수출국이 되면서 유가는 떨어졌으며, OPEC 국가만으로는 유가 조절이 어려워졌다. 이러한 상황에서 러시아와 멕시코를 포함한 비OPEC 산유국들도 석유 생산량 제한을 논의하며 유가 조절에 참여하게 되었다. 이를 기존 OPEC에 다른 몇 개 나라를 더했다는 뜻으로 'OPEC 플러스'라고 부르는데, 여기에는 러시아, 멕시코, 오만, 말레이시아, 카자흐스탄 등이 참여하고 있다.

석유를 무기로 이용한 중동 산유국의 자원 민족주의

국제 사회가 중동 산유국의 영향력과 이 지역의 정치적 안정이 중요하다는 것을 실감한 사건이 1973년과 1979년 두 차례에 걸쳐 일어났다. 1973년 제4차 중동 전쟁이 발발하고 이집트와 시리아가 주축이 된 아랍 연합군이 이스라엘에 패하자 중동 산유국들은 1967년 제3차 중동 전쟁 당시 이스라엘이 점령했던 아랍 땅에서 철수하고 팔레스타인의 권리가 회복될 때까지 매월 원유 생산량을 전월 대비 5%씩 감산하고, 이스라엘을 지지하는 국가에 석유 수출을 제한하겠다고 발표했다. 중동 산유국들이 석유를 정치적인 무기로 사용하겠다고 선언한 것이다. 이를 '자원 민족주의resource nationalism'라고 부른다. 그 여파로 석유 파동 전 3달러 선에 머물던 국제 유가는 석유 파동 후 11달러에서 13달러 수준까지 치솟았다. 이전까지 전적으로 이스라엘을 지지했던 서구는 석유 파동을 겪으면서 중동 국가의 정치적 중요성을 깨달았다. 그 결과 대중동 외교 정책도 변화했다. 석유 파동 이전에는 친이스라엘 행보로 일관했으나 이후로는 중동 국가와도 균형감 있는 외교 정책을 펼치기 위해 노력했다. 그에 따라 OPEC은 국제 석유 회사들이 독점하던 원유 가격 결정권도 확보할 수 있게 되었다.

제1차 석유 파동이 석유 무기화 정책에 의한 것이었다면 제2차 석유 파동은 1978년부터 시작된 이란 혁명이 원인이 되었다. 이란에서는 친미 정권이었던 왕정이 무너지고 종교 지도자가 통치하는 이슬람 공화국이 설립되자 급작스럽게 반미 정부가 들어섰다. 제1차 석유 파동을 거치면서 12달러 선에서 안정되던 유가는 다시 급상승해 1979년 30달러까지 치솟았다. 이후 유가는 1990년 걸프전, 2003년 이라크전, 2011년 아랍의 민주화 운동인 '아랍의 봄' 등 중동 지역의 정치적 안정과 연동되어 출렁이게 되었다.

이후 석유사에 중대한 일이 벌어진다. 미국이 2010년대 퇴적암에서 가스와 석유를 추출하는 셰일 혁명에 성공하면서 산유국이 되었기 때문이다. 이는 곧 미국이 중동의 석유에서 자유로워졌음을 의미한다. 셰일 가스 혁명 전 미국은 중동의 정치 질서에 적극적으로 개입하는 외교 정책을 견지했으나 이제는 중동에서 한 발짝 멀리 떨어진 외교 정책을 펼치기 시작했다. 그리고 미국이 떠난 자리의 공백을 메운 것이 바로 중국과 러시아이다. 중국은 일대일로 정책 기조 속에서 중동과 아프리카 국가에 공격적으로 진출하기 시작했으며, 러시아는 국제 사회에서 외톨이가 된 시리아와 이란을 중심으로 외교 정책을 펼치고 있다. 그리고 튀르키예도 친이슬람 정책을 펼치는 에르도안이 2014년 대통령으로 선출되면서 국가의 외교 정책 기조가 변화했다. 튀르키예는 기존에는 유럽 연합EU에 가입해 유럽 국가의 일원이 되고자 했지만 유럽 국가에서 튀르키예의 유럽 연합 가입에 대한 반대가 지속되자 이제 유럽에서 등을 돌려 중동을 바라보고 있다. 튀르키예는 과거 번성했던 오스만 제국을 부활시켜 신오스만 제국 건설을 꿈꾸고 있으며, 중동 지역에서 패러다임을 쥐려는 야심으로 중동 문제에도 깊이 관여하고 있다.

페트로 달러의 탄생과 위기

제2차 세계대전 이전까지 기축 통화는 영국 화폐 파운드였다. 그러나 두 차례의 큰 전쟁을 치르고 난 유럽의 경제 상황은 피폐해졌고, 반대로 미국 경제는 전쟁 특수로 급성장했다. 미국 달러는 미국의 경제력과 국력을 배경으로 기축 통화로 자리매김했다. 미국 달러가 기축 통화가 되는 데 일조했던 나라가 바로 사우디아라비아이다. 1974년 사우디아라비아는 달러로만 석유 대금을 결제하기로 미국과 약속을 했기 때문이다. 페트로 달러가

탄생된 순간이었다. 당시 협약은 미
국의 키신저Henry Kissinger가 사우디아
라비아 파이살Faysal 국왕과 비밀리에
맺었기 때문에 '키신저 밀약'으로 불
리기도 한다. 이를 통해 미국과 사우
디아라비아의 동반자적 관계는 한층
강화되었다.

키신저 비밀 협약은 30년 전 1945
년 2월 수에즈 운하에 정박해 있던
미국 군함 퀸시Quincy호에서 미국의
프랭클린 루스벨트Franklin Roosevelt 대
통령과 사우디아라비아의 압둘아지

**그림 7-1 미국과 사우디아라비아의 퀸시
호 협상**

자료: 2022년 7월 아랍에미리트 교차문화
박물관에서 필자 촬영.

즈 이븐사우드Abdulaziz ibn Saud 초대 국왕 간 있었던 회동을 상기시킨다. 미
국은 사우디아라비아로부터 석유를 안정적으로 공급받는 대가로 사우디
왕가의 안전을 약속했으며, 이는 양국의 동맹 관계 형성의 출발점으로 평
가되고 있다.

최근 미국의 중동에 대한 외교 정책이 바뀌는 틈을 타 중동 지역에서 중
국의 위상이 강화되고 있다. 그리고 달러 대신 원유가에 대한 위안화 결제
건이 발생하면서 페트로 달러의 위상을 위협하고 있다.

출처

엄익란. 2011. 『할랄, 신이 허락한 음식만 먹는다: 아랍음식과 문화코드 탐험』. 한울.
_____. 2014. 『이슬람 마케팅과 할랄 비즈니스: 문화코드를 알면 이슬람 시장이 열린다』.
    한울.

_____. 2023. 「사우디 종교관광 정책과 핫즈 상업화 및 정치화에 대한 논쟁 분석」. ≪중동연구≫, 42(1), 39~66쪽.

참고 글

김영화. 2016. 「순례의 정치: 17세기 오스만제국의 통치 전략」. ≪서양사론≫, 130, 168~199쪽.

내셔널지오그래픽. 2013. 『1001가지 발명: 이슬람 문명이 남긴 불후의 유산』. 지식갤러리.

니콜슨, 레이놀드 A.(Reynold A. Nicholson). 1995. 『아랍문학사』. 사희만 옮김. 민음사.

우스이 류이치로(臼井隆一郎). 2008. 『커피가 돌고, 세계사가 돌고』. 김수경 옮김. 도서출판 북북서.

Alammash, Saad Abdullah, Shuyong Guo, and Anna Vinnikova. 2021. "Saudi Arabia and the Heart of Islam in Vision 2030: Impact on International Relations." *Arab Journal for Scientific Publishing*, 32, pp. 1~17.

Stewart, Dona J. 1999. "Changing Cairo: The Political Economy of Urban Form." *International Journal of Urban and Regional Research*, 23(1), pp. 103~127.

Weiss, Walter M. 1998. *The Bazaar: Markets and Merchants of the Islamic World.* London: Thames & Hudson.

제3부

이슬람교와 중동인의
일상생활 문화

8   이슬람교와 중동인의 가족 문화

이슬람 문화권은 가족을 사회의 핵심 요소로 보고 있다. 집단주의 문화권 특성상 사회의 가장 작은 단위는 개인이 아니라 가족으로 여겨진다. 이 장에서는 가족이 형성되는 출발점인 이슬람 문화권의 결혼 제도, 합법적 결혼의 필수 조건, 비밀 결혼, 이혼 제도, 그리고 그에 대한 사회적 인식과 중동인의 작명법 등을 알아본다.

이슬람 문화권에서 가족과 결혼

중동 지역의 가족 문화는 가부장 제도에 기반한다. 사회의 최소 구성단위는 개인이 아닌 가족이고, 집안의 남성 연장자가 가족을 대표하며 집안일에 대한 결정권을 갖는다. 오늘날은 자녀의 학업과 취업 때문에 핵가족으로 바뀌었으나 과거에는 결혼 후에도 부모와 함께 살거나 부모의 집 주변에 거주하며 확대 가족을 이루었다. 핵가족화되면서 자녀의 발언권과 결정권도 전보다 강해졌다.

가족 구성원 간에는 가부장을 중심으로 나이에 따른 위계질서가 존중되지만 가족 간 관계는 서로에 대한 사랑과 책임, 그리고 연대감으로 묶여 있다. 그리고 가족 구성원은 또 다른 '나'로 인식되어 서로의 일에 개입하고 간섭한다. 이러한 인식 때문에 한 사람의 결혼은 개인적인 일이 아니라 가족 전체의 일이 되고, 따라서 결혼 상대자를 선택할 때는 부모의 영향력이 크다.

오늘날에는 결혼 배우자를 본인이 직접 찾지만, 과거에는 부모가 자녀의 배우자를 정해 주는 중매혼이 선호되었다. 결혼할 상대뿐만 아니라 그 배경이 되는 배우자의 집안까지 알아야 결혼 생활이 좀 더 안정적일 것이라 생각하기 때문이다. 따라서 중동에서는 족내혼이나 사촌혼을 선호하는 사람들도 많다. 특히 걸프 지역의 부유한 왕족일수록 가문의 부를 지키고 가족 간의 관계를 공고히 하기 위해 자신이 속한 부족 내에서 배우자를 선택하는 경우가 많다.

이슬람 문화권에서 결혼의 의미와 결혼의 필수 요소: 결혼 계약서

이슬람 문화권에서는 결혼을 의무라고 생각하고 있다. 결혼을 알라가 내린 명령의 반을 수행하는 길이며, 알라가 정해 준 운명을 받아들이는 길이라 생각하기 때문이다. 또한 결혼을 해야만 천국에 들어갈 수 있다고 생각하고 있다. 이러한 이유에서 이슬람교에서는 성직자도 결혼을 한다.

이슬람 문화권의 결혼에 대한 인식은 한국과 다르다. 우리는 결혼을 부부간 사랑의 결실이자 성스러운 약속으로 생각한다. 그러나 이슬람교에서는 결혼을 인간 대 인간 사이에 발생하는 거래와 약속으로 보고 있다. 따라서 이슬람법에 따라 결혼할 때에는 반드시 결혼 계약서를 작성해야 한다. 결혼 계약서가 없으면 그 결혼은 성립되지 않는 것으로 간주된다. 결혼 계약서에는 남성에게는 남편과 아버지로서 부양의 의무가, 여성에게는 아내와 어머니로서 권리와 의무가 명시된다. 뿐만 아니라 결혼 시 발생하는 재화의 정확한 액수(마흐르mahr라 불리는 신부 대금)와 물품 목록(혼수에 해당), 그리고 결혼 관계가 끝날 때, 즉 남편의 사망이나 이혼 시 여성에게 귀속되는 재산에 대해서도 명기되어 있다(엄익란, 2007). 결혼 계약서에 명기된 내용은 양가의 합의 내용에 따라 작성되기 때문에 집안마다 다르며, 지역의 관습과 전통에 따라서도 달라진다.

신세대 젊은이들 사이에서는 이러한 결혼 계약서 작성 관행에 대해 부정적으로 보는 입장과 긍정적으로 보는 입장이 공존한다. 결혼 계약서를 부정적으로 보는 사람들은 결혼 전 결혼 생활의 조건을 미리 협상하고, 그 내용을 계약서에 명기하는 것을 계산적이라고 본다. 그러나 반대로 결혼 계약서 작성을 긍정적으로 보는 사람들은 결혼 후 발생할 수 있는 일을 미리 결혼 전 협의함으로써 살면서 일어날 수 있는 부부 갈등을 최소화하고 이혼을 피할 수 있다고 본다. 실제로 결혼 후 일어나는 대부분의 부부 갈등은 서로에 대한 기대감에서 발원하기 때문이다.

결혼 계약서가 법적으로 인정받기 위해서는 계약 당사자의 서명(과거에는 신부 대신 신부의 남성 후견인인 아버지가 서명했으나 오늘날에는 신부가 직접 서명), 양가의 결혼 사실을 증명해 줄 증인, 그리고 양쪽 중재자 서명이 반드시 포함되어야 한다. 이들의 서명이 없으면 그 결혼은 무효로 간주된다. 또한 이슬람에서는 결혼 사실을 이웃에게 알릴 의무가 있는데, 이를 이행하지 않을 경우에도 그 결혼은 무효로 간주된다.

이슬람 문화권에서는 결혼을 계약으로 여기기 때문에 결혼식에서 계약 당사자 간 의지와 의사를 묻는 일은 매우 중요하다. 결혼 계약은 신랑 측의 청혼과 신부 측의 응답으로 시작된다. 우리의 결혼에서 주례가 "신랑(신부)은 신부(신랑)를 아내(남편)로 맞이하겠습니까?"와 같이 상대방의 결혼 의사를 묻고 확인하는 과정과 동일하다.

이슬람교에서 결혼 성립의 필수 요소: 혼납금, 그리고 이를 바라보는 사회의 시선

이슬람에서 결혼이 성립되기 위한 필수 조건에는 '마흐르'라고 불리는 혼납금이 있어야 한다. 마흐르는 신랑 측에서 신부 측으로 이동하는 재화이다. 일반적으로 마흐르에는 선납금과 후납금 두 종류가 있다. 선납금은 결혼할 때 신랑 측이 신부 측에 주는 것이고, 후납금은 결혼 관계가 와해되는 상황, 즉 이혼이나 남편의 사망 시 아내에게 지급된다. 마흐르 액수에 대한 규정은 없다. 그리고 관례도 지역마다, 그리고 계층마다 다르다. 튀니지나

튀르키예처럼 세속화된 이슬람 국가에서는 동전이나 가장 작은 금액의 지폐를 마흐르로 책정해 상징적인 액수를 건네준다. 반면 이집트나 걸프 지역에서는 신부 집안과 신랑 집안이 실질적인 협상을 통해 액수를 정한다. 마흐르 액수가 큰 지역에서는 신랑 측이 마흐르로 지불할 재화를 마련할 때까지 종종 결혼을 미루기도 한다. 그 액수가 상징적이건 아니면 실질적이건 책정한 선납금과 후납금의 액수는 결혼 계약서상에 반드시 적어 넣어야 한다. 계약서의 필수 요건이기 때문이다.

결혼 전 마흐르 금액을 협상하고, 그 액수를 결혼 계약서에 넣는 것에 대한 외부의 시선은 비호의적이다. 이슬람교의 결혼에 대해 남성이 돈을 주고 여성을 산다고 생각하기 때문이다. 이슬람 사회에서도 마흐르 액수를 결혼 계약서에 적어 넣는 것에 대해 비판하는 목소리도 있다. 이들은 결혼을 하기 전부터 이혼까지 생각해 마흐르 액수를 정하고, 그 액수를 계약서에 넣는 것은 결혼을 계산적으로만 접근한 것이라고 본다. 이들의 입장에서 결혼 계약서는 '차가운 계산서'인 것이다.

그런데 마흐르가 부정적인 측면만 있는 것은 아니다. 여성에게 불리한 이슬람의 이혼 제도 때문에라도 마흐르는 매우 중요하다. 이슬람법 샤리아에 따르면 이혼권은 남성에게 주어졌다. 따라서 남편이 공개적으로 '이혼하겠다'라는 선언만 하면 이혼이 성립된다. 그리고 이혼 시 여성에게는 위자료도 따로 주어지지 않는다. 이러한 상황에서 후납 마흐르가 위자료를 대신하게 된다. 따라서 여성 집안에서는 마흐르 액수를 높게 책정해 남편이 쉽게 이혼을 선언하는 것을 미연에 방지하려 한다. 마흐르는 남편의 사망이나 이혼 선언 시 경제적으로 어려움에 처한 여성들에게 재정적인 도움이 된다. 위자료 제도가 없는 이슬람 이혼 제도에서 여성에게 전적으로 귀속된 재산인 마흐르는 경제적 안정 장치가 되기 때문이다.

이슬람교에서 결혼 성립의 필수 요소: 증인

이슬람교의 결혼에서는 증인이 필수이다. 양가의 결혼 계약 관계를 증명하기 때문이다. 증인으로는 믿을 만한 양가 친척이나 부모의 친구가 선택된다. 양가를 대표하는 두 명의 증인은 결혼 계약서에 서명함으로써 결혼에 거짓이 없음을 증명한다. 결혼식에서 증인이 확인하는 내용은 신랑이나 신부가 친남매간이나 수양 남매 관계가 아니라는 것, 이전에 다른 결혼 관계가 있었는지, 양가의 사회적 지위는 비슷한지, 종교는 같은지, 신부가 처녀인지, 신부가 '잇다iddah' 기간에 있는지 등이다. '잇다'란 여성의 결혼 대기 기간으로, 보통 3개월이며, 이 기간에 이전 결혼에서 발생했을지 모를 임신의 여부를 확인한다.

증인의 또 다른 역할은 결혼을 이웃에 선전하고 광고하는 것이다. 이슬람의 전통과 관습에 따르면 결혼 사실을 다른 사람에게 알리는 것은 매우 중요하다. 비밀 결혼을 금지하기 때문이다. 따라서 결혼이 있는 집에서는 형형색색의 전등을 신부의 집 담벼락에 장식한다. 그리고 결혼식 하객으로 참석한 여성들은 결혼 계약서에 서명하는 의식을 마치면 결혼 사실을 이웃에게 알리고 축하하는 의미로 '자그루다zaghruutah'를 한다. 자그루다는 기뻐하거나 축하할 일이 있을 때 입속에서 혀를 빠르게 움직여 내는 소리이다. 남성들은 총이나 축포를 터뜨려 집안에 결혼이 있었음을 알린다. 그리고 젊은이들은 인터넷과 SNS를 통해 결혼 사실을 주변인에게 알린다.

한편 이슬람교에서는 비밀 결혼은 금지하고 있지만 이집트에서는 '우르피'urfi', 사우디아라비아에서는 '미스야르misyaar', 그리고 이란에서는 '무트아mut'ah'라고 불리는 비밀 결혼이 존재한다. 모두 관습혼으로 우르피는 혼인 신고를 하지 않았던 과거의 관습혼을, 미스야르는 과거 아랍 상인들이 여러 도시를 돌아다니며 현지처를 뒀던 관습혼을, 그리고 무트아는 결혼의 계약 기간을 정해 두고 부부 관계를 유지했던 관습혼에서 유래한 것이다.

오늘날 결혼 비용이 치솟으면서 결혼하기 힘들어진 젊은이들 사이에서 이와 같은 결혼이 비밀스럽게 치러지고 있다. 그러나 이들의 결혼 사실이 비밀로 유지되기 때문에 어느 정도 성행하는지 그 실상 파악은 어렵다.

이슬람에서 이혼 제도와 이혼을 바라보는 사회적 시선

이슬람법에서는 남성에게 이혼권을 부여하고 있다. 따라서 남편의 이혼 선언으로 결혼 계약 파기가 가능하다. 물론 아내도 이혼권을 행사할 수 있으나 매우 제한적이다. 아내는 남편이 음주와 같은 반종교적인 행위를 하거나, 성적인 불능 상태로 부부 관계를 맺지 못하거나, 정신 이상자일 경우 두 명의 남성 증인(여성 증인의 경우 남성 증인의 두 배, 즉 네 명이 필요)과 함께 이를 증명하면 이혼권을 제기할 수 있다. 또한 남편이 가족을 부양할 능력이 없을 때도 이혼이 가능하다(조희선, 2005).

이외에도 여성은 결혼 계약서에 명시된 후불 혼납금을 포기하는 조건으로 남편에게 이혼을 요구할 수도 있다. 이를 '쿨우khul'라고 부르는데, 아랍어로 '벗어던지다'라는 뜻이다. 즉, 결혼의 구속으로부터 벗어난다는 의미이다. 2000년대부터 이집트에서 시행되기 시작한 이 법은 아내가 이혼을 선언할 경우 90일 이내 남편에게도 이혼 항소권이 부여되지만 이 기간이 끝나면 남편의 이혼 항소권은 소멸되며, 여성의 이혼이 가능해진다. 쿨우법이 제정될 당시 남성들은 불만을 강하게 드러냈다. 아내로부터 이혼당할까 봐 두려웠기 때문이다. 그러나 여성들 또한 쿨우법을 반대했었다. 이혼의 조건으로 여성들이 후불 혼납금을 포기해야 하는데, 남편의 부양 없이도 생활이 가능한 부유층 여성만을 위한 이혼 제도라고 인식했기 때문이다.

가부장 문화권인 이슬람 사회에서 이혼은 여성에게 매우 불리하다. 이혼한 여성들은 문제 있는 사람으로 인식되기 때문이다. 그리고 여성이 재혼을 할 때는 초혼 때보다 마흐르 액수가 낮게 책정된다. 이혼이 불명예스럽고 이혼녀를 바라보는 시선이 부정적이기 때문에 여성 측 부모가 딸의 이혼에 반대가 큰 편이다. 반면 일부다처가 허용되는 이슬람 사회에서 '돌싱남'에 대한 사회적 시선은 이혼한 여성에 비해 훨씬 관대하다. 그리고 이혼한 남성은 여성에 비해 재혼이 훨씬 수월하다.

이제는 사회의 고민거리가 된 이혼 문제

결혼과 이혼은 지극히 개인의 사적인 일이지만 현대 사회에서는 이제 공적인 문제가 되었다. 혼인율과 출생률 저하에 따른 인구 감소 문제가 우리의 미래를 위협하기 때문이다. 이러한 문제는 일부 중동 국가에서도 나타난다. 특히 인구수가 적은 걸프 지역에서 더 큰 걱정거리가 되고 있는데, 걸프 지역의 경우 전체 인구수 5000만 명의 1/3 이상이 외국인 이주 노동자이며, 자국민 수는 매우 적다. 걸프 국가에서는 교육 기간 연장에 따른 만혼의 증가, 결혼에 대한 의무감 감소, 결혼 비용에 대한 부담 증가, 실업률 증가에 따른 결혼율 하락, 젊은 부부 세대에서의 이혼율 상승, 그리고 그로 인한 저출생 문제 해결이 정부의 주요 정책 사안이 되었다.

사회 변화가 한창 진행 중인 걸프 지역에는 최근 이혼 건수가 증가하고 있다. 사회가 개방되고 여성들이 고등 교육을 받고 취업을 하면서 여성들도 내적 변화를 겪고 있기 때문이다. 과거 부족과 가족 중심 사회에서 살던 여성들은 '누구누구의 딸', '누구누구의 아내', '누구누구의 엄마'라는 이름으로 살아왔다. 그러나 이제 여성에게 고등 교육 기회가 확대되고, 또 국가 차원에서 교육받은 여성 인력을 활용하기 위해 과거와 달리 여성들에게 취업까지 권고하고 있다. 이와 같이 변화된 사회 분위기 속에서 교육받은 여성들은 점차 주체적이고 독립적인 정체성을 만들어가고 있다. 이들 여성들은 어머니 세대의 여성들처럼 집 안에만 머물며 아내와 어머니의 모습으로 살기보다 독립적인 주체로 자신을 찾아가고 있는 것이다. 그런데 걸프 지역의 보수적인 가부장 문화는 아직 이러한 변화를 따라가지 못하고 있다. 여전히 전통적인 여성의 역할을 우선시하고 이를 강조하기 때문이다. 이러한 가치관의 대립이 이혼율 상승으로 이어지고 있다.

걸프 지역에서 이혼은 보통 젊은 부부 사이에 더 많이 발생하고 있으며, 시기는 결혼 초기에 집중되어 있다. 그 이유로는 이슬람 문화권의 남녀 분리 문화가 한 원인이 되고 있다. 혼전 이성 교제를 엄격히 금지하는 걸프 지역에서는 많은 커플들이 결혼 계약서를 작성하고 서류상 공식적인 부부가 된 후에야 비로소 상대를 제대로 파악할 수 있는 기회를 얻을 수 있다. 남녀 간 분리 문화로 인해 걸프 지역 젊은이들은 이성을 파악하는 데 미숙하며, 이는 부부간 소통의 어려움으로 이어지고 있다. 젊은 부부들은 상대가 자기와 맞지 않다는 점을 결혼 계약서를 작성하고 나서야 파악하게 되니 이혼이 증가하는 것이다.

이슬람 사회에서 어머니의 존재란

어느 시대나 어느 사회에서나 어머니의 존재는 특별하다. 그런데 이슬람교에서는 어머니의 존재를 더욱 특별하게 여긴다. 사도 무함마드의 언행록에는 "천국은 어머니의 발밑에 있다"라고 언급될 정도이다. 이는 어머니와 자녀의 관계가 매우 특별하다는 이슬람교의 인식을 반영한다. 지금은 많이 변화했으나 과거에는 어머니와 자녀 특히 아들의 관계는 부부 관계보다 더 우선되기도 했다. 가부장 문화권의 특성상 어머니에게 아이, 특히 남자아이는 자신의 입지를 확고히 지켜주는 존재였기 때문이다. 그리고 아이의 입장에서 엄격한 아버지는 자신을 통제하는 대상이지만 어머니는 항상 사랑으로 자신을 보호하며 돌봐준다. 여성들은 "남편은 바뀔 수 있지만 아이들은 그대로 머문다"(Bouhdiba, 2004)고 생각했다. 아이와 어머니 관계가 끈끈해질 수밖에 없었다.

여성의 역할을 어머니와 아내로 규정하는 이슬람 사회에서 자녀 양육에서 여성의 희생은 당연한 것으로 여겨졌다. 아이를 잘 키운 어머니는 사회적으로 칭송받았고, 명예도 따랐다. 부디바Abdelwahab Bouhdiba는 완고하고 보수적인 가부장 사회가 이슬람 지역의 "어머니의 왕국"을 건설했다고 언급하고 있다.

이슬람의 종교적인 관점 외에도 심리학의 관점에서 부모와 자녀와의 관계를 분석할 수 있다. 중동학자인 조지프Suad Joseph는 개인주의 문화권인 서구 사회와 집단주의 문화권인 중동 사회에서 개인의 정체성 구축 과정이 다름을 주목했다. 서구에서 개인은 가족을 포함해 타인으로부터 독립적이며 개별적이고 분리된 자아를 형성한다. 반면 중동에서 개인은 가족 구성원 간에 서로 연결되며 의존하는 자아를 형성한다. 즉, 집단주의 문화권인 중동 지역에서 가족 구성원 간 경계는 없으며, 구성원은 '서로 연결된 자아를 통해connected self' 자신의 정체성을 구축하게 된다. 다시 말해 아내에게 남편과 아이는 또 다른 자아이며, 이들의 성취가 자신의 성취와 동일시되며, 이들을 통해 자신의 사회적 지위를 확인하게 되는 것이다.

아들이 자산으로 간주되는 가부장 문화권인 중동 사회에서 아들은 어머니의 마음속에 더욱 특별한 자리를 차지한다. 그리고 아들은 어머니의 사랑에 보답하기 위해 더욱 순종적이 된다. 모성의 원동력은 자녀에 대한 책임감, 사랑, 그리고 애착이라 볼 수 있다.

중동인의 이름과 호칭

이름은 곧 정체성이다. 내가 누구인지를 말해주기 때문이다. 가부장 중심의 가족 제도를 가장 잘 반영하는 것이 바로 이 지역 사람들이 이름을 부르는 방식이다. 중동인들은 실제 본인의 이름보다 자신이 속한 부족이나 가족 관계를 보여주는 이름을 사용하거나 자신의 출신지를 반영하는 이름을 선호한다. 즉, 배경을 통해 자신의 정체성을 규정한다. 집단주의 문화가 지배적인 중동 지역에서 개인은 그물망처럼 얽혀 있는 전체 구조의 일부라고 생각하기 때문이다.

중동인들이 이름을 부르는 방식은 크게 세 가지이다. 첫 번째 방식은 남자의 경우 아버지를 뜻하는 '아부abu', 여자의 경우 어머니를 뜻하는 '움umm'을 자녀 이름과 연결해 부르는 방식이다. 가령 '아부 무함마드'는 무함마드의 아버지, '움 무함마드'는 무함마드의 어머니를 의미한다. 우리가 이름 대신 아이 이름을 붙여 '누구누구 엄마' 혹은 '누구누구 아빠'라고 부르는 것과 비슷하다. 두 번째 방식은 아들의 경우 '이븐ibn' 혹은 '븐bn'(또는 빈bin), 딸의 경우 '빈트bint'를 자신의 아버지 이름과 연결해서 부르는 방식이다. 9·11로 우리에게 잘 알려진 이름인 오사마 빈 라덴은 '라덴의 아들 오사마'라는 뜻이다. 간혹 할아버지의 이름을 자신의 이름으로 쓰는 경우도 있다. 가령 할아버지가 무함마드이고, 아버지가 오마르인 경우 자녀의 이름은 '무함마드 빈 오마르 빈 무함마드'가 된다. 세 번째 방법은 이름 뒤에 혈통이나 출신 배경이 담긴 성을 붙여 부르는 방식이다. 이때 보통 영어의 'the'를 의미하는 '알al'(알의 음가는 합성되는 아랍어 글자에 따라 연음 시 '앗', 또는 '안'으로 바뀐다)이 많이 들어간다. 사우디아라비아의 통치 가문인 '앗사우드al-Saud'는 '사우드 가문the Saudi family'를 의미한다. 국명인 사우디아라비아는 아라비아반도의 사우드 가문을 뜻하며, 가문의 이름이 국명이 된 유일한 사례이다. 성이 출신 지역을 나타내는 예로는 이집트 출신의 '알마스리al-Masri'(이때 '마스리'는 아랍으로 이집트를 뜻한다), 사우디아라비아 히자즈 지방 출신의 '알히자지al-Hijazi' 등 수없이 많다. 또한 성이 과거 조상들의 직업을 나타내는 경우도 있는데, 대장장이를 뜻하는 '하다드Haddad'와 목수를 뜻하는 '나자르Najjar' 등이 있다. 그 밖에 부족의 이름을 자신의 성으로 쓰는 사람들도 있다. 이처럼 중동인의 이름을 통해 한 사람의 혈통과 배경까지 추측할 수 있다.

중동인들은 또한 자신의 이름 앞에 사회적 지위를 표시하는 호칭을 붙이는 것을 좋아한다. 박사 학위 소지자나 의사의 경우 Dr.를 뜻하는 '둑토르duktuur'(남성) 혹은 '둑토라duktuurah'(여성)라는 호칭을, 왕족이나 연장자에게는 '셰이크shaykh'(남성) 혹은 '셰이카shaykhah'(여성)라는 호칭을 붙여 부른다. 한편 셰이크라는 단어는 북아프리카 지역에서는 노인을 공손히 부르는 용어로 사용된다. 같은 단어지만 사회마다 다르게 사용된다는 점을 유의해야 한다. 공식적인 자리에서 호칭을 생략하고 이름만 부르면 실례가 될 수 있다.

중동인의 작명법

자녀에게 이름을 붙여주는 방식은 다양하다. 아이의 이름에는 작명자의 바람이 담기기도 하고, 또한 시대적 상황이 반영되기도 한다. 가장 흔한 작명법은 이슬람의 선지자나 사도 무함마드의 교우와 친척의 이름을 쓰는 것이다. 무슬림 남성이 가장 선호하는 이름은 선지자의 이름인 무함마드이다. 그래서 그와 관련된 이름이 가장 흔하다. 무함마드라는 이름의 어근은 아랍어 H-M-D에서 기원한 것으로, '신에게 찬미'라는 의미를 담고 있다. 여기에서 파생된 이름으로는 아흐마드Ahmad, 마흐무드Mahmuud, 하미드Haamid, 후무드Humuud 등 수없이 많은데, 모두 신에 대한 찬미와 감사의 의미가 담겨 있다. 남성의 이름 중 '압두Abdu'라는 이름도 많이 쓰이는데, 압두는 '종' 혹은 '하인'을 의미한다. 압둘라Abdu Allah는 '신의 종'을, 압둘라흐만Abdul al-Rahman은 '자비의 종', 압둘카림Abdu al-Kariim은 '관대의 종'을 의미한다. 자비와 관대 모두 알라의 99가지 속성을 나타내는 알라의 또 다른 이름이다. 여성의 이름으로 가장 흔히 쓰이는 이름은 예언자의 부인인 카디자와 아이샤, 예언자의 딸인 파티마, 예언자의 모친인 아미나Amiinah 등이 있다.

현대에는 거의 사라졌지만 가부장 문화권답게 과거에는 남아 선호 사상을 반영한 이름도 많이 지어줬다. 딸이 많은 집에서 딸을 더 이상 낳고 싶지 않을 때 부모는 '끝'의 의미가 들어간 '니하야Nihaayah'라는 이름이나 '충분함'을 의미하는 '키파야Kifaayah'라는 이름을 딸에게 지어주었다. 그러다 아들이 태어나면 축복을 의미하는 '리즈크Rizq'라는 이름을 붙여준다. 도시 지역에서는 세련된 외국 이름이나 드라마나 영화 주인공의 이름을 붙여주기도 한다. 도시 지역에서 많이 쓰이는 이름으로는 니빈Nifiin(사랑과 용감함을 의미), 지한Jiihaan(세상 또는 우주를 의미), 샤린Shaariin(넓은 풀밭이나 목초지를 의미하며, 남자 이름으로도 쓰인다) 등이 있는데, 이 이름은 종교적인 색채가 없는 이름으로 무슬림과 기독교인이 같이 쓴다.

출처

엄익란. 2007. 『이슬람의 결혼문화와 젠더』. 한울.

_____. 2009. 『무슬림 마음속에는 무엇이 있을까?: 일상생활 속에 숨겨진 아랍·무슬림의 문화코드 읽기』. 한울.

참고 글

조희선. 2005. 『무슬림 여성』. 명지대학교 출판부.

Bouhdiba, Abdelwahab. 2004. *Sexuality in Islam*. Translated by Alan Sheridan. London: Routledge and Kegan Paul.

Joseph, Suad. 1999. "Introduction: Theories and Dynamics of Gender, Self, and Identity in Arab Families." in Suad Joseph(ed.). *Intimate Selving in Arab Families: Gender, Self, and Identity*. Syracuse: Syracuse University Press.

Haeri, Shahla. 1989. *The Law of Desire: Temporary Marriage in Iran*. London: I. B. Tauris.

9   이슬람교와 중동인의 일상생활 문화

이슬람교는 중동인의 일상생활 문화에 많은 영향을 끼쳤다. 이 장에서는 돼지고기와 술이 어떤 배경에서 이슬람교의 대표 금기 식품이 되었는지, 이슬람교는 중동인의 선물 문화, 여가 문화, 청결 문화, 사교 문화 등에 어떤 영향을 끼쳤는지 간략히 소개하도록 한다.

무슬림에게 음식이란 어떤 의미인가

사도 무함마드의 언행록인 하디스에는 "과식과 과음으로 너의 심장을 죽이지 말라. 심장은 식물과 같아 물을 너무 많이 주면 죽게 된다", "과식은 피해야 한다. 위의 1/3은 음식을 위해, 1/3은 마실 것을 위해, 나머지 1/3은 호흡을 위해 나누어야 한다"라는 구절이 있다. 이슬람교에서는 음식에 대해 절제를 가르치고, 과식을 경계한다.

이슬람교의 관점에서 먹는 행위는 종교적인 행위이다. 몸에 좋은 음식을 섭취해 건강을 유지하는 것이 알라를 올바로 섬기고 건강한 종교 생활을 유지하는 길로 여기고 있다. 즉, 종교적인 관점에서 무슬림의 먹는 행위는 건강한 무슬림으로서 올바른 종교 생활을 하도록 에너지를 보급하는 것이다. 이와 같은 이슬람교의 음식에 대한 가르침은 코란 23장 51절의 "좋은 것을 먹고 올바로 행동하라"는 구절로 요약된다. 코란에 언급된 좋은 음식의 예로는 알라가 축복한 과실인 무화과, 올리브, 대추야자 열매, 포도, 꿀, 석류, 그리고 알라의 이름으로 무슬림이 도축한 동물 등이 있다.

무슬림에게 먹는 것이 종교적인 행위인 만큼 어떤 음식을 먹는가는 매우 중요한 문제이다. 이슬람교에서는 허용된 음식(할랄halal)과 금기된 음식(하람haram)을 명확하게 구분 짓고 있으며, 되도록 허용된 음식을 먹을 것을 권장한다.

무슬림에게 섭취가 금지된 하람 음식은 코란 곳곳에 명시되어 있다. 대표적으로 코란 5장 3절에서는 "죽은 고기와 피와 돼지고기와 하느님의 이름으로 잡은 고기가 아닌 것, 교살된 것과 때려서 잡은 것과 떨어져서 죽은 것과 서로 싸워서 죽은 것과 다른 야생이 일부를 먹어버린 나머지와 우상에 제물로 바쳤던 것과 화살에 점성을 걸고 잡은 것" 등을 금기 식품으로 언급하고 있다. 그러나 금기된 음식이더라도 기아의 상태로 생명이 위험할 때, 목숨을 구할 때, 또는 무의식중에 먹었을 때는 허용되는데, 관련된 문구는 코란 2장 173절, 16장 115절, 6장 145절 등에서 찾아볼 수 있다. 이슬람교에서는 동물의 피도 오염된 것으로 규정하기 때문에 도축 후 피는 반드시 제거하고 요리해야 한다. 이는 동물의 혈액이 오염된 것이라는 유대교의 관습에서 비롯된 것이다.

중동의 환대 문화

중동인들은 손님에게 환대를 베푸는 것을 큰 미덕으로 간주해 왔다. 그리고 그 중심에는 음식 문화가 있다. 환대 문화의 전통은 이슬람 시대 이전부터 존재해 왔다. 명예를 생명보다 중요하게 여기는 중동인들은 손님 환대를 통해 자신의 명예를 세운다. 중동 지역 음식 문화를 연구한 헤인Peter Heine은 "명예를 지키기 가장 쉬운 길은 손님 접대를 융숭하게 하는 것이며 명예를 잃기 가장 쉬운 길은 인색하고 야박한 손님 접대"(Heine, 2004: 4)라고 언급하고 있다. 명예는 개인만의 문제가 아니라 가족과 더 나아가서는 부족의 차원으로 확대되므로 손님이 오면 주인은 가족과 부족의 명예를 걸고 극진히 대접한다. 손님은 신성한 존재로 여겨져 적대 부족 출신이더라도 최선을 다해 손님을 대접한다. 하마디Sania Hamady는 "손님을 후하게 접대하는 것은 셈족의 텐트로부터 유래해 이슬람 세계의 최말단에까지 널리 퍼진 미덕이다"(하마디, 2000: 82), "접대는 아랍의 무종교자들의 큰 미덕이었는데 그 후 이것이 이슬람교도에게 전파되었다"(하마디, 2000: 83)라고 언급하고 있다. 이러한 환대 문화는 오늘날까지도 중동인의 미풍양속으로 계승되고 있다.

이슬람의 금기 음식, 돼지고기와 술

이슬람교의 대표적인 금기 음식 중 하나가 바로 돼지이다. 돼지고기를 꺼리는 전통은 이슬람교 출현 이전부터 있었다. 고대 페니키아, 이집트, 바빌로니아 문화권에서는 돼지 혐오 문화가 만연했다고 한다. 그 배경에는 다음과 같은 환경적·종교적·관습적 이유가 있다.

우선 환경적 요인으로, 중동인들이 키우는 소, 양, 염소는 사람이 소화시키기 힘든 건초와 잎사귀 등을 먹지만 돼지는 사람들의 주요 식량인 곡식을 먹는다. 고대 이집트에서는 돼지를 살찌우기 위해 중동인들이 가장 사랑하는 열매인 대추야자를 먹였다고 한다. 즉, 돼지는 사람과 먹을 것을 두고 경쟁해야 하는 동물인 것이다. 게다가 돼지의 피부는 습도를 항상 일정하게 유지해야 한다. 돼지 사육에는 다른 가축에 비해 물이 많이 필요하다. 따라서 물이 부족한 사막 기후에서 돼지는 사육하기 어려운 가축이었다(해리스, 2018).

종교적 관점에서 돼지는 불결하다고 취급되었다. 이는 유대교의 영향을 받은 것이다. 유대교에서는 사람이 섭취 가능한 동물을 굽이 갈라지거나 되새김질하는 동물로 한정하고 있는데, 돼지는 그 어느 쪽에도 속하지 않는 동물이다. 따라서 유대인들은 이도 저도 아닌 애매한 영역에 있던 돼지를 불결하다고 취급했다. 결국 돼지는 먹기에 부적합했을 뿐 아니라 혐오스러운 동물로 여겨졌다. 유대교의 돼지 혐오 문화는 그들과 이웃하며 살던 아랍인에게도 영향을 미쳤다. 이슬람교의 선지자인 사도 무함마드는 신의 계시를 받기 전부터 유대인과 교류했기 때문에 유대교의 관습과 문화는 이슬람교에도 자연스럽게 수용되었다. 이슬람교 경전인 코란에는 돼지고기의 식용을 금지한다는 내용이 여러 차례 명시되어 있다.

이슬람교에서 돼지를 불결한 동물로 취급하는 또 다른 이유는 돼지가 이미 부패했거나 심지어 배설물까지 먹기 때문이다. 이러한 돼지고기를 섭취하는 것은 "좋은 것을 먹고 올바로 행동하라"는 이슬람교의 가르침에 부합하지 않았다. 그 밖에 도덕적 관점에서 돼지는 타락한 동물로 간주된다. 돼지는 짝을 정하지 않고 난교를 한다고 알려져 있는데 이는 이슬람교에서 가장 혐오하는 행위이다. 돼지고기를 먹을 경우 돼지의 습성이 사람에게 영향을 미칠 것을 우려했다. 또한 돼지고기는 더운 사막 기후에서 쉽게 부패하고, 돼지고기의 기생충은 설사를 일으키기 때문에 금기시되었다.

돼지와 함께 술은 이슬람교의 대표 금기 음료이다. 이슬람교 출현 이전 남성들은 자신의 호탕한 기질, 부와 도량, 관대함을 술 문화에서 표현했다. 아라비아반도에서는 환경적 요인 때문에 술 생산이 어려웠다. 그래서 술은 부근의 시리아, 이라크, 페르시아 지역에서 반입되었으며, 수입품이었던 만큼 값은 매우 비쌌다. 술이 들어오면 남성들은 술을 사서 함께 나눠 마시고, 다른 사람의 술값을 대신 계산하며 가산을 탕진했는데, 이를 진정한 남성다움과 호탕함으로 여겼다. 그러나 이슬람교가 도래하면서 술은 금지 품목이 되었다. 이슬람교에서 술을 금지하는 가장 큰 이유는 이성과 절제심의 상실 때문이다. 이슬람교에서는 발효 과정에서 만들어지는 알코올도 섭취를 금하고 있다. 비록 이슬람교의 출현 이후 술은 사회적으로 금기시되었지만 시인들은 술의 상태와 색깔, 묵은 정도와 맛 등을 노래하며 종교적 금기를 넘나들었다. 그리고 중세 아랍 문학에서는 술을 주제로 한 주시酒詩

가 문학의 한 장르로 발전했다(김능우, 2004). 대표적인 시인으로는 아바스 시대의 아부 누와스Abu Nuwas가 있다.

이슬람의 선물 문화와 하디스가 전하는 선물의 의미

선물 교환은 표면적으로는 자발적이고 자유로운 행위로 보인다. 그러나 그 작동 원리를 분석하면 실제로는 상당한 강제성을 띠고 있다. 선물 문화를 연구한 모스Marcel Mauss는 선물은 행위자 간 '주어야 할 의무', '받아야 할 의무', 그리고 '되돌려 줘야 할 의무', 이 삼중 의무로 서로 얽혀 있음을 강조하고 있다. 그리고 이 의무가 구성원 간 결속력을 강화하는 원동력이라고 규정하고 있다. 선물을 주고, 받고, 답례하는 사회적 의무를 이행하는 과정에서 사람들은 서로 관계를 맺으며 유대감을 확인할 수 있기 때문이다(모스, 2002).

이와 같은 선물의 작동 원리는 이슬람 사회에서도 마찬가지로 적용된다. 선물과 관련된 하디스의 전승을 살펴보면 이슬람 사회에서는 선물을 하는 행위를 미덕으로 여기고 있다. 선물을 특히 이웃 간 형제애를 강화하는 수단으로 보고 있다. 알부카리al-Bukhari가 전하는 하디스에 따르면 사도는 "선물을 교환하라. 이는 타인에 대한 사랑을 강화할 것이다", "타인에게 선물을 주어라. 선물은 원한을 없앨 것이다"라고 말했다고 한다. 이는 곧 선물이 이슬람 사회에서도 사람들의 사회적 관계를 공고히 하고, 원한 관계를 완화시키는 윤활유 역할을 한다는 점을 알 수 있다.

이슬람 사회에서는 누군가 선물을 줄 때 그 선물이 아무리 가치 없는 것이라 하더라도 거절하지 말고 반드시 받아야 하는 것으로 가르치고 있다. 선물을 무시하거나 거절하는 행위는 무례한 행동으로 간주된다. 이와 관련해 알부카리의 전승에서는 "무슬림 여성들이여. 이웃 여성이 양의 발목(살점이 붙지 않은 부위)을 보내더라도 보낸 선물을 멸시해서는 안 된다", "양의 발목을 놓고 초대하더라도 나는 이를 받아들일 것이다. 양의 발목 부분이 선물이더라도 나는 이를 받아들일 것이다"(Ali, 2008)라고 언급되어 있다. 즉, 주어야 할 의무만큼이나 받아야 할 의무가 있음을 강조하고 있는 것이다. 선물의 주어야 할 의무와 받아야 할 의무를 소홀히 하면 사람들의 관계가 멀어지고 때로는 훼손될 수 있기 때문이다. 이슬람의 전통에서는 선물에 대한 보답의 의무에도 충실할 것을 권하고 있다. 그리고 받은 것보다 더 좋은 것으로 보답해야 한다고 가르치고 있다. 하디스의 또 다른 버전을 남긴 아부 다우드Abu Dawud는 사도가 "누구든지 너에게 호의를 베풀면 친절하게 응대하라. 만일 그 방법을 찾지 못하면 좋은 생각이 날 때까지 기도하라"는 말을 남겼다고 전하고 있다. 이와 같은 하디스의 문구들은 선물에 대한 호혜성의 원칙을 잘 드러내고 있다.

선물에는 문화마다 다른 의미가 담겨 있다. 문화마다 물건에 '담긴encoding' 의미를 '해석decoding'하는 방식이 달라 동일하게 해석되지 않기 때문이다. 가령 무슬림 친구의 집에 초대받아 갈 때 와인은 선물로 적당하지 않다. 이슬람교에서는 알코올을 금기시하기 때문이다. 또한 선물은 상황에 따라, 그리고 의도에 따라 뇌물과 경계가 모호하기 때문에 부정부패의 근원이 될 수도 있다는 점을 염두에 두어야 한다.

일상생활의 에티켓

이슬람 문화권에서는 오른손과 왼손의 쓰임새가 다르다. 오른손은 깨끗하다고 인식되는 반면, 왼손은 주로 화장실에서 많이 쓰기 때문에 오염된, 부정적인, 그리고 더러운 손으로 인식된다. 따라서 식사를 할 때, 물건을 주고받을 때 왼손을 사용하지 않는 것이 좋다. 앉을 때나 다리를 꼴 때 발바닥을 상대에게 보이는 것도 삼가야 한다. 상대에게 발바닥을 보이는 것은 상대가 내 발 아래 있다는 의미이기 때문이다.

인사법으로는 주로 악수를 많이 한다. 그러나 가족이나 친구처럼 친한 관계일 경우 포옹을 하거나 볼을 비비거나 볼에 키스를 하기도 한다. 포옹은 전통적인 인사법 중 하나인데, 과거에는 포옹을 함으로써 상대방의 무기 소지 여부를 알 수 있었다고 한다. 가끔 인사를 할 때 오른손을 가슴에 한 번, 입술에 한 번, 이마에 한 번 대는 경우도 있는데, 이는 '당신은 나의 마음속에, 나의 말 속에, 나의 생각 속에 항상 함께한다'는 표현이다.

남녀 간 접촉을 꺼리는 이슬람 문화권의 특성상 이성이 악수를 청할 때 이를 거절해도 무례하게 보지 않는다. 한국의 장유유서 문화처럼 나이에 따른 서열이 중요하기 때문에 인사는 나이 어린 사람이 연장자에게 먼저 건네야 한다. 그리고 연장자나 손님이 방에 들어올 때는 일어서서 맞이하고, 떠날 때는 밖으로 나가 배웅하는 것이 예의이다. 대화를 할 때는 상대와 눈을 맞추고 하는 게 좋다. 상대방을 응시하지 않고 다른 곳을 쳐다보거나 옆을 힐끔거리는 것은 상대가 자신의 말에 귀를 기울이지 않거나 무언가를 숨긴다고 생각하기 때문이다.

여가 문화의 중심지, 몰

날씨가 더워 바깥 활동이 힘든 중동 지역에서 여가 문화는 주로 몰에서 이루어진다. 이를 '몰링'이라고 한다. 몰링은 초대형 복합 쇼핑몰에서 쇼핑, 식사, 오락, 공연, 영화, 교육 활동 등이 동시에 이루어지는 것으로, 사고 싶은 물건을 찾아다니는 쇼핑보다 광범위한 소비문화의 개념이다. 몰링은 살거리, 먹을거리, 볼거리, 즐길 거리를 한 공간에서 해결한다는 면에서 편리하다. 그리고 이동에 드는 시간을 아낄 수 있다는 면에서 효율적이고, 공간은 쾌적하고 안전하다. 그러나 무엇보다도 몰링의 가장 큰 매력은 외부의 날씨 변화를 신경 쓰지 않고 자유롭게 여러 가지 활동을 즐길 수 있다는 것이다. 중동 지역 젊은이들이 여가 생활로 몰링을 선호하는 이유는 기후의 영향뿐만 아니라 젊은 인구수가 전체 인구수의 60% 이상을 차지함에도 불구하고 그들이 즐길 만한 문화가 별로 없기 때문이다. 오늘날에는 상황이 많이 개선되고 있으나 특히 젊은 여성을 위한 스포츠 활동이나 문화 시설이 취약하기 때문에 여성은 남성에 비해 더 많은 시간을 몰에서 보내는 편이다.

이슬람과 청결 문화

중동인들은 청결을 상당히 중요하게 여긴다. 하디스에서는 "청결은 신앙의 반이다"라고 가르치고 있다. 이슬람 문화권에서는 인간의 몸에서 나오는 기체, 액체, 고체를 모두 오염된 것으로 여긴다(Bouhdiba, 2004). 즉, 방귀, 소변, 대변, 생리혈, 정액, 피 등은 불결한 것으로 취급된다. 청결 과정은 배출과 세정을 통해 몸을 비우고 깨끗이 하는 것, 그리고 이후 향수, 향연, 향유 등으로 몸에 향기를 입히는 것까지 포함된다. 청결에 대한 이러한 문화적 인식 때문에 이슬람 문화권에서는 향이 특히 발달했다. 몸을 청결히 하는 과정을 통해 무슬림은 몸과 영혼을 원래의 깨끗한 상태로 되돌려 언제나 알라를 섬길 수 있는 상태가 된다고 믿는다.

몸을 청결히 하는 방법은 물로 몸의 일부를 씻는 '우두', 전체를 씻는 '구술', 그리고 물이 없을 때 흙이나 모래로 대체해 더러운 것을 씻어내는 '타얌뭄tayammum' 세 가지가 있다. 우두의 원래 의미는 '깨끗함', '순결함', '아름다움'을 뜻한다. 씻는 방법으로는 손을 세 번 씻고, 입을 헹구고, 코를 세 번 씻는다. 사도 무함마드는 코의 청결을 특히 중요하게 여겨 자고 일어나면 코를 세 번 닦으라고 권고했다. 악마가 밤새 코 안에서 지냈다고 여겼기 때문이다(Swarup, 2002). 그다음으로 얼굴 세 번, 오른쪽과 왼쪽 팔을 팔꿈치까지 세 번, 그리고 머리를 닦고 오른쪽과 왼쪽 발을 발목까지 세 번 씻는다. 세정의 횟수는 세 번 이상 홀수로 마치는 것이 특징이다. 그리고 모든 세정 행위는 오른쪽에서 시작해 왼쪽으로 끝나는데, 이슬람의 관습에 따라 오른쪽을 깨끗하고 왼쪽을 불결하며 오염되었다고 믿기 때문이다. 코란에서도 다음과 같이 청결을 강조하고 있다.

믿음을 가진 자들이여
예배 드리려 일어났을 때
너희 얼굴과 두 손을 팔꿈치까지 씻을 것이며
머리를 쓰다듬고
두 다리를 발목까지 닦을 것이니
너희가 또한 불결하였다면
깨끗이 하라
또한 너희가 병중에 있거나
여행 중에 있거나
화장실에 다녀왔거나
여성을 만졌는데 물을 찾지 못했을 때는
깨끗한 흙 위에 타얌뭄을 하고
너희 얼굴과 두 손을 씻으라
하나님은 너희가 곤경에 있는 것을
원치 아니하시나
너희 자신들을 청결케 하고자 하심이라
그분의 은혜를 너희에게 충만케 하려 하시매
너희는 감사해야 되니라
(코란 5장 6절)

타얌뭄 세정 방식은 양 손바닥을 모래, 흙, 자갈, 돌 등에 살짝 댄 후 문은 먼지를 털어버리고 얼굴을 한 번 쓰다듬고 양 손바닥으로 비비면 된다.

이와 같이 청결을 중요하게 여기는 이슬람 문화권에서는 '함맘hammaam'이라고 불리는 목욕탕이 대중적으로 이용되었다. 부디바는 10세기 이슬람 제국 부흥기에 바그다드에만 약 2만 7000여 개의 함맘이 있었다고 소개하고 있다(Bouhdiba, 2004). 바그다드에 살고 있던 거주민 약 50명에 한 개꼴로 함맘이 있었던 것이다. 이슬람 문명은 로마의 목욕탕 문화유산을 자신의 문화 코드에 맞게 변형시켜 발전시켰다. 로마 목욕탕은 남녀 공용이었으나 이슬람의 함맘은 성에 따라 분리되어 남성과 여성 이용자들은 각자의 공간에서 세정 의식을 행했다. 만일 공간 분리가 여의치 않은 경우에는 남성과 여성 이용객의 입장 시간을 구별해 이성 간 접촉을 최소화했다.

남성 중심 사교 문화의 핵심 공간, 걸프 지역의 '마즐리스'와 '디와니야'

걸프 지역에는 '마즐리스majlis' 또는 '디와니야diiwaaniiyah'라 불리는 남성들만의 독특한 사교 문화가 있다. 이곳은 걸프 사회를 움직이는 네트워킹의 중심지이자 사교 문화의 핵심 공간이다. 마즐리스는 지역에 따라 부르는 이름은 다르지만 걸프 지역 전반에 걸쳐 존재한다. 마즐리스는 아랍어 '앉다'라는 뜻의 '잘라사jalasa'에서 파생한 것으로, 공간을 뜻하는 M 음가가 붙어 '앉는 곳'을 의미한다. 반면 디와니야는 페르시아어에서 기원한 것으로 알려져 있다. 이 단어는 페르시아 황제가 편안한 저녁 시간 사람들이 모여 문학을 즐기던 연회에서 그의 양쪽으로 앉아 있는 사람들을 언급할 때 사용했다고 전해진다. 황제는 주변에 앉아 웃고 떠드는 사람들을 바라보며 친근하고 유머러스하게 그들을 '디웨이트diiwaayt'라고 불렀다. 고대 페르시아의 전통이 오늘날까지도 마즐리스나 디와니야를 통해 전해지고 있다는 것을 알 수 있다(Al-Naser, 2001).

디와니야 문화가 가장 발달한 쿠웨이트

걸프 지역에서 마즐리스 또는 디와니야가 가장 활성화된 곳은 쿠웨이트이다. 이는 바스라(현재는 이라크 제3의 도시)를 중심으로 국제 무역이 발달했던 이 지역의 역사적 배경과 관련된다. 1938년 석유 발견 이전 쿠웨이트는 분주한 항구 도시였다. 배를 소유한 항해 사업가들은 회반죽과 진흙으로 만들어진 독립된 건물이나 때로는 자신이 소유한 배의 정박지 주변에 모여 진주 무역, 다이빙, 날씨, 시장, 어획이 풍부한 곳에 대한 정보를 나누었다. 이와 같은 모임이 쿠웨이트에서는 디와니야로 불렸다(쿠웨이트에서 마즐리스는 의회를 의미한다). 디와니야는 해안가 거주민뿐만 아니라 내륙 거주민에게도 중요한 소통의 공간이었다. 사막 베두인은 오아시스 주변이나 양 또는 염소 털로 만들어진 텐트를 중심으로 모였으며, 산악 지역 거주민은 수원지 근처에 모여 물과 목초지와 같은 일상에 대한 정보를 나누었다(Babakhouya, 2019). 이처럼 디와니야는 일부러 만들어진 목적성이 있는 공간이 아니라 때가 되면 자연스럽게 형성되는 공간이었으며, 격식을 따지는 공간이 아니라 캐주얼한 공간이었다. 디와니야는 한국의 전통 속에 존재했던 사랑방 문화와 비슷하다고 볼 수 있다.

쿠웨이트 역사에서 디와니야의 역할은 다양했다. 이곳에서 비즈니스가 성사되었으며, 분쟁이 조정되었고, 정보가 교환되었고, 네트워

그림 9-1 걸프 지역 전통적인 사교 모임 공간인 마즐리스와 디와니야

자료: 2022년 7월 아랍에미리트를 방문해 필자 촬영.

크가 구축되었다. 또한, 정치적 의견도 자유롭게 오갔고, 통치자 사망 시 후임자 선출도 이루어졌다. 디와니야는 통치자와 부족원이 만나 민원을 해결하는 창구 역할도 했다. 유력 가문들이 모여 분쟁을 해결했으며, 합의에 도달하기도 했다. 그리고 디와니야는 시민 사회의 공간으로도 활용되었는데, 일반 시민들의 정치 행위가 제한된 걸프 사회에서 사람들은 이곳에 모여 여론을 형성했고, 자신들의 의견을 통치자에 전달할 수 있었다. 이러한 디와니야의 특성을 잘 이해하는 정치인들은 국회 의원 선거가 있을 때 이곳을 찾아다니며 표를 호소하기도 한다.

디와니야는 보통 저녁에 시작되어 새벽까지 이어지며, 손님에게는 차와 커피, 그리고 간단한 음식이 제공된다. 모임은 일회성이 아니라 정기적이며, 비용은 초대한 사람이 부담하기 때문에 과거에는 부유한 상인이나 유력 가문만이 디와니야를 주최할 수 있었다. 공간적으로도 사적인 공간인 집과 분리되어 단독 건물로 지어진다. 집 안에 디와니야를 만들 경우 개인의 프라이버시가 보호되지 않을뿐더러 집 안의 여성들과 불필요한 접촉이 일어날 수 있기 때문이다. 그러나 오일 붐 이후 쿠웨이트인들의 생활 수준이 높아지면서 디와니야의 수가 늘었고, 대중화되었다. 석유 발견 이전 250개 정도였던 디와니야의 수는 오일 붐 이후 12만 개로 늘어났으며, 쿠웨이트인의 75%가 디와니야를 운영하고 있다(Al-Naser, 2001).

사회 자본과 문화 자본의 축적 장소로서 디와니야

디와니야는 사회 자본을 구축하는 핵심 공간이다. 사회 자본이란 한 집단에 소속함으로써 얻게 되는 자원, 즉 사회관계를 통해 발생하는 유·무형의 경제적 이득을 의미한다. 좀 더 쉽게 풀이하면 사회 자본이란 인맥, 네트워크, 멤버십 등을 통해 얻는 경제적 이득으로 정의할 수 있다.

쿠웨이트인들은 지역 사회 네트워크를 유지하기 위해 디와니야에 지속해서 참석한다. 이때 자녀를 동반하기도 하는데, 그 아이는 디와니야에 참석한 다른 아이들뿐만 아니라 웃어른들과 자연스러운 분위기 속에서 인맥을 쌓을 수 있다. 즉, 다른 아이들과 함께 어울리며 수평적 네트워크도 쌓지만, 어른들과 함께 어울리며 수직적 네트워크도 만들 수 있다. 이 과정에서 아버지의 사회 자본, 즉 인맥은 자동적으로 자녀에게 상속된다. 한 세대에서 다른 세대로 전해지는 이러한 사회 자본은 쿠웨이트 사회에서 특정 엘리트 가문의 명성과 부가 시간과 세대를 넘어 지속될 수 있는 동력이 된다(Loh, 2022).

그와 함께 디와니야는 세대와 세대를 연결하는 공간이자 문화 자본을 학습할 수 있는 공간이다. 어린아이들은 디와니야에 참여해 성장하면서 쿠웨이트 사회의 규칙과 예의범절을 몸으로 습득한다. 예를 들면 디와니야의 자리 배치는 암묵적으로 연장자 순서대로 정해진다. 연장자가 방의 가장 안쪽 끝에 앉으며, 나머지는 나이 순서대로 앉는다. 디와니야 참석자 중에서 가장 나이 어린 사람이 문간 쪽에 앉아 필요시 어른들의 심부름을 도맡아 한다. 그 누구도 이러한 규칙을 이야기하지 않지만, 공간의 자리 배치와 질서를 통해 위계질서를 중시하는 가부장 문화가 자녀에게 학습되고 유산이 되어 다음 세대에 전달된다. 어린아이 때부터 어른들의 공간의 활용 방식을 관찰하면서 암묵적으로 작동하는 사회 규칙을 '있는 그대로' 체득하게 되는 것이다. 이처럼 디와니야는 전통이 계승되는 공간적 기능을 할 뿐만 아니라 어른에 대한 공경을 배우는 문화 자본 형성의 장이 된다.

오일 붐과 디와니야의 변화

전통적으로 디와니야는 경제적 여유가 있는 유력 가문만이 주최할 수 있었다. 집과 분리된 공간을 마련할 수 있는 여력과 손님맞이에 드는 비용을 전적으로 주인이 감당해야 했기 때문이다. 그러나 오일 붐 시대 도래와 함께 중산층이 증가하고 경제적 여유가 생기면서 도시 지역에서는 디와니야가 신축 건물의 필수 요소가 되었다. 디와니야가 대중화되면서 사교 모임 성격이 더욱 강화되었다.

디와니야 공간도 사람들의 취향과 경제적 수준에 따라 다르게 꾸며졌다. 과거 디와니야가 울로 만들어진 카펫에 방석과 쿠션으로 꾸며졌다면, 오늘날 디와니야는 편안한 소파에 텔레비전, 에어컨, 와이파이, 음향 시스템, 게임기 등 다양한 오락거리를 갖추고 있다. 손님들을 대접하기 위해 방 한쪽에는 뷔페 바도 설치되었다. 과거 토론장으로 활용되었던 디와니야는 이제 편안하고 느긋한 분위기에서 젊은 남성들이 모여 비디오 게임이나 카드놀이를 하고 영화를 감상하는 사교 모임의 장소가 되었다.

한편 쿠웨이트에 카페와 식당이 새로운 사교 장소로 출현하면서 과거 네트워킹의 핵심 장소이던 디와니야의 역할과 기능도 축소되었다. 대학 진학과 회사 취업 등으로 쿠웨이트 젊은이들의 네트워크 방식은 기존 친족 중심을 넘어 비친족으로 확대되었다. 새로 알게 된 사람을 사적 공간인 집으로 초대하는 것은 조심스러워졌고 대신 커피숍이나 공공장소에서 만남을 갖는 것이 더 선호되었다. 게다가 젊은이들은 디와니야에서 정기적으로 많은 시간을 보내는 것에 부담을 느끼게 되었다. 학생들은 학업 소홀을 우려했으며, 젊은 여성들은 남편과 더 많은 시간을 보내고 싶어 했다(Stephenson, 2011). 따라서 젊은 세대는 디와니야보다는 영업시간이 제한된 카페나 음식점에서의 모임을 선호했으며, 자연스럽게 디와니야에서의 모임 횟수도 줄어들게 되었다.

현대화로 인한 사교 장소가 변화하고, 디와니야의 기능이 축소되면서 일부 젊은 세대 사이에서는 디와니야를 필수 공간으로 보지 않았으며, 신혼부부들의 경우 집을 지을 때 디와니야 공간을 없애기도 했다(Al-Zamil, 2022). 그 결과 오일 붐을 타고 대중화되었던 디와니야는 점차 축소되거나 사라지게 되었다. 그러나 디와니야라는 네트워킹 공간은 오늘날 디지털화의 영향으로 온라인 공간에서 다시 부활하고 있다. 디지털 원주민digital native 세대인 젊은이들을 중심으로 참여 문화가 확산되고 있기 때문이다.

중동 지역의 디지털화와 젊은 세대의 참여 문화

중동 지역의 디지털화는 경제력 있는 걸프 산유국가에서 가장 빠르게 일어났다. 걸프 국가들은 2010년부터 디지털화를 목표로 새로운 제도를 구축하고 법률을 개정했으며, 디지털 인프라를 구축했다. 걸프 국가에서 젊은 세대를 중심으로 페이스북, 인스타그램, 유튜브, 스냅챗과 같은 소셜 미디어 사용도 급증했다. 소셜 미디어 확산과 함께 온라인 콘텐츠 생산도 기하급수적으로 증가하고 있으며, 참여 문화도 발달하고 있다. 소셜 미디어 사용자들은 각종 소셜 미디어 플랫폼을 활용해 온라인 공적 공간에서 자신의 의견을 내고, 다른 참여자들과 이를 교환하면서 의사소통을 하고 있다. 온라인 공간에서 누구나 참여 가능한 'e-디와니야' 또는 'e-마즐리스' 공간이 창출되고 있는 것이다.

한편 소셜 미디어를 통한 참여 문화는 젊은 세대의 정체성과 대화 스타일도 변화시키고 있다. 걸프 국가에서는 바레인과 쿠웨이트를 제외하고 시민 사회 활동을 제한하고 있다. 따라서 일반 시민들의 정치 참여도 제한적이다. 그러나 젊은이들은 소통을 주요 기능으로 하는 소셜 미디어를 활용해 '가상의 시민 사회virtual civil society'를 형성하고 온라인 소통의 공간에서 다른 사람들과 적극적으로 교류하고 있다. 소셜 미디어는 경직되고 보수적인 걸프 사회의 젊은이들에게 표현의 자유를 허락했으며, 위계질서를 중시하는 전통적인 대화 방식도 변화시켰다.

소셜 미디어를 통해 만들어진 가상의 시민 사회에서 젊은이들은 능동적인 참여자가 되었으며, 새로운 권력자로 부상했다. 젊은 세대는 통제보다 자기 주도, 위계보다 네트워크, 비밀보다 투명성을 중시하며, 온라인 활동을 하면서 종종 사회적 금기에 도전하고, 사회적으로 허용된 것과 금지된 것 간 경계선을 넘기도 한다. 그 결과 기존의 사회 문화적 금기는 느슨해지고, 그 장벽도 허물어지고 있다. 디지털 매체의 등장으로 야기된 사회 변화는 이미 앞 장에서 다룬 무슬림 여성 인플루언서 사례를 참고하기 바란다.

출처

엄익란. 2010. 「걸프지역 아랍무슬림들의 '관계맺기'와 선물문화 연구: 아랍에미리트를 중심으로」. ≪한국중동학회논총≫, 31(1), 167~188쪽.

_____. 2011. 『할랄, 신이 허락한 음식만 먹는다: 아랍음식과 문화코드 탐험』. 한울.

_____. 2014. 『이슬람 마케팅과 할랄 비즈니스: 문화코드를 알면 이슬람 시장이 열린다』. 한울.

_____. 2023. 「걸프지역 네트워킹 공간에 대한 연구」. ≪중동문제연구≫, 22(1), 97~129쪽.

참고 글

김능우. 2004. 『아랍시의 세계』. 명지출판사.

마이어(Daniela F. Mayr)·마이어(Klaus O. Mayr). 2004. 『털: 수염과 머리카락을 중심으로 본 체모의 문화사』. 김희상 옮김. 작가정신.

모스, 마르셀(Marcel Mauss). 2002. 『증여론』. 이상률 옮김. 한길사.

뮐러, 클라우스 E.(Klaus E. Müller). 2007. 『넥타르와 암브로시아: 먹고 마시는 것에 관한 인류학적 기원』. 조경수 옮김. 안티쿠스.

태너힐, 레이(Reay Tannahill). 2006. 『음식의 역사』. 손경희 옮김. 우물이있는집.

하마디, 사니아(Sania Hamady). 2000. 『아랍인의 의식구조』. 손영호 옮김. 도서출판 큰산.

해리스, 마빈(Marvin Harris). 2018. 『음식문화의 수수께끼』. 서진영 옮김. 한길사.

Ali, Maulana Muhammad. 2008. *A Manual of Hadith*. Forgotten Books.

Al-Naser, Fahad. 2001. "The Diwaniah: A Traditional Kuwait Social Institution in a Political Role." *Digest of Middle East Studies*, 10(2), pp. 1~16.

Al-Zamil, Fawzi Ali. 2022. "The Interior Design of the Contemporary Diwaniya in Kuwait: Its Changing Social Role and Physical Form." *The International Journal of Architectonic, Spatial, and Environmental Design*, 17(1), pp. 1~18.

Babakhouya, Omar. 2020. "The Majlis in the Arabian Peninsula: A Social and Cultural Space." Observatory Patrimoine d'Orien. https://patrimoinedorient.org/index.php/en/2020/04/09/the-majlis-in-the-arabian-peninsula-a-social-and-cultural-space/.

Bouhdiba, Abdelwahab. 2004. *Sexuality in Islam*. Translated by Alan Sheridan. London: Routledge and Kegan Paul.

Heine, Peter. 2004. *Food Culture in the Near East, Middle East and North Africa*. Connecticut & London: Greenwood Press.

Foltz, Richard C. 2006. *Animals in Islamic Tradition and Muslim Cultures*. Oxford: One world.

Komter, Aafke E. 2005. *Social Solidarity and the Gift*. Cambridge: Cambridge University Press.

Loh, Shaun. 2022. "Transformation of Diwaniyyas in Post-Covid Kuwait." Asia Research Institute, National University of Singapore. https://ari.nus.edu.sg/20331-112/.

Stephenson, Lindsey. 2011. "Women and the Malleability of the Kuwaiti Dīwāniyya." *Journal of Arabian Studies*, 1(2), pp. 183~199.

Swarup, Ram. 2002. *Understanding the Hadith: The Sacred Traditions of Islam*. New York: Prometheus Books.

Zubaida, Sami. 2000. "Rice in the Culinary Cultures of the Middle East." in *A Taste of Thyme: Culinary Cultures of the Middle East*. Sami Zubaida and Richard Tapper (eds.). New York: Tauris Parke Paperbacks.

10 중동인의 문화 코드와 관습

문화 코드란 한 지역에 사는 사람들이 일정 대상에 무의식적으로 부여하는 의미를 말한다(라파이유, 2007). 좀 더 간결하게는 특정 민족이나 국가에 속한 사람들이 지니는 민족성 또는 국민성을 뜻한다. 물론 일반화의 함정도 있지만 한국인의 '빨리빨리' 문화가 그 예이다. 이러한 문화적 습성들은 특정 문화권에 속한 사람들에게 수백 년 혹은 수천 년을 거쳐 쌓여온 것으로, 공동의 경험, 관습, 전통의 이름으로 습득되고 계승되어 온 것이다. 오랜 세월 동안 축적된 문화 코드는 쉽게 변하지 않는 기층문화를 형성한다. 그리고 사람들은 의심의 여지 없이 이를 당연하게 받아들인다. 가정과 학교, 그리고 사회생활을 통해 공통의 사고방식을 내면화하기 때문이다.

한국에서 중동인의 문화 코드는 잘 알려지지 않았다. 그리고 크게 궁금한 사항도 아니었다. 그들을 일상에서 접할 일이 그다지 많지 않았기 때문이다. 그러나 한국과 중동 간 교류가 점차 증가하고 있기 때문에 이제 그들의 문화 코드에 주목해야 할 시기가 되었다. 중동인들은 한국인과 문화적으로 비슷한 점이 많다. 중동인의 문화적 속성을 요약하면 집단주의 문화, 고권력 거리 문화, 고맥락 문화로 규정할 수 있다(Al-Omari, 2008). 이 장에서는 이와 같이 정의되는 중동인의 문화 코드를 하나씩 살펴보도록 한다.

중동인의 문화 코드: 집단주의 문화

중동은 집단주의 문화권에 속한다. 집단주의 문화권에서 사람들은 가족, 부족, 국가의 존재를 개인만큼이나 중요하게 여긴다. 다만 중동의 문화 코드가 한국과 다른 점은 어떤 지역에서는 국가보다는 부족을 중요하게 여긴다는 점이다. 현대 들어 설립된 국가의 역사가 부족의 역사보다 짧기 때문이다. 집단주의 문화권에서 개인은 자신이 속한 공동체의 유지와 발전을 추구한다. 따라서 사람들은 공동체 내의 다른 사람들과 좋은 관계를 유지하는 것을 매우 중요하게 여긴다. 공동체 내 다른 구성원과 갈등 및 분쟁을 피하기 위해 이 문화권에서는 자연스럽게 협의와 합의 문화가 발달했다. 사람들 간 공개적인 논쟁도 꺼리는 편이다. 구성원의 갈등은 곧 집단의 와해로 이어질 수 있기 때문이다.

이러한 이유에서 집단주의 문화에서는 체면과 명예 문화가 발달했으며, 관대와 호의가 사회의 가장 중요한 덕목이 된다. 또한 한 개인의 행동은 개인 문제로만 끝나지 않고 집단 전체의 명예와 직접적으로 연계된다. 따라서 사람들은 사회가 자신을 어떻게 평가하는지 즉, '사회의 눈'에 더 민감해진다. 즉, 자신을 평가하는 기준이 내면(죄악감)에 있는 것이 아니라 자신의 밖(수치심)에 있는 것이다. 결과적으로 집단주의 문화권에서 사람들은 남의 눈을 의식하는 경향이 강하며, 소문에 민감하고, 눈치 문화가 발달해 있다. 그리고 남이 하는 평판에 신경 쓰기 때문에 선물을 받으면 받은 것보다 더 좋은 것으로 보답하는 경향이 있다.

이와 같은 집단주의 문화의 특징은 소비문화에서도 나타난다. 중동인은 나의 실리 추구를 위한 소비보다 남의 눈을 의식하며 돈을 쓰며, 체면 유지 때문에 소비를 하는 경향이 강하다. 그래서 이들은 남들보다 더 호화로운 결혼식에 집착하고, 더 비싸고 좋은 차를 갖길 원한다.

중동인의 문화 코드: 고권력 거리 문화

중동 문화권은 고권력 거리 문화에 속한다. '권력 거리'란 사회나 조직 내에서 권력이 얼마나 평등하고 균형 있게 분포되는지를 가리키는 용어이다.

고권력 거리 문화에서는 특정 개인이나 그룹에 권력이 지나치게 많이 쏠려 있는 불균형 상태를 자연스럽게 받아들인다(반대되는 개념은 '저권력 거리 문화'로 부른다). 가령, 가족 내에서 여성과 아이들은 집안을 대표하는 아버지가 자신보다 더 높은 권위를 갖고 더 큰 권력을 행사하는 것을 자연스럽게 수용하며, 아버지에게 복종하는 것을 당연하게 여긴다. 같은 맥락에서 사람들은 가부장과 연속선상에 있는 부족장이나 사회의 지도자에게 더 많은 권력이 부여됨을 인정하고, 그들에게 복종하는 것을 당연하게 여긴다. 중동 국가에서 독재 체제를 타 문화권보다 더 자연스럽게 받아들이는 것도, 그리고 권력의 평등성을 강조하는 민주주의가 뿌리내리기 힘든 것도 이와 같은 맥락에서 이해할 수 있다.

비록 이슬람교에서는 사람들 간 평등을 가르치지만 고권력 거리 문화권에 속한 중동인들은 오히려 평등보다 불평등한 권력관계에 익숙하다. 따라서 위계질서에 복종하는 경향이 있으며, 온정주의적 관료주의에 익숙하다. 또한 능력과 업무량보다 직급에 따른 급여의 차등을 인정하며, 비민주적인 운영 시스템을 받아들인다.

권위와 권력을 중요하게 여기는 고권력 거리 문화권에서는 상대에게 나를 어떻게 포장하는지는 매우 중요하다. 물론 체면의 문화 코드도 동시에 작동하긴 하지만 복장, 사무실의 규모, 명패, 벽에 걸린 증명서 등은 곧 그 사람이 갖는 사회적 지위와 권력을 상징한다. 반대로 우리는 이러한 단서를 통해 상대의 사회적 지위와 영향력 정도를 읽을 수 있다.

중동인의 문화 코드: 고맥락 문화

집단주의 문화권에 속한 중동인들은 사람들 간 관계를 매우 중요하게 여긴다. 그래서 다른 사람에게 되도록 나쁜 말은 하지 않으려고 한다. 이 때문에 중동인들의 대화 방식은 대체적으로 암시적이며 모호하다. 직설법으로 대화하면 의도치 않게 상대에게 상처를 입히거나 상대의 기분을 망칠 수 있으며, 최악의 경우에는 서로의 관계가 나빠질 수 있기 때문이다. 따라서 말만으로는 상대의 의도를 정확하게 파악하는 일은 쉽지 않다. 그리고 상대방의 체면 때문에 거절 역시 대놓고 하지 못한다. 상대방이 내뱉은 'YES'가 확답의 의미인지 아니면 '내가 당신을 이해했다'는 의미인지 그 진의 파악이 어렵다. 화자의 의중을 그나마 정확히 파악하기 위해서는 그 말이 나온 정황, 말투와 억양, 손짓, 표정 등 모든 것을 다 염두에 두어야 한다. 이러한 대화 스타일을 '고맥락 문화'(반대되는 개념은 '저맥락 문화')라 한다. 즉, 청자가 화자의 의도를 정확히 파악하기 위해서는 상대가 내뱉은 말 그 자체보다 그 뒤에 숨은 더 많은 의미들을 맥락에 따라 해석해야 한다.

고맥락 문화권에서는 상대방의 진정한 의도를 파악하기 위해 눈치 문화가 발달했다. 모든 것이 암묵적이며 상황적이기 때문에 상대의 의도를 정확히 파악하기 위해서 질문을 다각도에서, 그리고 여러 사람을 통해 확인해야 한다. 이 때문에 대화 내용은 원점으로 돌아가는 경우가 종종 발생한다. 대화를 시작할 때 상대의 언어에만 의존하면 낭패이다. 중간중간 상대가 보여주는 몸짓 언어와 표정, 억양 등에 주목해야 한다.

고맥락 문화권에 속한 사람들과 협상할 때는 인내력과 시간이 많이 요구된다. 상대의 의도를 정확히 파악하기 위해 여러 방면으로 확인해야 하기 때문이다. 그래서 대화 방식은 순환적이고 반복적이다. 특히 비즈니스 진행 과정에서 지난 만남 때 이미 결정된 사항이 번복되어 대화가 다시 원점으로 돌아갈 수도 있다. 계약이 성사되기까지 '최종'이라는 개념은 없다는 생각으로 항상 여유와 융통성을 가져야 한다.

한국에는 연줄, 중국에는 꽌시, 중동에는 와스타
신뢰를 중시하고 인맥을 자산으로 간주하는 사회에서는 사람들 간 연줄망이 사회관계를 맺는 데 윤활유 역할을 한다. 연줄이 구성원 간 감정적 연대와 결속을 강화하기 때문이다. 그러나 연줄 문화에는 부작용도 있다. 신뢰가 자신의 연줄망 안에서만 작동하기 때문에 외집단에 배타적이고 폐쇄적이며, 정실주의와 밀실주의를 부추겨 구조적인 부패를 양산할 수도 있기 때문이다. 이는 결과적으로 경쟁과 자원 배분을 왜곡시키고 경제적 효율성을 저하시킨다. 연줄 문화는 많은 사회에서 존재한다. 중국의 '꽌시關系', 영국의 '올드보이 네트워크old boy network', 러시아의 '스뱌지svyaz', 나이지리아의 '빅맨big man' 등이 있으며, 중동에는 '와스타waasitah'가 있다.

아랍어로 '중간'을 뜻하는 '와사타wasata'에서 파생된 와스타의 사전적 정의는 '중개'를 뜻한다. 그리고 중간에서 다리 역할을 해주는 사람을 '와시트'라고 부른다. 과거 와스타는 중간에서 부족과 부족 간 분쟁을 해결하거나 사람과 사람 간 문제를 해결하는 데 주로 작동했다. 와스타는 통치자와 부족원 사이에도 작동했다. 부족원들은 와스타를 활용해 불만 사항과 민원을 해결할 수 있었고, 또 필요한 것을 충족했기 때문에 생존과 복지의 수단으로 활용하기도 했다. 부족장은 부족원들의 문제를 해결해 줌으로써 부족원으로부터 존경을 받고 명예를 쌓을 수 있었다. 와스타에 대한 대가는 금전적인 것보다는 부족원들의 자발적인 충성심이었다.

과거와 달리 오늘날 중동 지역 젊은이들은 와스타를 부정적으로 바라보고 있으며, 없어져야 할 문화라고 여기고 있다. 와스타를 불공정 또는 부패와 동의어로 인식하고 있는데, 오늘날 와스타는 공공 서비스를 제공받거나 문제를 해결하기 위해 누군가에게 부탁하는 데 주로 쓰이기 때문이다. 그리고 와스타가 종종 다른 사람의 기회와 권리를 빼앗아 자기 사람만 편애하고 기회를 주는 데 사용되기도 한다. 가령 취업을 부탁할 때, 병원에서 더 빠른 진료를 예약하거나 특정 의사한테 진료를 받고 싶을 때, 경찰에 문제 해결이나 도움을 요청할 때, 여권이나 기타 증명서와 같은 공문서를 더

빨리 발급받고 싶을 때 와스타가 이용된다. 그 대가로 금전적 보상이 요구된다. 과거 부족 구성원들을 결속시키고 부족원의 생존과 복지 수단으로 쓰이던 와스타는 이제 현대 사회로 접어들면서 연줄에 기반해 특정인에게 특권을 주고, 정실주의를 양산하는 부패의 근원이 된 것이다.

와스타에 대한 부정적인 인식은 여론 조사에도 나타난다. 중동 및 북아프리카 여론 조사 기관인 아랍 바로미터Arab Barometer survey 2016년 조사에 따르면 중동 시민들은 안보 문제와 함께 부정부패를 중동 사회의 가장 큰 문제로 보고 있다. 그리고 그 중심에는 와스타 관행이 자리하고 있는 것으로 나타났다. 이는 2010년 겨울 튀니지에서 촉발되어 전 중동 국가로 번졌던 시민들의 민주화 운동인 '아랍의 봄' 발발 계기가 되었다. 아랍의 봄은 대학은 졸업했지만 취업난과 생활고로 행상 일을 하던 튀니지의 청년 부아지지Mohamed Bouazizi가 2010년 겨울 경찰의 무자비한 단속에 분노해 분신자살을 한 것이 언론을 통해 알려지면서 촉발되었다. 부아지지 분신자살 사건 이면에는 와스타 없이 취업할 수 없는 젊은이들의 분노와 상실, 그리고 뇌물 없이 경찰의 단속과 감시를 피할 수 없는 사람들의 현실이 있었다. 부아지지의 사건이 언론에 보도되자 튀니지 젊은이들은 무능한 독재 정권에 대항해 봉기를 일으켰으며, 이들 젊은이들이 주도하는 민주화 운동은 튀니지를 넘어 전 중동 국가로 확산되었다. 그 결과 튀니지, 리비아, 이집트, 예멘과 같은 국가에서는 독재 정권이 몰락했고, 시리아와 같은 국가에서는 정부군과 반정부군이 수년째 치열하게 싸우고 있다. 이라크와 레바논과 같은 국가에서는 지속적으로 일어나는 정치적 소요 때문에 국내 상황이 불안정하다.

신뢰 결핍이 부추기는 와스타와 그 미래

아랍의 봄에 놀란 중동 국가들은 정부의 변화된 모습을 보이고, 청년들을 위로하기 위해 반부패법을 앞다퉈 제정했다. 튀니지에서는 부패방지청을 강화하고 시민 사회 활성화 방안을 마련했으며, 요르단 의회에서는 2016년 투명성과 청렴성을 증진하고 부패를 퇴치하기 위해 새로운 선거 및 청렴법을 채택했다. 아랍에미리트는 부패 방지를 위한 연방 기관을 설립하고 내부 고발자 보호 조치를 위한 연방부패방지법 초안을 작성했으며, 카타르는 국가 자금의 남용을 조사하기 위해 반부패 감시단을 설치했다. 오만은 대가성 뇌물 혐의로 재판 중이거나 유죄 판결을 받은 고위 공직자의 부패를 조사했으며, 사우디아라비아는 투명성을 촉진하고 부패를 근절하기 위해 2015년 6월 국가반부패위원회를 창설했다. 이를 추진한 왕세자 무함마드 빈 살만Muhammad bin Salman은 사우디아라비아는 부패를 더 이상 참지 않을 것이며 왕족이라 하더라도 법 위에 군림하지 못한다고 경고하면서 그 어떤 시민이든 왕, 왕세자, 왕족을 고소할 수 있다고 언급하기도 했다.

와스타 근절을 위한 정부의 법 제도 도입에도 와스타는 사라지지 않을 것으로 전망된다. 가장 큰 이유는 중동 시민들이 와스타에 대해 불만을 제기하면서 동시에 자신에게 기회가 있을 때 와스타를 활용할 의사가 있기 때문이다. 와스타를 활용하지 않을 경우 자신만 손해 볼 것이라고 생각한다. 이는 곧 와스타가 지속될 수밖에 없는 근본 원인이 되고 있다.

그렇다면 왜 와스타는 지속되는가? 다음의 두 가지 이유에서 설명이 가능하다. 첫째, 중동 시민들이 정부의 공공 서비스나 제도를 신뢰하지 않는다는 점이다. 제도는 일상생활에서 법, 규율, 혹은 질서 등을 통해 불확실성을 줄이고 위험 부담을 줄여주는 역할을 한다. 그런데 제도가 제 기능을 못할 경우 개인은 자신이 신뢰하는 사적 연결망을 작동시켜 안전을 확보하고 거래 비용을 낮추는 전략을 택한다(장수찬, 2007). 서구로부터 독립하자마자 급격한 현대화를 겪은 중동 시민들은 국가라는 추상적인 존재와 그 틀에서 만들어진 다양한 행정 제도를 신뢰하기보다 서로 아는 사람끼리 사적 연줄망을 활용하는 것이 불확실성을 줄이는 효율적인 방법이라고 여겼다. 즉,

와스타가 거래 비용을 줄이는 가장 확실한 수단이었던 것이다.

둘째, 정부 제도에 대한 신뢰 결핍 상황에서, 그리고 와스타 없이 정부의 공공 서비스와 제도가 제대로 작동하지 않는 상황에서, 일반 시민들은 와스타를 일상생활의 삶을 영위하기 위한 생존 전략으로 활용하고 있다. 일반 시민이 의료 제도를 이용하거나 여권을 발급받을 때 공식적인 창구와 시스템을 활용할 경우 너무 많은 시간이 걸리거나 아예 해결되지 않은 상당수의 문제들이 와스타를 통하면 바로 해결되기 때문이다.

제도는 국민과의 약속이다. 약속에 대한 이행이 제대로 되지 않는다면 그 누구도 정부를 신뢰할 수 없다. 중동 국가도 와스타와 부패를 청산하기 위해 징벌적 법 제도를 새로 도입해 처벌을 강조하기보다는 국민들이 왜 와스타를 활용하는지 그 원인을 살펴보고 제도적 신뢰 구축 방안을 마련하는 근본적인 해법을 찾아야 할 것이다. 일반인들이 법과 제도, 그리고 사회적 규칙을 지켰을 때 손해 보지 않아야 제도에 대한 신뢰가 쌓일 수 있다.

'인샬라', 모든 것을 신의 결정에 맡기는 운명론

무슬림과 약속 시간을 정할 때면 항상 따라다니는 말이 있다. 바로 '인샬라inshaallah'이다. '인샬라'를 문자 그대로 풀이하면 '신의 뜻이라면'이다. 즉, 인샬라를 붙여 문장을 다시 풀이하면 '신의 뜻이라면 약속 시간에 만날 수 있을 거야'를 의미한다. 사람에 따라, 그리고 상황에 따라 다르긴 하지만 분명 약속을 정할 때 '인샬라'라고 외쳤는데 다음번 약속이 지켜지지 않는 경우가 종종 발생한다. 그래서 비무슬림의 경우 인샬라는 상대방이 약속에 대한 확신이 없을 때 덧붙이는 말이라고 생각해 이를 부정적으로 여기는 사람들도 있다. 그리고 약속 불이행에 대해 알라에 핑계를 돌린다고 생각한다. 그러나 무슬림의 생각은 다르다. 그들에게 인샬라는 '하느님의 뜻이면 꼭 해줄 거야'라는 확답의 의미가 내포된 것이다. 즉, 자신은 본인이 할 수 있는 모든 노력을 기울이고, 나머지는 알라에게 맡긴다는 뜻이다. 약속을 지키기 위해 자신은 모든 노력을 하지만 변수가 발생해 약속을 못 지킨다면, 이것은 인간의 통제 밖에 있는 일로 여긴다. 알라만이 알 수 있는 일인 것이다. 이러한 관점에서 무슬림에게 인샬라라는 관용구는 확신이 담긴 말이고, 따라서 부정적이 아니라 긍정적인 말이다.

인샬라는 무슬림의 운명론적 인생관을 단적으로 보여준다. 이슬람의 여섯 가지 믿음 중에는 정명관이 있다. 인간이 어떤 현상이나 사건을 통제할 수 없으며, 모든 것은 이미 정해져 있다는 믿음에 기초한다. 무슬림의 이러한 운명론은 코란에도 언급되어 있다. 하마디는 "코란의 지배적인 가르침은 그 운명론에 있다. 모든 것은 알라의 뜻에 의해 창조되며"(코란 54장 49절; 87장 2절 참조), "인간과 그 밖의 창조물을 다스리는 모든 사항도 미리 신의 성전에 정해져 있다"(코란 54장 52절; 11장 8절; 9장 51절 참조)라고 언급하고 있다(하마디, 2000: 191). 다시 말해 무슬림의 관점에서 보면 인간의 운명은 미리 정해져 있으며, 인간은 자신의 힘으로 미래의 행동이나 사건을 결정할 수 없다는 것이다. 그리고 이를 보여주는 용어가, 한국에서도 잘 알려진, 파울로 코엘료Paulo Coelho의 소설 『연금술사』에 자주 등장하는 '마크툽'이다. 마크툽은 아랍어로 '쓰다'를 뜻하는 '카타바kataba'에서 파생된 것으로, 이는 '쓰인' 것을 의미한다. 즉, 인간의 운명은 모두 알라에 의해 이미 정해졌다는 뜻이다. 지나치게 운명론에 의지하면 인간이 무력해질 수도 있지만 어떻게 보면 인샬라는 '너는 충분히 노력했으니 나머지는 알라에게 맡겨도 괜찮아'라는 뜻으로 사람에게 위로가 되는 말이자 마음을 편안하게 해주는 말이다.

중동인의 시간관념과 그들에게 '내일'의 의미

중동인이 시간을 쓰는 방식은 한국인과 상당히 다르다. 우리는 시간을 나누고 세분화해 쓰는 경향이 있다. 다이어리를 사면 1년을 상반기와 하반기로 나누고, 분기별로 나눠 한 해의 계획을 세운다. 산업화 과정을 겪으면서 우리에게 시간은 계획되는 것이고, 미래에 일어날 모든 일은 계획에 맞추어 이행되어야 한다고 훈련받아 왔다. 따라서 목표를 달성하기 위해 정해진 기간에 계획한 일을 하거나 약속 시간을 지키는 것은 매우 중요하다. 이와 같은 시간 관리는 시간에 대한 강박 관념을 생기게 한다. 그리고 우리가 생각하는 미래란 보통 가까운 미래를 의미하며, 이는 향후 몇 년 혹은 길어야 몇십 년에 해당한다.

그러나 중동인이 생각하는 미래에 대한 관념은 다르다. 중동인들은 시간이 과거로부터 현재, 그리고 미래로 흐른다고 생각한다. 문화권마다 시간의 개념을 연구한 에드워드 홀Edward Hall은 시간과 관련된 언어를 연구한 결과 미국인과 아랍인의 시간 개념이 다르다는 점을 발견했다. 미국인들은 시간을 여덟 개 혹은 아홉 개의 단위로 나눈다. 영문법 시간에 배웠던 현재, 과거, 미래, 과거 진행, 현재 진행, 미래 진행, 과거 완료, 현재 완료, 미래 완료 등이 여기에 해당한다. 미국인들에게 '순간'과 '영원' 사이에는 수많은 시간들이 존재하는데, 여기에는 매우 짧은, 짧은, 중간, 긴, 매우 긴, 무지하게 긴 시간 등이 있다.

시간을 분할하고 계획해서 사용하는 문화권과 달리 중동인에게 시간의 시점은 단 세 개뿐이다. 중동인은 시간을 정해지지 않은 시간, 다양한 시간의 현재, 그리고 매우 긴 영원한 시간으로 구분한다. 인간은 단지 시간의 흐름에 맞춰 함께 흐른다고 생각한다. 때문에 중동인들은 오래 기다리는 것과 아주 오래 기다리는 것의 차이를 거의 느끼지 않는다고 한다(홀, 2000). 약속이나 행사에서 정확히 시작하는 시점과 끝나는 시점은 없다. 그래서 중동인들은 약속 시간을 맞추는 데 다른 문화권에 속한 사람들보다 느슨하다. 중동인들의 5분은 시계의 분침이 의미하는 5분이 아니다. 시기를 의미한다. 즉, 5분이 50분이 될 수도 있고, 5시간이 될 수도 있다. 그리고 타인과 약속할 때 정확한 시간 약속을 하기보다 오전이나 오후처럼 시기를 정한다. 이 때문에 중동 사람들과 약속을 할 때 애를 먹기도 한다. 약속 장소에 결코 일찍 오는 법이 없으며, 약속 시간을 정해도 대부분 늦게 도착해 '마알리쉬'(never mind, 괜찮아요) 이상의 별다른 말도 없다. 그러나 이러한 중동의 시간관념도 글로벌화로 타 문화권 사람들과 접촉이 많아지면서 변화하고 있다.

중동인이 운명론자가 되고 시간 개념이 느슨한 데에는 자연환경이 큰 영향을 미쳤을 것으로 추정된다. 사막에 사는 중동 사람들에게 자연환경은 너무나 척박했다. 이들의 의식주 환경은 풍요롭지 못했고, 홍수와 가뭄은 삶의 터전을 앗아갈 정도로 가혹했다. 이러한 환경에서 인간은 힘의 한계를 느꼈다. 즉, 중동인들은 자연을 정복의 대상으로 여기기보다 이에 순응하는 운명론을 택해야 했다. 척박한 자연환경은 이들의 시간관념에도 영향을 미쳤다. 황량한 사막에서 시간을 세분화해 오늘 할 일과 내일 할 일, 혹은 1년 또는 10년 이내에 할 일을 나누는 것은 별로 의미 없는 일이었다. 이와 같은 중동인의 인생관과 시간 개념을 이해하고 받아들인다면 그들과 한결 마음 편하게 교류할 수 있을 것이다.

'노 프라이버시', 중동인의 사회적 거리감과 공간 인식

공간은 또 다른 언어이다. 사람들은 공간 활용 방식을 통해 무형의 문화 코드를 유형의 형태로 보여준다. 즉, 특정 문화권의 숨은 의식 세계가 드러나는 곳이 바로 공간이다. 공간은 사회 질서를 보여주며, 사람들이 사회관계를 맺는 방식을 보여준다. 또한 한 사회에서 작동하는 개인에 대한 인식과 프라이버시에 대한 관념도 드러낸다.

중동 지역에서 흔하게 겪는 일은 공공장소에서 암묵적으로 확보된 나의 영역을 자주 침범당한다는 것이다. 가령 엘리베이터에 단 둘이 탔을 경우 공간이 넓더라도 중동인은 바로 내 옆에 자리를 잡을 수 있다. 누군가를 기다리고 있을 때 모르는 사람이 내 옆에 바짝 붙어서 있을 수도 있다. 그 역시 누군가를 기다리는 것이다. 또 지나가다가 사람들끼리 서로 밀고 제쳐 가끔 기분이 상하는 일도 발생한다. 사과 한마디 하지 않고 지나치거나 오히려 밀친 사람이 '마알리쉬'라고 하고는 자기 갈 길만 간다. 이방인의 관점에서 중동인의 이러한 행동은 불쾌하고 무례하다. 공간을 침해받았다는 생각에 괜히 사람을 불안하게 만들기까지 한다.

중동인들의 이러한 행동에 대해 에드워드 홀은 다음과 같이 분석하고 있다(홀, 2000). 중동인들은 한 사람이 어떤 공간을 점유했다 하더라도 그 공간에 대해 어떠한 권리도 행사할 수 없다고 본다. 즉, 공공장소에서 내가 점유한 공간은 불가침의 공간이 아니다. 따라서 한 공간을 이용하는 과정에서 신체적 접촉은 일어날 수 있다고 생각하며, 또 이를 큰 실례로 생각하지도 않는다. 이러한 공간에 대한 인식 때문에 프라이버시 개념도 다르다.

프라이버시와 개인의 공간 개념이 거의 없는 중동에서는 향수 문화가 발달했다. 중동인들은 타인과 대화할 때 매우 가까운 거리에서 한다. 중동인들은 개인과 개인 간 사회적 거리 개념이 매우 짧기 때문이다. 간혹 중동인과 대화할 때 너무 가까이 서 있는 상대방이 불편해 한 걸음씩 뒷걸음질 치다가 벽에 부딪치기도 한다. 이러한 이유에서 체취를 관리하고 청결을 유지하는 것은 무척 중요하다.

출처

엄익란. 2014. 『이슬람 마케팅과 할랄 비즈니스: 문화코드를 알면 이슬람 시장이 열린다』. 한울.

_____. 2022. 「사회자본으로서 아랍 이슬람 지역의 와스타 관행 연구: 변용과 지속가능성을 중심으로」. ≪한국이슬람학회논총≫, 32(1), 29~60쪽.

참고 글

라파이유, 클로테르(Clotaire Rapaille). 2007. 『컬처코드』. 김상철·김정수 옮김. 리더스북스.

장수찬. 2007. 「한국 연줄사회의 근원과 사회적 신뢰」. ≪NGO 연구≫, 6, 37~70쪽.

하마디, 사니아(Sania Hamady). 2000. 『아랍인의 의식구조』. 손영호 옮김. 도서출판 큰산.

홀, 에드워드(Edward Hall). 2000. 『침묵의 언어』. 최효선 옮김. 한길사.

Al-Omari, Jehid. 2008. *Understanding the Arab Culture: A Practical Cross-Cultural Guide to Working in the Arab World*. How to Book.

제4부

편견과 오해를 넘는
한국과 이슬람

11 한국과 이슬람, 그 관계의 시작

한국에 '코리아'라는 이름을 붙여주고 세계 지도에 등장시킨 사람들이 바로 무슬림 상인이다. 한국과 이슬람의 교류사는 신라 시대로 거슬러 올라간다. 이 장에서는 서구와는 입장이 다른 한국이 이슬람 세계와 어떻게 관계를 맺어왔는지 역사적 관점에서 소개한다. 그래야 비로소 다른 문명의 관점이 아닌 우리의 관점에서 이슬람을 바라보는 시각을 구축하고, 이슬람에 대한 편견과 오해를 넘어 발전적 관계를 맺을 수 있기 때문이다.

한국을 '코리아'로 네이밍한 무슬림 상인

한국의 영어명은 Korea로, 고려에서 기원한 것으로 알려져 있다. 당시 한반도까지 들어와 무역 활동을 했던 무슬림 상인들이 붙여주었다고 한다. 그러나 코리아가 고려가 아니라 그보다 앞서 존재했던 고구려라는 주장도 있다. 실크로드 문명을 연구한 정수일(2008) 교수에 따르면 한국과 이슬람 세계는 신라 때부터 교류가 있었다. 한국은 9세기 중엽 아랍 상인이었던 술라이만Sulayman에 의해 세계사에 처음으로 등장했다. 술라이만은 현지 체험기인 『중국과 인도 소식』(851)에 중국의 동쪽에 위치한 신라를 소개했고, 이후 지리학자인 아부 알피다Abu al-Fida는 신라의 경도와 위도까지 상세히 기술했다. 그리고 10세기 이후 지리학자 알이드리시Muhammad al-Idrisi는 신라를 표기한 지도를 제작했다.

무슬림 상인들의 눈에 신라는 천국과 같았다고 한다. 정수일은 지리학자 알마크디시al-Maqdisi의 『창세와 역사서』(966)를 인용해 무슬림 상인들이 신라를 '황금의 나라'로 묘사했으며, 금이 너무 흔해 개나 원숭이의 목줄도 금으로 만들었다고 소개하고 있다. 신라는 물질적으로 풍요로웠고, 자연환경은 쾌적했으며, 사람들의 용모는 준수했고, 성품은 양순했다. 그래서 일단 신라에 들어간 사람은 그곳을 떠나고 싶어 하지 않았다고 한다. 이러한 맥락에서 정수일은 처용 설화의 주인공인 처용은 울산 앞바다로 들어와 신라에 정착했던 무슬림 상인이라고 추정하고 있다.

최근 국악 뮤지컬로 만들어져 화제가 되었던 〈쿠쉬나메Kushnameh〉('쿠시'는 사람 이름이고 '나메'는 책 또는 서사라는 뜻으로 '쿠시 서사'를 의미한다)도 신라와 페르시아의 인연을 조명하고 있다. 이희수 교수 연구팀에 의해 새롭게 해석된 이란의 대서사시 「쿠시나메」는 7세기 이슬람 제국을 발흥시킨 아랍인의 침략으로 사산조 페르시아가 망하자 탈출한 왕자가 당나라를 거쳐 신라로 망명했으며, 신라 공주와 사랑에 빠져 결혼했다는 내용이다. 이 이야기가 사실이라면 우리는 중동인들과 피를 공유한 것이다.

'회회인'으로 알려진 고려 시대의 무슬림

고려 시대 한국과 이슬람 지역 간 교류는 더욱 활발해졌다. 그리고 그 매개는 13세기 이슬람 제국을 침략하고 정복한 몽골 제국이었다. 오늘날 이슬람교를 중국식 발음인 '회교回教'로, 그리고 무슬림을 '회회인回回人'이라고 부르기 시작한 것도 고려 시대부터이다. 몽골 제국은 '색목인色目人'으로 알려진 무슬림 지식인의 힘을 빌려 이슬람 제국을 통치했으며, 이들을 고려까지 파견했다. 당시 파견되었던 색목인 중 일부는 고려에 귀화해 한국 성을 갖고 살았다. 대표적인 성씨로는 덕수 장씨德水張氏가 있다. 덕수 장씨의 시조 장순룡은 고려 충렬왕 시절 덕수현에서 식읍을 받고 고려에 정착한 인물이다(정수일, 2008). 이러한 배경 때문인지 오늘날까지도 덕수 장씨 후손들은 사우디아라비아와 같은 중동 국가 국경일에 축하 화환을 보내기도 한다.

고려 시대 무슬림과 교류가 증가하면서 고려에 정착하는 무슬림도 점차 늘어났다. 그리고 이들은 자신들만의 공동체를 만들어 생활했다. 이들의 존재는 고려인의 생활 문화에도 영향을 끼쳤다. 정수일은 저서『이슬람 문명』(2008)에서 고려 속요「쌍화점」에 등장하는 이슬람 음식인 쌍화(만두)와 회회 아비가 그 예라고 소개하고 있다. 그에 따르면 쌍화, 즉 만두는 이슬람 지역에서 들어온 음식이며, 소주도 몽골을 통해 한국으로 들어왔다고 한다. 몽골 서정군이 아바스 제국을 공략할 때 기원전 3000년경부터 전해지던 메소포타미아 수메르인들의 양조법을 배웠으며, 칭기즈칸Chingiz Khan의 손자 쿠빌라이Khubilai가 일본 원정을 위해 한반도에 들어왔을 당시 원정군의 본영이 있던 안동과 제주 등지에서 이 술을 빚어 마셨다고 한다. 서아시아 지역에서는 증류 과정을 거쳐 만든 술을 '아락'araq'이라고 부르는데, 주재료로는 포도나 대추야자가 활용되었다. 정리하면 최초로 한국에 들어온 무슬림이 중동 출신이었다면 고려 시대에는 주로 몽골 제국 출신 무슬림이 유입되었다는 점을 알 수 있다.

조선 시대 이래 한국 사회로 동화되어 버린 무슬림

정수일의『이슬람 문명』에 따르면 활발했던 이슬람 제국과의 교류는 조선 시대 초기까지 이어졌다.『세종실록』에는 무슬림 원로와 종교 지도자들이 이슬람 지역의 독특한 의상을 입고 근정전에서 거행되는 신년 하례식이나 임금이 신하들을 거느리고 중국의 궁전을 향해 절하던 동지 망궐례와 같은 궁정 행사에 참여했다고 기록되어 있다. 또한, 중세 이슬람의 찬란했던 천문학, 과학 기술, 역법도 무슬림을 통해 조선에 전달되었으며, 측우기, 해시계와 물시계를 비롯해 우리가 아는 조선 초기 과학 기술 발달에도 지대한 영향을 끼쳤다.

그러나 세종 이후 한반도의 무슬림은 그 정체성이 약화되기 시작했다. 그들은 새로 만들어진 조선 사회에 여전히 자신들의 공동체를 형성해 이슬람 정체성을 유지하고 있었다. 이에 국가의 중요한 의례와 행사를 주관하고 관리하던 예조의 고위 공무원 격인 상주가 무슬림의 의상과 문화가 우리와 달라 사람들이 혼인하기 꺼리므로 이를 폐지해야 한다고 제안했으며, 세종은 이를 허락했다. 이후 조선 사회에 무슬림의 동화가 시작되었다.

조선이 무슬림의 동화 정책을 추진한 배경으로는 원나라의 패망과 이후 등장한 명나라의 폐쇄 정책, 청나라의 무슬림 탄압 정책, 그리고 중국을 숭상하던 조선의 유교 사상이 자리했다. 그 결과 한반도로의 무슬림 유입은 자연스럽게 차단되었고, 그나마 소수 존재하던 무슬림 공동체도 조선 사회에 동화되면서 우리가 이슬람을 접할 수 있는 기회도 줄어들었다. 이후 조선 시대 말기 1917년 소련에 볼셰비키 혁명이 일어나자 소수 튀르크계 무슬림이 만주를 거쳐 한국으로 들어왔으나 1950년 한국 전쟁 발발 이후 다시 해외로 이주했다(정수일, 2008).

1950년 한국 전쟁과 튀르키예 무슬림의 유입

현대 한국 사회에 무슬림 공동체는 1950년 발발한 한국 전쟁을 계기로 형성되었다. 당시 한국 전쟁에는 여단 규모의 터키군 5500여 명이 참전했다(국가기록원 자료 '6.25전쟁과 유엔' 편). 전쟁이 끝난 후에도 터키군은 유엔 평화 유지군 자격으로 한국에 남아 있었으며, 당시 한국전에 참전했던 터키군과 함께 한국으로 들어왔던 이맘(압둘 가푸르 카라 이스마일올루Abdul Gafur Kara Ismailoglu)이 1955년 '한국이슬람협회'를 결성해 한국에 이슬람교 정착 기반을 마련했다(한국이슬람교 서울중앙성원 홈페이지). 최초 가건물에서 시작했던 이슬람교의 기도소는 1969년 한국 정부가 이태원에 약 1500평에 달하는 사원 건립 부지를 제공하고, 사우디아라비아를 비롯한 전 세계 이슬람 국가들이 사원 건립 비용을 지원해 1976년 한국을 대표하는 사원으로 개원할 수 있었다.

오일 붐과 한국인 무슬림의 등장

지금까지 한국 이슬람의 주인공이 외국인 무슬림이었다면 1970년대부터는 한국인 무슬림이 본격적으로 증가하게 된다. 박정희 정부 시절 오일 달러로 부유해진 산유국이 근대화 사업을 추진하자 정부가 건설 노동자와 간호 인력 들을 대규모로 중동 지역에 파견했다. 당시 박정희 정부는 중동 국가와의 관계를 매우 중요하게 여겼고, 이는 곧 친중동 외교 정책의 밑바탕이 되었다. 사우디아라비아와 쿠웨이트 등 걸프 산유국에 파견된 건설 노동자들이 보내오는 외화가 전쟁으로 폐허가 된 한국이 재기하는 데 종잣돈이 되었기 때문이다. 이러한 우호 관계는 앞서 소개한 이슬람 사원 개원으로 이어졌다. 경제적 이유 외에도 외교 정책의 관점에서 중동 국가는 한국에게 매우 중요했다. 박정희 정부는 미소 냉전 시대 당시 중립 외교 정책을 고수했으며, 제3세계 국가와 선린 외교는 필수였다. 당시 대부분의 제3세계 국가는 서구의 식민 지배에서 막 벗어나 독립 국가가 된 중동 국가나 이슬람 국가였다.

이러한 역사적·사회적 환경에서 이슬람교로 개종한 한국인들도 점차 눈에 띄기 시작했다. 그리고 그 스펙트럼도 다양했다. 우선 산유국으로 파견되는 노동자를 중심으로 개종이 있었다. 이들은 이슬람 국가인 걸프 산유국으로 파견되기에 앞서 현지 적응을 위해, 또는 현지에 머물면서 이슬람교에 매료되어 이슬람교로 개종했다. 그리고 1970년대 오일 붐이 일어나자 이 지역으로 진출하려는 기업체 인사들의 개종도 있었다. 이 지역에 대한 연구 수요가 증대하면서 국내 대학에도 아랍어를 가르치는 학과들이 생겨났다. 졸업생들 중 일부는 이슬람 국가에서 유학 생활을 하면서 이슬람교로 개종했으며, 간간히 무슬림과의 결혼을 통해 개종하는 사례도 있었다. 무슬림 남성과 비무슬림 여성이 결혼할 경우 개종은 필수 요건은 아니었으나 비무슬림 남성이 무슬림 여성과 결혼을 하려면 그 남성은 반드시 이슬람교로 개종해야 했기 때문이다.

동남아시아 무슬림의 한국 진출과
이태원의 보이지 않는 문화적 경계선 '이북'과 '이남'

이후 1990년대에는 동남아시아 무슬림의 한국 유입으로 국내 무슬림 수는 증가하기 시작했다. 국내 부족한 노동 인력을 메우기 위해 1991년 법무부 훈령으로 도입한 산업 연수생 제도 때문이다. 1980년대 후반부터 한국 경제는 고도 성장기를 맞이했고, 이른바 '3DDanger, Difficult, Dirty 업종'을 중심으로 단순 기능 노동 인력이 부족했다. 1990년대 초반 중소기업을 중심으로 인력난이 심화되었고, 이에 대응하기 위해 외국 인력을 수입해 활용하는 '해외투자기업연수생제도'가 시행되었다(한국민족문화대백과사전 '산업 연수생'). 당시 인력 송출국에는 인도네시아, 방글라데시, 파키스탄, 이란, 우즈베키스탄, 카자흐스탄 등 이슬람 국가가 다수 포함되었다. 이들 무슬림 노동자들은 한국행을 선택하기 이전에는 주로 걸프 산유국을 행선지로 삼았으나 1991년 걸프전이 발발하면서 안전한 한국을 진출 대안국으로 삼았다.

1976년 이태원 사원이 건립되면서 한국으로 들어온 외국인 무슬림은 이슬람 중앙 성원을 중심으로 그 주변 지역에 정착하기 시작했다. 이들 중 일부는 이국땅에서도 자국의 물품이나 이슬람과 관련된 물품을 원활히 쓸 수 있도록 의류 및 기도 용품 판매점, 식품 판매점, 에스닉 음식점, 여행사, 잡화점 등을 운영했다. 외국인 무슬림들은 한국 문화에 동화되는 대신 자신들끼리 강력한 네트워크를 구축하며 살았고, 그 결과 사원을 중심으로 자연스럽게 이슬람 거리가 형성되었다. 이는 결국 종교적·인종적·문화적 차원에서 이태원의 무슬림 '게토화'로 이어졌으며(조희선 외, 2008: 176), 이태원은 '이북'(이태원 북쪽)과 '이남'(이태원 남쪽)이라는 눈에 보이지 않는 문화적 경계선으로 구분 지어졌다. 이북 지역에는 경리단길과 이태원2동이 있었으며, 주로 대사관저나 주재원 거주용 고급 주택이 들어서면서 부유한 중동 국가 출신 외교관이나 서구 출신 외국인이 정착했다. 반면 이남 지역에는 보광동의 이슬람교 중앙 사원과 도깨비 시장 옆 주택가가 포함되었으며, 비교적 저렴한 주택 비용 때문에 아프리카나 서남아시아 출신 외국인 노동자들이 거주했다. 이 지역은 재개발 지역으로 묶였으나 개발이 지연되면서 일부 지역에서는 슬럼화 현상도 나타났다(오종택, 2016).

'보이지 않는' 존재에서 '보이는' 존재가 된 현대 한국 사회의 무슬림

한국 사회에 정착한 무슬림은 최근까지만 하더라도 '보이지 않는invisible' 존재로 조용히 살아왔다. 그러나 한류의 영향으로 2010년대부터 한국을 방문하는 동남아시아 무슬림이 증가하기 시작했고, 또 씀씀이가 큰 걸프 지역 산유국 출신 무슬림 관광객의 한국 방문이 증가하면서 광화문, 명동, 강남 거리에 히잡을 쓴 여성들이 보이기 시작했다. 여기에 박근혜 정부 들어 중국 시장을 넘어 이슬람 시장으로 도약하고자 할랄 산업을 정부 차원에서 적극적으로 육성하면서 무슬림 고객들을 대상으로 한 할랄 식당도 눈에 띄게 증가하기 시작했다. 이제 한국 사회에 무슬림은 '보이지 않는' 존재에서 '보이는visible' 존재가 되었다.

그러나 동시에 이슬람에 대한 반감도 증가하기 시작했다. 이슬람교와 무슬림은 2011년 9·11 테러 이후 세계를 위협하는 존재로 낙인찍혔다. 그리고 그때까지만 하더라도 위협적인 존재로서의 이슬람교와 무슬림은 '우리 이야기'가 아닌 '남의 이야기'에 불과했다. 그러나 2014년부터는 상황이 달라졌다. 아랍의 봄 이후 중동 지역 정세가 혼란한 틈을 타 이라크 북부와 시리아 동부 지역에서 수니파 이슬람 극단주의 무장 단체 ISISIslamic State of Iraq and Syria가 발흥해 칼리프 국가를 선언했고, 그들의 공격 대상에는 친미 국가라는 이유로 한국도 포함되었기 때문이다. 여기에 '김 군'이 IS에 가입하면서 이제 이슬람 무장 단체나 테러 단체는 우리로부터 멀리 떨어진 '저 밖에 있는 존재'가 아니라 우리를 곁에서 직접적으로 위협하는 존재가 되었음을 실감하게 되었다. 이슬람교와 무슬림에 대한 경계심은 할랄 정책의 일환에서 추진되던 이슬람식 도축장 건립에 대한 시민 사회, 종교 단체, 그리고 주민 들의 연대 항의 집회와 한국관광공사에서 진행하던 무슬림 친화 레스토랑 분류제 도입에 대한 거부감으로 이어졌다.

2015년 초 이후 한국 사회에 이슬람에 대한 두려움과 경계심이 커지자 이에 불안을 느낀 무슬림들은 이태원의 거리에서 이슬람에 대한 비방을 멈춰달라고 호소하며 거리 행진도 했다. 한국 사회의 이슬람 공포증 또는 혐오증이라 불리는 이슬람포비아 현상이 어떻게 표출되었는지는 제1부에서 이미 소개한 바 있다.

한국과 중동: 한국의 중동 붐, 어떻게 시작되었나

1973년과 1979년 정치적인 문제에서 야기된 두 차례의 중동발 석유 파동은 전 세계의 경제를 뒤흔들었다. 앞 장에서 이미 설명했으나 다시 한 번 요약하면 제1차 석유 파동은 아랍과 이스라엘 간 발발했던 제4차 중동 전쟁이 원인이 되었다. 당시 아랍의 맹주였던 이집트는 이스라엘에 빼앗겼던 팔레스타인 영토 회복이라는 아랍 국가의 대의를 위해 총대를 메고 싸웠으며, 크게 참패했다. 이에 중동 산유국들은 아랍 땅을 점령했던 이스라엘이 점령지에서 철수하고, 팔레스타인의 권리가 회복될 때까지 원유 생산을 매월 5%씩 감산하기로 결정했다. 이에 따라 1973년 초반 배럴당 2달러 59센트였던 석유는 1년 만에 11달러 65센트까지 네 배나 상승했다. 석유 파동

으로 전 세계적으로 경제 성장률은 크게 떨어졌고, 서방 선진국들은 마이너스 성장을 했다. 물가가 불안정해지면서 인플레이션도 나타났다. 자원을 활용한 산유국들의 외교 전략은 효과가 있었다. 이스라엘에 편파적이던 서구가 중동 국가의 목소리에 귀를 기울이기 시작했기 때문이다. 동시에 산유국의 정치적 영향력도 커졌다. 이후 세계 석유의 15%가량을 공급하던 이란의 정세가 1979년 이란 이슬람 혁명으로 불안해지자 유가는 1978년 배럴당 12달러 70센트에서 168%나 올라 1981년 10월에는 34달러가 되었다.

석유 파동으로 세계 경제는 불안정했으나 산유국들의 입장에서 이는 호재였다. 유가 폭등으로 석유 수익이 증대하자 엄청난 부를 축적할 수 있었기 때문이다. 석유 수입을 재원으로 산유국들은 국가 근대화 사업과 경제 개발 정책을 본격적으로 추진할 수 있었다. 그러나 이들 국가에는 근대화 정책을 실현시킬 인력과 기술, 인프라가 부족했으며, 해외에 의존할 수밖에 없었다. 이러한 상황에서 한국 노동자들은 베트남전 이후 미국과 함께 재건 사업에 참여했던 기술력을 갖고 중동의 건설 시장에 뛰어들었다. 그리고 이때 벌어들인 중동의 오일 머니는 한국에도 산업화와 경제 성장의 동력이 되었다.

한국의 중동 노스탤지어: 제2의 중동 붐, 가능한가

한국은 경제 성장 면에서 중동에 대한 향수가 있다. 해방 이후 한국 전쟁으로 폐허가 되었던 대한민국이 '그라운드 제로'에서 재기해 세계사에 길이 남을 성공 신화를 쓸 수 있었던 데에는 중동을 비롯한 해외 파견 노동자의 기여와 희생, 그리고 그들의 땀방울이 있었기 때문에 가능했다. 그리고 그 시작은 중동의 오일 붐이었다.

중동의 건설 시장에 진출한 한국인들은 한여름이면 50도가 넘는 더위와 물 부족과 싸워가며 가족을 위해, 그리고 나라를 위해 이를 악물고 일했다.

당시 사우디아라비아 건설 현장에 참여했던 삼환건설의 '횃불신화'는 매우 유명한 일화로 전해진다. 삼환건설은 메카 순례 기간 이전까지 제다Jiddah시 미화 사업 공사를 마무리해야 했다. 공기를 지키기 위해 삼환건설 노동자들은 야간에도 횃불을 켜놓고 더위와 싸워가며 공사를 강행했다. 길 가다 우연히 이를 목격한 파이살 국왕은 한국인의 성실과 열정에 크게 감동해 "저렇게 부지런하고 성실한 사람들에겐 공사를 더 주어야 한다"며 후속 공사도 맡겼다고 한다. 사막의 더위 속에서 뛰어다니는 사람을 본 일이 없던 사우디인들은 한국 노동자들이 공기를 맞추기 위해 지글거리는 한낮에도 분주히 뛰는 모습을 보고 진짜 사람인지 확인하기 위해 팔을 만져봤다는 일화도 전해진다. 열악한 환경 속에서 열심히 일하는 한국 사람들을 보고 중동인들은 한국에 호감과 신뢰를 보냈다(단국대 GCC국가연구소, 2013). 그리고 당시 한국이 중동에 심어놓은 이미지는 중동인의 마음속에 각인되어 오늘날까지도 양 지역 협력 관계에 초석이 되고 있다.

이러한 일화가 회자되면서 그들의 마음속에 한국인은 '믿을 수 있고 성실하고 근면한' 이미지로 남아 있다. 그리고 한국은 이때 산유국에서 벌어들인 종잣돈으로 산업화에 성공해 전쟁의 폐허를 딛고 일어섰으며, 이제는 세계 경제 10위권 안에 드는 나라가 되었다. 한국의 기적 같은 성장을 목격한 중동 국가들은 이제 단기간 압축 성장을 한 한국의 성공 신화를 배우고 싶어 한다. 특히 자원 없이 이룩한 '한강의 기적'과 뛰어난 인적 자원 육성 사업 등은 자원 의존 경제를 벗어나려는 중동의 산유국들에게는 훌륭한 롤 모델이 되고 있다.

이와 같은 성공 신화 때문에 한국인의 마음속에는 중동에 대한 향수가 있다. 그리고 과거에나 지금이나 여전히 중동을 기회의 땅으로 여긴다. 마음속에는 언제나 '중동 드림Middle East dream'이 존재하는 것이다. 그래서 1970년대의 중동 신화를 재현하고 싶은 생각에 아직까지도 경제 상황이 안 좋을 때마다 정부와 기업은 그에 대한 돌파구로 '제2의 중동 붐'이라는 용어를 전면에 내세우며 새로운 기회를 창출하려고 한다. 그렇다면 한국은 앞으로 '제2의' 또는 '제3의' 중동 신화를 쓸 수 있을까? 어떻게 하면 가능할까? 다음 장에서 그 답을 찾고자 한다.

참고 글

국가기록원. 「6.25전쟁과 유엔」. https://theme.archives.go.kr/next/unKorea/warCondi-
    tion.do.
단국대 GCC 국가연구소. 2013. 『사우디아라비아와 제1·2차중동붐』.
오종택. 2016.8.13. "북쪽엔 미국·유럽인, 남쪽엔 중동·아시아인…두 얼굴의 이태원".
    ≪중앙일보≫.
정수일. 2008. 『이슬람문명』. 창작과 비평사.
조희선·김대성·안정국·오종진·김효정. 2008. 「한국사회 이주 무슬림 연구수행을 위한
    모델 연구」. ≪한국이슬람학회논총≫, 18(1), 169~198쪽.
한국이슬람교 중앙회 홈페이지. http://www.koreaislam.org/.
한국민족문화대백과사전. '산업연수생'. https://encykorea.aks.ac.kr/Article/E0068124.

12 이슬람포비아를 넘어 시장의 관점에서 본 이슬람

지금까지 우리는 이슬람을 주로 종교의 관점에서 접근해 왔다. 종교란 신념 그 자체이자 정체성의 상징이기 때문에 서로 다른 문명 간 타협의 여지가 그다지 크지 않다. 하지만 접근법을 바꾸면 또 다른 상대가 보인다. 이 장에서는 이슬람과 이슬람교의 5대 의무 사항을 종교의 관점이 아닌 시장의 관점에서, 그리고 무슬림을 종교인의 관점이 아닌 소비자의 관점에서 재해석해 보았다. 또 다른 이슬람교와 무슬림이 보인다면, 이슬람포비아를 넘어 그들과 왜 교류를 해야 하는지, 그리고 어떻게 접근할 수 있을지 그 방법도 찾을 수 있을 것이다.

이슬람교의 탄생지, 시장

이슬람교와 시장의 인연은 특별하다. 사람들은 종종 이슬람교를 사막의 종교라고 생각한다. 맞는 말이다. 하지만 좀 더 정확히 하면 이슬람교는 비잔틴 제국과 페르시아 제국이 충돌하던 당시 새로운 무역로로 떠올랐던 아라비아반도에서 정기적으로 열리던 시장에서 그 싹을 틔웠다. 이슬람교를 태동시킨 사도 무함마드 본인 역시 아라비아반도에서 시리아를 오가는 상단을 이끌던 상인이었다. 이슬람교가 탄생한 지역은 상업 도시인 메카였으며, 그가 이슬람교의 교리와 가치를 설파한 장소도 사람들이 가장 많이 모이는 시장을 중심으로 이루어졌다. 즉, 이슬람교는 도시와 시장의 산물인 셈이다(암스트롱, 2001). 중동의 구도시에서 시장은 항상 사원을 중심으로 형성되었다. 지금도 중동 지역의 오래된 도시들을 방문해 보면 이슬람교에서 가장 '성스러운' 장소인 사원의 벽을 따라 '세속적인' 상업 활동을 대표하는 상점들이 즐비하다.

이슬람 지역의 시장은 '바자르bazaar' 혹은 '수크souq'로 불린다. 바자르는 중동 지역의 독특한 환경 문화를 반영한다. 이슬람교가 태동한 아라비아반도의 거주민들은 기후와 주변의 불안정한 정치 환경 때문에 농업보다는 무역업을 택했다. 예측이 불가했던 날씨의 변화, 물 부족, 농경에는 부적합한 사막 기후, 게다가 언제 습격할지 모를 유목민에 대한 불안감과 농부의 낮은 사회적 지위 등의 이유로 농업은 선호되지 않았다. 대신 중동인들은 노동력이 많이 필요한 농사보다 말로써 이루어지는 품위 있고 안전한 상업 활동에 많은 공을 들였다. 고대부터 이 지역에는 오아시스와 도시를 잇는 카라반이 있었고, 카라반의 특성상 외부인들과 교류도 활발했다. 아라비아반도를 잇는 카라반은 BC 300년경 발달했는데, 오늘날 요르단 남부 지방에 정착한 나바테아Nabatea인들은 사막을 가로질러 무역을 하면서 부를 축적했다(Weiss, 1998). 그리고 이 부를 활용해 인류사에 길이 남을 요르단의 페트라Petra 유적지를 건설할 수 있었다.

이러한 배경 때문인지 중동 상인들은 상술과 대화술에 능통했다. 언변이 좋았기 때문에 이야기를 잘하고, 시를 잘 짓는 사람을 최고로 여겼다. 이러한 전통 때문에 중동 문학에서는 구전 문학이 먼저 발달했다. 상인들은 무역로를 통해 유프라테스, 티그리스, 그리고 나일강 등 문명의 발상지를 오갔으며, 무기나 금속, 보석, 직물, 농산물 등을 낙타 등에 싣고서 이동했다. 점차 활동 반경이 커지면서 아라비아 상인들은 인도와 남아라비아 지역에서는 향신료를, 아프리카에서는 상아를, 카스피해에서는 나무와 모피를 가져왔다. 그리고 이집트인과 바빌론인 들의 주요 종교 용품인 몰약과 향료도 이 지역을 중심으로 교역되었다. 이후 이슬람교가 태동하고, 정복 사업이 본격화되면서 이슬람교는 순식간에 아라비아반도를 넘어 지중해와 아프리카 지역으로 확산되었다. 이슬람교의 확산과 함께 아랍어의 위상도 높아졌으며, 아랍어는 무역과 시장에서 주요 통용어가 되었다.

메카의 고대 시장, 우카즈

이슬람교가 태동할 당시 메카의 우카즈 시장은 매우 유명했다. 당시 이 시장은 사막에 흩어져 살던 많은 부족들이 한곳에 모여 정보와 물건을 교환하고, 사회적 관계망을 확대하고, 관계를 공고히 한 중요한 사회적 공간이었다. 시장은 다양한 부족 출신의 아랍인, 유대교도와 기독교도, 그리고 정주민과 유목민이 모두 모일 수 있는 교환의 장이 되었다. "오늘 우카즈 시장에서 회자된 말은 '화살보다 더 빨리 사막을 가로질러' 날아갔다"(니콜슨, 1995)는 말이 전해질 정도로 당시 시장은 소문과 정보 유통의 중심지였다. 이 중 아랍인들은 시장에서 고대 그리스인이나 로마인처럼 운동 경기가 아니라 시나 웅변을 통해 자신의 신분과 부족의 고결함을 서로 경쟁적으로 알렸다고 한다. 일단 장이 서면 맞수가 되는 시인들이 각자의 시를 낭송했고, 정평 난 시인들이 이들의 시에 등급을 매겨 평가했다. 즉, 시장은 시인의 등용 무대 역할을 한 것이다.

당시 시 경연 대회에서 우승한 시는 '무알라카트Mu'allaqaat'로 불린다. 무알라카트는 아랍어로 '걸린'을 의미하는데, 이는 우카즈 시장에서 열린 시 경연 대회에서 우승한 시가 이집트산 아마포 조각에 금빛 문자로 옮겨 쓰여 메카의 카바 신전 문에 내걸린 전통에서 유래한다. 무알라카트는 오늘날까지도 아랍 시의 중요한 한 장르로 내려오고 있다. 뿐만 아니라 무알라카트는 역사적 사료로도 매우 중요하다. 구전 문화권이라 역사적 사료가 없던 고대 아랍인들의 삶이 무알라카트를 통해 일부나마 전해지기 때문이다. 한편 이슬람교의 창시자인 사도 무함마드도 젊은 시절 우카즈 시장에서 시인들의 시를 듣곤 했다고 전해진다. 그리고 이는 코란이 시 형태로 계시된 것과 무관하지 않다.

이슬람교에서 권장된 상업 활동

이슬람교는 시장에서 탄생한 종교로 상업 활동에 호의적이었다. 이는 사도 무함마드가 상인 출신이라는 점 외에도 이슬람으로 개종했던 세력이 상업 활동을 통해 성장한 메카의 귀족 출신이라는 데서도 찾아볼 수 있다. 메카는 6세기 후반부터 아라비아반도 상업 중심지로 성장했다. 당시 아라비아반도를 사이에 두고 페르시아 제국과 비잔틴 제국이 자주 충돌했으며, 상인들은 좀 더 안전한 홍해 지역의 메카를 무역 거점지로 활용했다. 메카는 홍해의 동쪽 해안을 따라 예멘과 시리아, 팔레스타인, 요르단을 연결하는 히자즈 길과 예멘과 이라크를 연결하는 나즈드Najd 길 등 아라비아반도의 중심 교역로가 만나는 지역에 위치하고 있었기 때문이다.

당시 아라비아반도에 중앙 정부는 없었고, 부족 연맹체가 도시를 지배했다. 6세기부터 메카를 지배한 주요 부족 세력은 사도 무함마드가 속해 있던 쿠라이시 부족 연맹체였다. 카라반을 이끌던 대상이었던 쿠라이시 부족 연맹체는 도시를 다스리고 성소를 관리하면서 유력 가문으로 성장했다. 무함마드가 속한 하심 가문 역시 쿠라이시 부족 연맹체에 속하긴 했으나 그리 힘 있는 부족은 아니었다. 단지 성천으로 알려진 잠잠 샘물을 관리하고 있었기 때문에 명예로운

그림 12-1 히자즈와 나즈드를 연결하는 도시 메카

가문으로 존경받고 있었다. 7세기경 쿠라이시 부족은 상업 활동과 가축 사육을 병행하면서 교역에 종사하기 시작했다. 무함마드도 대상인 카디자와 결혼하기 전까지 시리아를 오가며 무역업에 종사했다.

쿠라이시 부족 연맹체가 메카를 지배하는 유력 가문으로 성장한 데에는 뛰어난 외교력이 뒷받침되었다. 쿠라이시 부족은 당시 주요 무역로에서 지나가던 상단을 대상으로 약탈과 도적질을 일삼던 사막의 베두인 부족들과 싸우기보다는 이들과 연대하는 정책을 펼쳤다. 따라서 이들은 메카를 무역하기에 가장 안정적인 교역로로 만들었다(암스트롱, 2001). 언제 적으로부터 습격받을지 몰라 건너기 불안한 사막을 탁월한 외교와 상술로 안전하게 만들면서 쿠라이시 부족 연맹체는 빠른 기간에 자본을 축적할 수 있었으며, 영향력도 키울 수 있었다. 이러한 상인의 DNA는 오늘날까지도 이어지고 있다.

중세의 이슬람 시장과 문화

이슬람에서 무역은 영예로운 직업이다. 사도 무함마드 본인, 그의 아내 카디자, 그리고 정통 칼리프들 모두 메카와 메디나 출신의 상인으로서 상업 활동을 하면서 여러 지역을 오갔던 여행자이다. 이러한 배경에서 이슬람교에서는 경제 활동을 권장하고 있으며, 부를 축적하고 소유하는 행위는 종교적인 의무를 다하는 한 비난받을 일이 아니라고 가르치고 있다. 그리고 이슬람교에서는 인간의 물질적이고 육체적인 욕망을 인정하고 있다. 이같은 이유로 이슬람교에서는 성지 순례 과정에서 발생하는 경제 행위도 허용하고 있다. 코란 2장 198절에서는 "순례 중에 하나님으로부터 은혜를 구하는 것은 죄가 아니니……"라고 언급되어 있다. 무슬림 성지 순례객들은 여행 기간 필요한 경비를 마련하기 위해 거래 및 경제 활동을 했으며, 이는 곧 상업과 이윤 추구가 성지 순례의 오랜 역사의 일부였다는 점을 알 수 있다. 그 결과 이슬람교가 퍼지면서 무역도 활성화되었다. 그리고 중세 이슬람 시대 사람들의 일상적인 삶은 사원과 시장을 중심으로 돌아갔다고 해도 과언은 아니다. 이러한 분위기 덕분에 이슬람 역사에서 무역은 9세기부터 14세기까지 부흥했다.

이슬람 초기에는 육로를 통한 장거리 교역이 주를 이루었다. 육로 교역에는 '사막의 배'로 불렸던 낙타가 주요 교통수단이 되었다. 낙타는 짐 없이는 한 시간에 20km, 하루에 150km가량을 이동할 수 있었으며, 짐을 싣고서도 시간당 4~5km 정도 이동할 수 있었다. 그리고 물도 2주에 한 번씩만 주면 되었기 때문에 이동에는 매우 효율적이었다. 이슬람 초기 상인들은 낙타를 이용한 육로 교역에는 적극적이었던 반면 바닷길 교역에는 상당히 소극적이었다. 그 이유는 모잠비크 동쪽이 세상의 끝이라고 믿었기 때문이다(Weiss, 1998). 그러나 보다 실질적인 이유는 아라비아반도에는 배가 다닐 수 있는 강이나 천연 항구가 부족했다. 또한 배를 건설할 수 있는 재료인 나무와 송진, 그리고 돛을 만들 수 있는 천인 아마도 부족했으며, 배를 건조할 수 있는 기술도 없었다. 게다가 아라비아반도의 사막은 이미 육로로다 연결되어 있었기 때문에 위험도가 높은 새로운 해로를 개척할 필요성이 없었다.

그러나 무역 규모가 커지면서 해상 무역도 필요해졌다. 해상 운송이 육로보다 빠르고 훨씬 경제적이었기 때문이다. 인도양을 중심으로 해상 무역이 시작되었으며, 걸프해와 홍해를 잇는 무역로가 주목받기 시작했다. 이슬람 역사 초기의 수입 물품들은 오만의 시라프Siraf와 이라크의 바스라를 통해 들어왔으나 나중에는 홍해를 따라 이집트의 항구로 들어온 뒤 다시 카이로로 운송되어 육로나 해로를 따라 지중해 전역으로 공급되고 유럽까지 전달되었다(후라니, 2010).

중세의 대여행가 이븐바투타에 따르면 당시 상인들은 '칸khan'이라고 불리는 숙박 시설에 머물렀다. 칸은 상인이나 여행객, 그리고 짐을 운송하는 낙타나 말이 쉴 수 있던 복합 숙박 시설이다. 칸은 사각형의 건물로 입구는 하나였다. 건물 안 중앙 정원에는 마구간이 둘러싸고 있어 여행객들이 짐을 밤새 놔두기도 했다. 칸을 둘러싸고 주변에는 상점, 빵집, 방앗간, 티 하우스, 목욕탕과 모스크 등이 있었다(Lindsay, 2005).

초기 이슬람 사회에서는 비잔틴과 사산 제국에서 사용했던 화폐를 그대로 사용했다. 그러다 우마이야 시대의 칼리프 압둘 알말리크 시절 아랍의 화폐 제도가 처음으로 도입되었다. 기존에 통용되던 화폐들은 대부분 인간의 형상을 새겨놓은 것이었으나 새로 주조된 이슬람의 화폐에는 사람의 형상 묘사를 금지하는 이슬람 교리의 영향으로 '알라는 유일신이며 무함마드는 그가 보낸 선지자'라는 내용의 문자로 대체되었다. 우마이야 왕조는 새롭게 주조된 화폐를 통해 제국의 위상과 이슬람의 정체성을 널리 알릴 수 있었다(후라니, 2010). 당시 유통되던 화폐의 종류는 세 가지였다. '디나르dinar'로 불리는 금전, '디르함dirham'으로 불리는 은전, 그리고 '필스fils'로 불리는 구리전이 있다. 그러나 장거리를 여행하는 사람에게 화폐는 이동에 불편했다. 그래서 중동 상인들은 거래 시 현금을 사용하지 않고 대신 수표나 신용장을 사용했다. 우리가 쓰는 '체크cheque'라는 용어도 이러한 배경에서 탄생한 아랍어이다.

시장의 관점에서 다시 본 이슬람교의 5대 의무 사항: 신앙 고백

무슬림의 5대 의무 사항은 신앙 고백, 하루 다섯 번의 기도, 한 달간의 금식, 1년에 한 번 어려운 사람들을 위한 희사, 평생에 한 번 해야 하는 성지 순례가 있다. 무슬림의 의무 사항이 시장에 미치는 영향을 매우 크다. 시장의 관점에서 5대 의무 사항을 하나씩 살펴보면 다음과 같다. 신앙 고백은 무슬림의 첫 번째 의무 사항이다. 신앙 고백은 "알라 외에는 신이 없고, 무함마드는 알라의 사자"라는 두 가지 내용으로 구성된다. 이슬람교의 가장 기본적인 교리인 신앙 고백은 무슬림의 소비 시장에서도 막강한 영향력을 발휘한다. 이슬람교의 유일신 사상과 사도 무함마드에 대한 모욕으로 시장에서 낭패 보는 사례가 종종 있기 때문이다.

대표적으로 덴마크 일간지 ≪윌란스 포스텐Jyllands-Posten≫의 무함마드 만평 사건을 들 수 있다. 2005년 9월 30일 ≪윌란스 포스텐≫은 만평에서 이슬람교의 창시자 사도 무함마드를 테러리스트로 묘사했다. 무슬림은 알라나 무함마드에 대한 묘사를 금하기 때문에 무슬림은 무함마드에 대한 부정적인 만평을 이슬람에 대한 모욕이자 불신으로 받아들였다. 이 만평을 계기로 격노한 전 세계 무슬림은 2006년 1월부터 덴마크 상품에 대한 불매 운동을 벌이기 시작했다. 그리고 그 여파는 덴마크의 유제품 회사인 알라 푸드Arla Foods에 큰 타격을 입혔다.

자사 제품에 대한 이슬람 사회의 보이콧 때문에 알라 푸드가 지난 40년간 이슬람 시장에서 쌓아왔던 명성은 단 며칠 만에 무너져버렸다. 알라 푸드는 무함마드 만평을 낸 덴마크 신문과 무관하다는 입장을 발표했으나 이미 등을 돌린 무슬림 소비자의 마음을 달래기란 쉽지 않았다. 이 사건이 발생하고 2008년 매출의 95%가 회복되기 전까지 알라 푸드는 이슬람 시장에서 고전을 면치 못했다. 이 사건은 무슬림의 5대 의무 사항인 신앙 고백의 내용이 전 세계 무슬림 소비 시장에서 어느 정도 위력을 갖는지 숫자로 보여준 사건이었다.

그 밖에도 1990년대 벌어졌던 나이키Nike 소송 사건도 있다. 나이키는 불꽃 모양의 이미지를 신발 뒤축에 넣어 새로운 시리즈로 출시했다. 그런데 그 모양이 아랍어 '알라'와 비슷했다. 무슬림은 숭배의 대상이 되는 알라를 신발에 새겨 넣은 나이키가 괘씸했고, 이후 나이키 신발 불매 운동과 소송을 제기했다. 무슬림의 문화 코드에서 발은 상대에 대한 모욕의 의미가 담겨 있었는데, 나이키의 신제품은 이 부분을 자극했던 것이다.

시장의 관점에서 다시 본 이슬람교의 5대 의무 사항: 기도

기도는 무슬림의 두 번째 의무 사항이다. 무슬림은 새벽 동 트기 직전, 정오, 그림자가 실제 건물의 두 배가 되는 오후, 해 진 직후, 저녁을 포함해 하루 다섯 번의 기도를 행한다. 이슬람교가 태동하고 처음에는 사람의 목소리로 기도 시간을 알렸다. 무슬림의 기도 시간을 알리는 사람을 '무앗진'이라고 하는데, 무앗진은 사원의 가장 높은 곳인 탑으로 올라가서 "알라는 위대하다. 알라는 유일신이며 무함마드는 그의 사도이다. 와서 기도하라. 신은 위대하다"라는 내용을 읊었다.

과거에는 사원에서 알리는 기도 소리에 의지해 기도를 행했지만 이제 이슬람의 전통은 과학 기술과 함께 진화하며 새롭게 탄생하고 있다. 스마트폰에 내려받은 이슬람 관련 앱 덕에 무슬림은 해외 어디서든 하루 다섯 번의 기도 시간을 알림 받고, 기도 방향인 메카도 쉽게 확인할 수 있게 되었다. 또한 주변의 사원 검색도 가능해졌고, 코란 낭독도 간편하게 들을 수 있다. 첨단 과학 기술의 발달 덕에 무슬림들은 세계 어디서건 이슬람의 5대 의무를 간편하게 행할 수 있게 된 것이다.

시장의 관점에서 다시 본 이슬람교의 5대 의무 사항: 종교 부금

무슬림은 수입의 2.5%에 해당하는 종교 부금을 매년 납부해야 한다. 이를 '자카트'라고 부른다. 코란의 2장 110절에서는 "예배를 드리고 이슬람세를 바치라. 너희 스스로를 위해 자선을 베푸는 사람에게 하나님께서 보상할 것이라. 하나님은 너희들이 행하는 모든 일을 알고 계시기 때문이라"고 언급되어 있다.

자카트는 '정화' 또는 '성장'을 의미한다. 즉, 물질적인 측면에서 자신이 소유한 바를 다른 사람과 함께 나누며, 다른 사람에 대한 봉사와 희생을 통해 자신을 돌아보는 시간을 갖게 된다. 종교 부금에는 라마단 기간에 행하는 의무적 희사와 그 이외 기간 아무 때나 행하는 자발적 희사가 있다. 라마단은 알라로부터 축복받은 달이기 때문에 무슬림은 이 기간에 선행을 행하면 더 많은 복을 받을 수 있다고 여긴다. 이를 활용한 자선 마케팅도 많다.

일례로 아랍에미리트의 두바이에 있는 삼성전자 중동·아프리카 본부는 라마단 기간에 자사 제품을 구입할 경우 일정액을 사회 복지 기관에 기부하는 행사를 벌인 바 있다. 자사 제품을 살 경우 소비자가 자연스럽게 기부금까지 낼 수 있다는 점을 강조한 마케팅을 벌인 것이다. 그리고 LG전자의 사우디아라비아 지사에서는 현지 고아원 어린이들을 테마파크로 초청해 일몰 뒤 첫 식사인 이프타르를 제공하면서 자선과 자비의 달을 실천하기도 했다. 이들 기업들은 이슬람의 가장 중요한 가치 중 하나인 자선과 기부를 마케팅에 이용해 소비자의 입장에서는 '착한 소비자'라는 인식을 심어주고, 기업의 입장에서는 '타인과 나누는 기업'이라는 긍정적 인식을 심어줄 수 있었다.

시장의 관점에서 다시 본 이슬람교의 5대 의무 사항: 금식

무슬림은 이슬람력 9월 라마단 한 달 동안 일출 시점부터 일몰 시점까지 금식을 행한다. 라마단 기간 사람들 사이의 교류는 더욱 활발해진다. 일몰 직후 금식을 깨는 '이프타르' 식사 시간에 가족, 이웃, 그리고 친지와 식사를 같이하기 때문이다. 따라서 라마단은 절제의 달인 동시에 축제 기간이자 소비의 달로 여겨진다. 무슬림 소비자들은 라마단을 중심으로 1년 소비예산을 짠다. 이 기간 자동차, 가전제품, 의류, 문구류, 식품, 완구류 등은 손님맞이와 선물용으로 매출이 평소 대비 20~100% 더 늘어난다. 이를 겨냥한 라마단 마케팅도 있다. 기업들은 이프타르에 고객들을 초대해 신제품을 홍보하고, 바이어들을 초대해 자사 제품에 대한 마케팅 활동도 적극적으로 한다. 과거 라마단이 비즈니스 중단의 달이었다면 오늘날 라마단은 비즈니스 특수의 달로 변모하고 있다.

라마단 기간 여행도 증가하고 있다. 이는 한국의 명절이 조상을 기리는 기간에서 가족 여행 기간으로 바뀌는 것과 같은 변화이다. 과거에는 금식을 하면 활동에 많은 제약이 따라 여행을 피하는 경향이 있었다. 그러나 요즘에는 오히려 라마단 기간 무슬림의 여행이 증가 추세에 있다. 여행객의 경우 라마단 금식이 의무 사항이 아니기 때문이다.

라마단 기간 무슬림 여행객이 증가하면서 할랄 관광에 대한 관심도 세계적으로 커지고 있다. 이에 따라 할랄 관광이나 무슬림 친화 관광 프로그램을 마련한 호텔에서는 기도 시간 알림 서비스, 금식을 깨는 이프타르 식사 서비스 및 금식 직전 식사 서비스 등 무슬림 관광객 맞춤 서비스를 제공하고 있다. 공항에서는 할랄 음식점과 남녀 공간이 분리된 기도 장소를 마련해 환대 서비스를 구축하고 있으며, 항공사들도 기내에서 할랄 식을 제공하고 있다.

시장의 관점에서 다시 본 이슬람교의 5대 의무 사항: 성지 순례

이슬람교에서는 건강과 경제 사정이 허락되면 모든 무슬림에게 일생에 한 번 성지 순례를 하도록 의무화하고 있다. 이슬람교의 성지 순례의 종류는 이슬람력 12월 8일부터 행하는 대순례인 핫즈와 그 외 기간에 아무 때나 행하는 소순례인 우므라가 있다.

메카에서는 순례 기간 무슬림 관광객을 수용할 수 있는 숙박 시설, 음식점, 그리고 기념품 상점이 특수를 누린다. 매년 증가하는 무슬림 관광객을 맞이하기 위해 지난 10년간 부동산과 건설 붐도 일었다. 그런데 사람들의 소득 증가로 메카를 방문하는 무슬림의 소비 행태도 점점 더 고급스럽게 변화하고 있다. 예전에는 텐트에서 숙박을 해결했던 사람들이 이제는 고급스러운 호텔에서 잠을 자길 원하며, 더 좋은 식사를 하고, 또 순례 코스를 좀 더 편안하게 마치고 싶어 한다. 이와 같이 편안함과 고급스러움을 추구하는 순례객들의 욕구에 부응하기 위해 글로벌 고급 호텔이 앞다투어 메카에 집중 투자하고 있으며, 메카에는 대규모 호텔 체인이 속속 들어서고 있다.

대순례인 핫즈 기간 동안 200만 명이 넘는 순례객들이 몰리는 메카에는 호텔과 음식점만 호황을 맞는 것은 아니다. 물티슈, 손 세정제, 개인용 세면도구와 같은 위생과 보건 용품, 그리고 전염병 예방을 위한 의약품, 순례객들이 귀국할 때 구매하는 기념품 등은 매력적인 시장이다. 주요 기념품으로는 가족과 친지 들에게 나눠 줄 향수나 운반이 용이한 소형 가전제품, 카메라와 컴퓨터와 같은 휴대용 전자 제품 등이 인기 상품이다. 그리고 이러한 물품들을 판매하는 몰도 호황을 누리고 있다. 메카의 경제 활황기를 일컬어 '메카노믹스Meccanomics'라 지칭하는데, 무슬림의 성지 순례가 지속되는 한 메카노믹스도 지속적으로 이어질 것이다.

마이너에서 메이저 시장으로 부상한 할랄 시장

2000년대 들어 할랄 시장에 대한 관심이 급증하고 있다. 할랄 시장이란 이슬람법 샤리아에 부응하는 물건이나 서비스를 취급하는 시장을 총칭한다. 세계적인 비즈니스 컨설팅 회사인 에이티 커니AT Kearney에 따르면 2010년대 이미 할랄 시장 규모는 2조 1000억 달러로 성장했다고 한다. 할랄 시장은 과거에는 무슬림의 먹고 마시는 문제, 즉 식음료 분야에만 한정되었다. 그러나 최근에는 그 영역이 패션, 의약품, 화장품, 관광, 금융, 그리고 물류 산업까지 확장되면서 더욱 커지고 있다.

그리고 이는 곧 이슬람 시장이 소수의 소비자를 중심으로 하는 틈새시장이 아니라 이제는 주요 시장으로 자리 잡았음을 의미한다. 그와 함께 무슬림 소비자와 할랄 시장에 대한 연구도 많이 진행되고 있다. 이슬람교는 세계 제3대 종교로 지난 1400년 동안 무슬림의 신앙이자 생활 양식으로 존재해 왔다. 그런데 왜 하필 이 시점에서 할랄 시장이 부상하고 있을까? 그 중심에는 무슬림 소비자의 각성이 있다.

글로벌 시장에서 큰손이 된 무슬림 소비자

이슬람 시장이 글로벌 시장에서 지속적으로 성장하는 가장 큰 이유는 무슬림 소비자의 가치가 변했기 때문이다. 과거 무슬림 소비자들은 서구의 소비문화를 그대로 따랐다. 서구가 이상적인 발전 모델이 되었기 때문이다. 그러나 오늘날 신세대를 중심으로 무슬림 소비자들은 이슬람이라는 종교와 문화 정체성에 근거한 소비를 하는 경향을 보이고 있다. 이들이 자신의 종교적 가치에 부합하는 문화적 소비를 하면서 글로벌 소비문화에 이슬람의 색깔을 입히고 있다. 가치 소비가 증가하면서 경쟁력과 아이디어를 갖춘 젊은 무슬림들이 세계 시장에서 이슬람의 가치를 상업에 접목시켜 이슬람 마케팅을 펼치고 있으며, 이슬람의 전통문화를 현대의 소비문화와 접목시켜 근사하고 멋지게 재탄생시키고 있다.

이러한 예로는 무슬림 여성들을 위한 수영복인 '부르키니burqini'를 들 수 있다. 부르키니는 무슬림 여성들의 전통 의상인 부르카와 비키니의 합성어로 신체 노출을 꺼리는 무슬림 여성을 위한 수영복이다. 요즘에 많이 입는 래시 가드 수영복과 같은 형태이다. 그리고 무슬림 부모들은 서구 소비문화를 상징하는 대표 장난감인 바비Barbie 인형 대신 이슬람의 색채를 입힌 '풀라Pulla'와 '라잔Razanne' 인형을 자녀에게 사 주고 있다. 풀라와 라잔은 노출이 심한 의상 대신 히잡을 쓰고 있다. 그리고 이들에게는 남자 친구 대신 여자 친구들이 있으며, 코란과 기도용 매트도 있다. 이슬람이 소비주의와 만나면서 보다 경쟁력 있는 문화 상품으로 재탄생되고 있는 것이다. 젊은 무슬림들은 이슬람교의 창시자인 예언자 무함마드도 상인이었던 점을 강조하며, 이슬람의 가치를 글로벌 시장에 접목하고 신흥 시장으로 부상한 할랄 시장을 이끄는 새로운 '트렌드세터trend setter'가 되었다.

무슬림 소비자, 왜 가치 소비를 하는가

그렇다면 신세대 무슬림 젊은이들은 왜 가치 소비를 하는가? 그 배경에는 다음의 문화적 요인이 있다.

소비문화의 '문화 회귀 현상'에 대해 드무이Marieke De Mooij는 『글로벌 브랜드 커뮤니케이션』에서 "사람들의 교육수준이 높아지고 부유해질수록 사람들은 그들의 문명의 정체성에 보다 더 관여"하게 된다고 주장하고 있다(드무이, 2007). 다시 풀어 설명하면 사람들은 의식주와 같은 생존 문제가 해결되고 어느 정도 여가를 즐길 수 있는 수준에 도달하면 보다 높은 수준의 충족되지 못한 욕구에 다다르게 되는데, 이때가 문화적 가치가 드러나는 순간이며, 이것이 제품과 브랜드에 있어 다른 선택을 하는 결과로 나타난다는 것이다. 결국 글로벌화는 동질 문화로 수렴되지 않고 세계 곳곳에서 고유한 지역 문화를 부활시키고 있으며, 이는 소비문화에도 반영되어 나타나고 있다. 한때 한국에서 소비 트렌드였던 '신토불이' 현상과 같은 맥락이다. 현재 무슬림 소비자들은 교육 수준이 높아지고 안정적인 직장을 얻으면서 소비력도 점차 높아지고 있다. 또한 인구수도 증가세에 있다. 이들 무슬림 소비자들은 경제적이고 합리적인 소비자이자 동시에 '문화적 소비자'로서 종교성과 세속성을 동시에 충족시키는 물품을 선호하면서 할랄 시장이 부상하고 있는 것이다. 즉, 글로벌 트렌드에 맞는 세속적인 소비를 하되 이를 종교적으로 승화시킨다고 볼 수 있다.

한편 이슬람 소비주의 부흥 원인으로 9·11 이후 전 세계인 사이에 확산된 이슬람포비아 현상도 꼽을 수 있다. 무슬림에 대한 차별과 냉대에 대한 반응으로 무슬림은 오히려 자신들의 정체성을 더욱 공고히 다지고 있으며, 이슬람 문화권 안과 밖에서 이슬람 회귀주의 경향이 강화되고 있다. 이러한 현상이 소비주의에도 영향을 미치고 있으며, 무슬림 소비자들은 자신의 종교적 신념과 가치가 녹아 있는 할랄 제품에 더 많은 관심을 보이고 있다.

이슬람 시장은 향후 더욱 발전 가능성이 있다. 가장 큰 이유는 증가하는 무슬림 인구수와 그들의 소비력에 있다. 현재 무슬림 인구수는 전 세계 약 57개국에 많게는 약 16억, 적게는 약 13억이 분포되어 있다. 전 세계 무슬림 인구수는 향후 점차로 증가해 10년 후면 전 세계 인구의 약 30%를 차지할 것으로 추정되고 있다. 전 세계 인구의 반 이상을 차지하는 30세 미만 젊은 인구수도 중동과 아프리카, 인도에 집중되어 있다. 이들은 향후 노동 시장에서 가처분 소득을 창출할 수 있으며, 세계의 소비문화 형성에 지대한 영향을 미칠 것으로 예상된다. 이와 같은 이유에서 유엔도 이들을 '세계를 재구성할 새로운 글로벌 파워'로 지목하고 있다.

할랄 제품이 무슬림에게만 인기 있는 것은 아니다. 비무슬림에게도 인기를 얻고 있다. 그 이유는 할랄 제품이 추구하는 가치인 청결, 건강, 웰빙이 인류의 보편적인 가치에 부합하기 때문이다. 이슬람 시장이 성장 가능성이 보이자 세계적인 다국적 기업들도 할랄 제품 개발에 뛰어들고 있다. 그 결과 할랄 제품의 품질과 서비스도 향상되었다. 이는 다시 비무슬림 소비자가 할랄 제품을 소비하는 주요 이유가 되고 있다. 할랄 시장이 선순환적으로 작동하고 있는 것이다.

이슬람 시장의 비즈니스 윤리

할랄 비즈니스의 가장 기본적인 원칙은 이슬람법 샤리아에 부합해야 한다는 것이다. 샤리아는 기본적으로 알라의 말씀인 '코란', 사도 무함마드의 언행록인 '하디스', 그리고 무슬림 법학자의 법 해석과 유추 등으로 구성된다. 할랄 비즈니스 유통에 가장 기본이 되는 원칙은 '할랄'과 '하람'의 구분이다. 할랄은 문자 그대로 '허용된 것'을 뜻하며, 샤리아에 부합함을 의미한다. 반대로 하람은 이슬람법에서 금지하는 행위이다.

할랄 과정이란 생산·가격 책정·유통·광고·소비를 포함해 모든 과정이 샤리아에 부합함을 의미한다. 우선 생산 과정에서 기업은 할랄 제품을 생산해야 하며, 가격 면에서는 소비자를 기만하거나 속여서는 안 된다. 이슬람에서는 쉽게 얻은 것이나 일을 하지 않고 이익만 챙기는 불로 소득은 금지하고 있다. 이런 이유에서 이자 수취는 금지된다. 이는 뒤에 설명하겠지만 이슬람 금융의 핵심 원칙이다. 할랄 제품이 유통되는 과정에서도 할랄 제품과 하람 제품은 엄격히 구분되어야 한다. 할랄 물품이 하람 물품과 섞이면 교차 오염이 일어나기 때문이다. 무슬림 소비자에게는 구매하는 그 물건이 얼마나 좋은지도 관심거리지만, 생산과 유통 과정이 얼마나 이슬람법에 부합하는지도 중요한 문제이다. 그래서 최근에는 할랄 제품만 전문적으로 취급하고 유통하는 할랄 물류가 유망 비즈니스로 부상하고 있다. 마케팅과 광고의 내용 역시 이슬람에서 허용하는 수준에서 해야 하며 상품에 대한 과장 광고, 잘못되거나 오도되는 내용의 광고는 피해야 한다.

결국 이슬람의 가장 근본적인 비즈니스 윤리는 단순한 이익 창출이 아니라 이슬람 세계를 존중하고 이슬람교가 제시한 규칙과 규율을 잘 준수하는 것이다. 비즈니스의 성공 여부는 얼마나 많은 이익을 내는가, 즉 물질적인 측면에서 평가되기보다는 알라의 규율을 얼마나 잘 따랐느냐에 의해 평가되기 때문이다. 다음에서는 할랄 시장의 특징을 분야별로 알아보도록 하자.

할랄 시장: 식품 분야

할랄 식품 시장은 다국적 식품 기업이 특히 관심 갖는 분야이다. 무슬림 인구수 증가로 지속적인 성장 가능성이 점쳐지기 때문이다. 할랄 식품이란 단순히 이슬람교에서 허용된 원료만을 사용하는 것이 아니다. 식품의 준비, 처리, 살균, 저장, 포장, 유통 전 과정이 할랄이어야 한다. 즉, 식품의 재료가 땅에서 생산되어 소비자의 입으로 들어가는 모든 과정이 이슬람교에서 규정하는 청결의 원칙을 따라야 함을 의미한다. 할랄 식품은 제품의 안전성까지 보증하는 엄격한 검증 절차를 적용하고 있어 HACCP, GMP, ISO 등의 인증 기준을 상회한다. 할랄 식품은 높은 수준의 품질 기준을 만족하며, 제품에 신뢰성을 높여주기 때문에 비무슬림 사이에서도 인기가 높다. 비무슬림 소비자의 경우 할랄 식품이 더 신선하고, 위생적이며, 약품 처리가 덜 되었다고 믿기 때문이다.

할랄 시장의 규모 면에서 아시아의 성장 잠재력이 가장 크다. 아시아의 무슬림 인구수가 전체 인구수의 62%를 차지하기 때문이다. 중동 시장의 경우 오일 달러로 소비력이 있는 산유국이 규모 면에서는 가장 크다. 유럽과 북미 지역의 할랄 식품 시장 규모도 지속적으로 성장하고 있는데, 교육 수준이 높고 구매력을 갖춘 중상류층 무슬림 소비자의 가치 소비가 증가하고 있는 현상과 관련된다.

할랄 시장: 의약품 분야

할랄 식품 시장이 성장하면서 할랄 의약품 시장도 주목받고 있다. 코란에는 기아 상태로 사람의 생명이 위독할 때, 혹은 무의식중에 모르고 먹었을 경우 하람 식품을 섭취해도 죄가 아니라고 명시되어 있다. 코란 2장 173절에는 "고의가 아니고 어쩔 수 없이 먹을 경우는 죄악이 아니라 했거늘 하나님은 진실로 관용과 자비로 충만하심이라", 코란 6장 115절에는 "죽은 고기와 피를 금지하셨고 돼지고기와 하나님의 이름으로 도살되지 아니한 것도 금지하셨으되 필요에 의한 불가항력으로 한계선을 넘지 아니한 것에 대하여 하나님은 관용과 자비를 베푸시니라"고 언급되어 있다. 불가항력의 상황에서 무슬림은 금지된 제품까지도 섭취는 가능하지만 글로벌 제약 회사들은 무슬림 소비자도 안심하게 섭취할 수 있도록 할랄 의약품 개발에 관심을 보이면서 이 시장의 성장이 예고되고 있다.

할랄 시장: 패션 분야

무슬림의 가치 소비 부상과 함께 무슬림 패션 시장도 성장하고 있다. 무슬림 패션 시장은 이슬람에서 강조하는 겸손과 정숙을 주요 콘셉트로 하고 있다. 주로 여성 무슬림 고객을 대상으로 하는 의류 시장은 멋스러우면서도 편안하고 고급스러우며, 동시에 겸손하고 정숙함을 내세우고 있다. 물론 겸손의 정도와 수준은 개인에 따라 다르지만 이슬람 문화권에서 일반적으로 용인되는 수준은 몸매와 피부를 지나치게 많이 드러내지 않는 것이다. 무슬림 여성의 소비력이 커지면서 이제는 명품 의류 회사들과 유니클로Uniqlo와 같은 패스트 패션 의류 생산 업체들도 무슬림 여성들을 타깃으로 다양한 의류를 생산하고 있다. 그 밖에도 나이키와 같은 스포츠 의류 전문 회사들도 무슬림 여성을 대상으로 운동할 때도 머리카락이 드러나지 않는 히잡 운동복을 출시하고 있다.

할랄 시장: 화장품 분야

무슬림 여성의 구매력이 커지면서 할랄 화장품 시장도 성장하고 있다. 할랄 화장품이란 할랄 성분만으로 구성된 화장품으로, 이슬람에서 금기시한 알코올과 돼지에서 추출한 콜라겐과 같은 재료 대신 식물성 성분과 천연 재료를 주원료로 한다. 할랄 화장품은 동물 실험을 하지 않으면서 자연에서 추출한 재료를 바탕으로 만든 윤리적인 미용 상품이라는 이유 때문에 비무슬림에게도 인기를 얻고 있다.

아이디어 상품도 출시되어 인기를 얻고 있다. 기도 전 세정 의식을 행해야 하는 여성들을 위해 공기와 수분이 통과하며 물에 잘 견디는 통기성 매니큐어가 개발되는가 하면 히잡 쓴 여성들을 위한 샴푸도 출시되었다. 히잡을 쓰면 공기가 잘 통하지 않아 탈모도 생기고, 머리카락도 가늘어지기 때문에 이를 방지하기 위한 것이다. 그리고 알코올을 금지하는 이슬람 율법에 따라 무알코올 치약과 구강 청결제도 출시되어 이슬람 시장에서 큰 인기를 끌고 있다.

할랄 시장: 관광 분야

할랄의 개념은 관광 산업에도 영향을 미치고 있다. 할랄 관광은 종교적이면서 동시에 세속적인 편안함을 즐기려는 무슬림 소비자에게 어필하고 있다. 할랄 관광과 연계된 호텔에서는 방에 메카 성지 방향을 표시하고 기도용 매트와 코란을 비치하고 있으며, 객실 내 미니바에는 알코올이 함유된 음료는 제공하지 않고, 룸서비스에서는 할랄 음식만 제공한다. 그 밖에 이슬람의 기부 전통을 존중해 만들어진 할랄 관광 패키지도 있는데, 이는 이익 중 일부를 어려운 이웃에게 기부되도록 설계되었다.

할랄 시장: 금융 분야

할랄 산업에서 가장 주목받는 분야가 바로 이슬람 금융이다. 이슬람 금융을 한마디로 정의하면 이슬람법 샤리아에 부합하는 금융 상품을 의미한다.

이슬람 금융의 가장 큰 특징은 첫 번째, 이자 수취를 금지하는 이슬람 교리에 따라 금리의 개념이 없다는 것이다. 이자를 금지하는 이슬람 금융의 원형은 1950년대와 1960년대 파키스탄, 이집트, 말레이시아에서 처음으로 등장했다. 이후 오일 붐의 여파로 1974년 두바이 이슬람 은행Dubai Islamic Bank을 시작으로 중동 각지에 이슬람 금융 기관이 잇달아 설립되었으며, 1983년 말레이시아에서 최초로 이슬람 은행법이 제정되었다. 이슬람 은행은 2000

년대 들어 급성장기를 맞이했으며, 서구 금융 기관이 이슬람 금융 사업에 본격적으로 착수하면서 국제화가 진행되었다. 현재는 말레이시아, 싱가포르, 홍콩, 런던이 이슬람 금융의 허브가 되었다.

이슬람 금융의 두 번째 특징은 불확실하거나 실체가 없는 거래를 금지한다는 점이다. 이에 따라 이슬람 금융에서는 원칙적으로 선물, 옵션, 스와프와 같은 파생 상품은 금지된다. 따라서 이슬람 금융 상품은 대체적으로 부동산이나 기계 설비 등 실체가 있는 거래에만 투자되어 왔다. 그러나 글로벌 금융 제도도 무시할 수 없기 때문에 최근에는 이슬람법 샤리아를 유연하게 해석하면서 글로벌 금융 제도와 조화를 이루는 다양한 상품들이 출시되고 있다. 마지막으로 이슬람교에서 금지하는 돼지고기, 알코올, 도박, 무기, 포르노 관련 사업에 대한 금융 거래는 금지되고 있다.

요시다 에쓰아키吉田悅章는 2000년대 들어 이슬람 금융 시장이 급성장한 이유를 다음과 같이 설명하고 있다. 첫째, 걸프 산유국을 중심으로 오일 머니의 영향력이 확대되었고, 이슬람 금융이 중동으로 회귀하는 현상이 있다는 점이다. 이러한 추세는 9·11 이후 가속되었는데, 테러가 발발한 이후 미국 금융 당국의 자산 동결을 우려한 무슬림들이 자산을 중동 국가로 되돌리기 시작했기 때문이다. 둘째, 이슬람 금융 시장이 확대되면서 비무슬림도 이슬람 금융을 이용하기 시작했다는 점이다. 마지막으로 손실과 이익을 공유하는 이슬람 금융의 기본 윤리관이 이슬람 금융의 성장에 긍정적으로 작용했다. 2008년 이후 세계 경제 침체 속에서 소비자들은 기존 은행에 대한 불신이 생겼으며, 이러한 상황에서 튼튼한 경제력을 과시했던 중동 산유국과 이슬람 은행의 윤리관을 주목하기 시작했다. 여기에 무슬림 인구수 증가와 중산층의 확대, 이슬람 금융에 대한 인식 변화가 이슬람 금융 성장에 긍정적인 영향을 미쳤다(요시다 에쓰아키, 2008).

지금까지 소개한 바와 같이 중동 지역을 이슬람의 종교적 관점이 아니라 시장의 관점에서 접근한다면 한국에도 많은 기회가 열려 있음을 알 수 있다. 중동 국가도 이제 서구 중심에서 벗어나 아시아 국가들과 더욱 가까워지려는 '룩 이스트look east' 정책을 펼치고 있다. 그렇다면 우리는 어떻게 그들과 관계를 맺을 수 있을까? 우리에게는 한류라는 강력한 소프트파워가 있다. 한류를 매개로 중동 사람들과 어떻게 관계를 맺을지는 다음 장에서 소개하도록 한다.

출처

엄익란. 2014. 『이슬람 마케팅과 할랄 비즈니스: 문화코드를 알면 이슬람 시장이 열린다』. 한울.

참고 글

니콜슨, 레이놀드 A.(Reynold A. Nicholson). 1995. 『아랍문학사』. 사회만 옮김. 민음사.

드무이, 마리케(Marieke de Mooij). 2007. 『글로벌 브랜드 커뮤니케이션』. 김유경·전성률 옮김. 나남.

암스트롱, 카렌(Karen Armstrong). 2001. 『마호메트 평전』. 유혜경 옮김. 미다스 북스.

요시다 에쓰아키(吉田悅章). 2008. 『이슬람 금융이 뜬다』. 예지.

후라니, 앨버트(Albert Hourani). 2010. 『아랍인의 역사』. 김정명·홍미정 옮김. 심산.

Alserhan, Baker Ahmad. 2011. *The Principles of Islamic Marketing*. Gower.

Lindsay, James E. 2005. *Daily Life in Medieval Islamic World*. Cambridge: Hackett Publishing Company, Inc.

Weiss, Walter M. 1998. *The Bazaar: Markets and Merchants of the Islamic World*. London: Thames & Hudson.

13 한류, 이슬람 지역과 문화적으로 연결되는 길

최근 한국으로 들어오는 무슬림 수가 현저히 증가했다. 명동이나 강남의 거리에는 히잡을 쓴 무슬림 여성들이 쇼핑하는 모습이 눈에 많이 띈다. 한류를 체험하기 위해서이다. 무슬림 여성을 중심으로 한국 콘텐츠 수요도 꾸준히 증가하고 있다. 이 장에서는 중동 지역에 한류가 소개되고 인기를 끌게 된 배경을 소개하고, 동시에 지속적인 성장을 위해서 한국이 중동과 어떻게 교류해야 할지 소개한다.

매력 자본으로서 한류와 한국의 소프트파워

미국의 정치학자 조지프 나이는 '문화의 시대'라고 일컬어지는 21세기에는 소프트파워가 더욱 중요해졌다고 강조하고 있다. 나이는 '하드 파워'를 군사력이나 경제 제재와 같이 강압적인 위협을 통해 원하는 결과를 얻어내는 힘으로 규정했으며, '소프트파워'를 유인이나 보상, 또는 매력을 발휘해 '강압보다는 사람의 마음을 사로잡아 원하는 것을 얻어내는 영향력', 즉 '매력 파워'로 정의했다. 나이의 소프트파워 개념 중심에는 문화가 자리하고 있다. 소프트파워를 통해 국가 이미지를 확고히 구축하고, 외교의 목적을 극대화할 수 있기 때문이다(Nye, 2008).

한류는 한국 소프트파워의 핵심 자산이다. 한류가 국제 사회에서 한국의 브랜드 파워를 강화해 한국산 물품 수출에 크게 기여했기 때문이다. 1990년대 후반 등장한 한류는 이제 소셜 네트워크 플랫폼을 타고 글로벌 문화 현상으로 확산하고 있으며, 세계인들의 한류 소비는 엔터테인먼트 분야를 넘어 식품, 화장품, 패션, 관광 등 다양한 영역에서 나타나고 있다. 이는 곧 한국의 소프트파워 역량 강화로 이어지고 있다.

한류가 한국 소프트파워의 핵심 요소가 된 데에는 정부의 문화 정책 전략과 지원이 있었다. 김영삼 정부(1993~1998)의 세계화 정책에서 시작된 한국의 문화 정책은 김대중 정부(1998~2003) 시절 문화 예산 1% 집행 달성과 함께 본격화했다. 노무현 정부(2003~2008)는 문화 민주화 정책을 기치로 문화의 다양성과 창의성을 강조했으며, 이명박 정부(2008~2013)는 한식과 케이 팝 수출을 통한 '브랜드 코리아Brand Korea' 정책을 앞세워 국제 사회에서 한국의 이미지 강화 전략을 추진했다. 이후 박근혜 정부(2013~2017)는 '창조경제'의 틀에서 문화 재정 지원 2%를 달성했고, 문재인 정부(2017~2022)에서는 '사람이 있는 문화 정책'을 추진하면서 한국의 매력 자본과 소프트파워를 더욱 강조했다(이현경, 2019).

자이툰 부대와 함께 중동에 진출한 한류

1990년대부터 중국과 동남아시아 지역을 중심으로 시작한 한류가 중동까지 진출한 배경에는 2004년 자이툰 부대의 이라크 파병이 있었다. 당시 노무현 정부는 중동인들이 미국에 갖고 있던 점령군의 이미지가 자이툰 부대에 전도되어 반한 감정이 생기는 것을 우려했다. 그래서 전략적으로 〈겨울연가〉와 〈가을동화〉 같은 인기 드라마를 중동 지역에 수출해 한국군 파병에 따른 중동인들의 한국에 대한 경계심을 낮추고자 했다. 한국 드라마를 시청하게 된 중동의 젊은 여성들은 한국 드라마에 매료되었고, 마니아계층을 중심으로 팬덤을 형성하며 한류의 성장을 이끌었다. 중동에 한국 드라마가 특히 인기를 얻었던 이유는 한국 드라마의 콘텐츠가 그들의 문화코드에 부합하면서 동시에 신선했기 때문이다. 드라마가 인기를 얻자 한국 문화에 대한 관심도 높아졌다. 중동 대학 내 한국어과가 설립되었고, 두바이, 아부다비Abu Dhabi, 바레인 등에 세종학당이 문을 열었고, 이집트, 아랍에미리트에 한국 문화원이 개원했다.

중동 지역 한류의 현재: 한류를 이끄는 여성들

한국 드라마가 진출하기 이전 중동 시청자들은 자문화권에서는 이집트, 레바논, 튀르키예 작품을, 해외에서는 미국의 할리우드, 인도의 발리우드 작품을 주로 시청했다. 중동인의 눈에 할리우드 콘텐츠는 선정적이고 폭력적이었으며, 발리우드는 독특한 표현 방식으로 몰입도가 낮았다. 그러나 한국 드라마는 이야기 전개 방식이 섬세했고, 배우들의 연기력이 뛰어나 감정 몰입도가 컸다. 그리고 드라마에 묘사된 자연환경이 중동과는 사뭇 달랐다. 봄가을에는 벚꽃과 낙엽이 날리는가 하면 겨울에는 눈이 내려 이국적이며 낭만적이고 서정적이었다. 그리고 이성 간 애정 표현은 보수적인 이슬람 문화권에도 무난히 받아들일 수 있는 수준이었다. 가족 이야기를 주로 다루는 한국 드라마는 특히 여성 시청자들의 공감대를 이끌어냈다.

디지털 시대라는 환경적 요소는 중동 지역 한류 확산에 도움이 되었다. 외부 활동에 많은 제한을 받는 미혼 여성은 주로 자신의 방에서 한류 콘텐츠를 즐겼다. 그러나 이들 여성 한류 팬들은 소극적이며 수동적으로만 한류를 소비하지 않았다. SNS를 통해 다른 지역의 한류 팬들과 소통하며 정보를 공유하고, 네트워크를 구축하며, 팬덤을 형성했으며, 중동 지역 한류를 적극적으로 주도하는 주요 문화 생산자가 되었다. 이들은 자신이 좋아하는 한류 스타를 응원하며 적극적으로 자신의 목소리를 내고 있다.

대표적인 사례로는 BTS(방탄소년단)의 팬 ARMY를 들 수 있다. 2019년 10월 BTS는 중동 지역 보수의 심장지 사우디아라비아 리야드Riyadh에서 콘서트를 개최했다. 당시 공연은 엔터테인먼트 사업을 금지했던 사우디아라비아가 문호를 개방한 이래 처음으로 수도 리야드에서 개최한 것이었다.

공연 수개월 전부터 사우디아라비아 ARMY들은 자신이 응원하는 가수의 성공적인 콘서트를 위해, 그리고 전 세계에서 사우디아라비아로 몰려드는 다른 ARMY들을 돕기 위해 조직적으로 움직였으며, 이들의 지원 덕에 공연은 성공리에 마칠 수 있었다. 사우디아라비아 전국에서 ARMY들은 사우디아라비아를 처음 방문하는 다른 ARMY들이 공연 날짜 전까지 비자를 무사히 받을 수 있도록 해당 국가의 사우디아라비아 대사관에 연락해 협조를 구했으며, 공연을 준비하는 엔터테인먼트 청廳의 정부 관계자와 협의해 리야드 거리와 건물을 BTS의 상징색인 보라색 조명으로 꾸몄다. 또한 SNS를 통해 공연장에서의 안전과 질서를 위해 팬들이 자발적으로 지켜야 할 가이드를 온라인상에서 공유했고, 공연 이후에는 쓰레기 처리까지 마무리했다.

그 밖에도 중동의 한류 팬들은 한국을 방문해 한국 문화를 직접 체험하고, 한국 문화원에 찾아가 한국어를 배우는 등 문화 간 소통과 교류에 앞장서고 있다. 이처럼 이들 여성 한류 팬들은 한류 문화의 주 소비자이면서 동시에 중동 지역 한류의 적극적인 생산자임을 알 수 있다. 이들은 그저 맹목적으로 열광하는 한류 팬이 아니라 적극적으로 문화를 창출하는 주체인 것이다. 중동의 한류는 이들 덕분에 스펙트럼이 넓어지고 있으며, 비주류 문화에서 주류 문화로 자리매김하며 진화하고 있다.

한류의 지속적인 성장을 위해 필요한 것은 상대에게 관심 갖는 것

안타깝게도 중동 지역에서 한류는 잠시 주춤하고 있다. 케이 팝과 케이 드라마를 중심으로 여성 한류 팬에 의존해 성장했던 한류 공식이 한계에 달했기 때문이다. 한류의 성장 한계를 인식하고, 지속적이고 장기적인 중동 시장 저변 확대를 위한 전략을 구축하려면 중동 문화와 사람, 그리고 시장에 대한 관심과 호기심이 좀 더 필요하다. 지금은 그 어느 때보다 중동 국가와 교류하기 좋은 환경이다. 한류의 영향으로 그들의 마음의 문이 열려 있기 때문이다. 한류는 '사람과 사람', 그리고 '감정의 소통'에 기반한 한·중동 간 정서적 연대 구축에 매우 유용하다. 그리고 그들도 한국을 필요로 하고 있다. 현재 중동 산유국들은 포스트 오일 시대를 대비해 산업 다각화 정책을 추진하고 있다. 산유국의 입장에서 석유 한 방울 없이 눈부신 경제 성장을 이룩한 한국은 훌륭한 롤 모델이 되고 있다. 중동에서 가장 보수적이었던 사우디아라비아조차도 석유 중심 산업 구조에서 벗어나 개방과 개혁 정책을 추진하고, 2017년부터는 '온건 이슬람' 정책을 선포하며 완고한 이슬람의 이미지를 내려놓고 있다. 과거에는 금지했던 엔터테인먼트 산업을 적극적으로 육성하고 있으며, 젊은 세대를 주축으로 미래를 이끌어갈 문화 엘리트를 양성하고, 이와 함께 자국의 브랜드를 새로 구축하고 있다. 이러한 관점에서 보면 중동을 단순한 한류의 소비 시장으로만 여겨서는 안 된다. 중동의 신세대 젊은 문화 엘리트들과 공감대를 형성하고 아이디어를 교환하고, 협업해 함께 미래로 나아가야 할 것이다.

출처

엄익란. 2020. 「걸프국가 소프트파워 구축전략과 한계 연구: 사우디아라비아, 아랍에미리트, 카타르 문화산업을 중심으로」. ≪한국중동학회논총≫, 41(1), 67~93쪽.

_____. 2020. 「중동 엔터테인먼트의 중심지, 아랍에미리트의 한류」. 『한류, 다음(권역특서_이슬람 문화권 편)』. 한국국제교류문화 진흥원.

참고 글

이현경. 2019.4.2. "DMZ에 올인하는 文정부…문화정책, 정권마다 어떻게 달랐을까". ≪뉴스핌≫, http://www.newspim.com/news/view/20190401000451.

Nye, Joseph. 2008.3. "Public Diplomacy and Soft Power," *The Annals of the American Academy*, 616, pp. 94~109.

지은이 엄익란

2004년 영국 엑서터 대학(University of Exeter)에서 중동학 박사 학위(Ph.D. in Middle East Studies) 취득 후 귀국해 왕성한 연구 활동을 해왔다. 현재는 단국대학교 자유교양 대학에 소속되어 있으며, 이슬람과 소비문화, 무슬림 젊은 세대, 걸프 지역과 중동 지역, 아랍의 여성 문제 등을 연구 및 강의하고 있다. 중동 지역의 정치, 경제, 사회 문제를 문화의 틀에서 분석하고 있으며, 다양한 강연을 통해 연구 성과의 대중화에도 힘쓰고 있다. 대외적으로는 법무부 난민위원회 자문위원(2023~현재)으로 활동하고 있으며, 외교부 아중동국 정책자문위원(2018~2022)을 비롯해 농식품부 할랄정책 자문위원 및 한국관광공사 무슬림 친화 레스토랑 평가 자문위원 등 정부 기관 및 유관 기관에서 자문위원을 역임했다. 대표 저서로 『걸프를 알다: 변화하는 아랍의 라이프 스타일과 부상하는 우먼 파워』(2018), 『금기, 무슬림 여성을 엿보다』(2015), 『이슬람 마케팅과 할랄 비즈니스: 문화코드를 알면 이슬람 시장이 열린다』(2014), 『할랄, 신이 허락한 음식만 먹는다: 아랍 음식과 문화코드 탐험』(2011), 『무슬림 마음속에는 무엇이 있을까: 일상생활 속에 숨겨진 아랍·무슬림의 문화코드 읽기』(2009), 『이슬람 결혼문화와 젠더』(2007)가 있다.

한울아카데미 2506

중동 이슬람 문화여행
편견과 오해를 넘어

ⓒ 엄익란, 2024

지은이 엄익란 ㅣ **펴낸이** 김종수 ㅣ **펴낸곳** 한울엠플러스(주) ㅣ **편집** 김우영

초판 1쇄 인쇄 2024년 2월 21일 ㅣ **초판 1쇄 발행** 2024년 3월 12일

주소 10881 경기도 파주시 광인사길 153 한울시소빌딩 3층
전화 031-955-0655 ㅣ **팩스** 031-955-0656
홈페이지 www.hanulmplus.kr ㅣ **등록** 제406-2015-000143호

Printed in Korea.
ISBN 978-89-460-7506-1 93330

* 책값은 겉표지에 표시되어 있습니다.